해커스 JLPT | 일본어능력시험 |
기출 단어장 N1

200% 활용법!

무료 MP3

단어(일/일한)/단어+예문(일)/N1 실전모의고사 청해 MP3

[이용 방법]

해커스일본어 사이트(japan.Hackers.com) 접속 후 로그인 ▶
상단의 [교재/MP3 → MP3/자료] 클릭

해커스일본어 [MP3/자료] 바로 가기 ▶

Day별 단어 퀴즈 & N1 실전모의고사 (PDF)

[이용 방법]

해커스일본어 사이트(japan.Hackers.com) 접속 후 로그인 ▶
상단의 [교재/MP3 → MP3/자료] 클릭

해커스일본어 [MP3/자료] 바로 가기 ▶

해커스일본어 단과/종합 인강 30% 할인쿠폰

K278-389E-074C-D000

* 쿠폰 유효기간: 쿠폰 등록 후 30일

[이용 방법]

해커스일본어 사이트(japan.Hackers.com) 접속 후 로그인 ▶
메인 우측 하단 [쿠폰&수강권 등록]에서 쿠폰번호 등록 후 강의 결제 시 사용 가능

* 본 쿠폰은 ID당 1회에 한해 등록 가능합니다.
* 이 외 쿠폰과 관련된 문의는 해커스 고객센터(02-537-5000)로 연락 바랍니다.

쿠폰 바로 등록하기 ▶

해커스 JLPT 기출 단어장 N1 이 특별한 이유!

| 일본어능력시험 |

01

JLPT N1 기출 단어 한 번에 총정리!

JLPT N1에서 출제된 단어와
또 나올 단어를 한 권으로 한 번에
효율적으로 학습할 수 있어요.

02

JLPT N1에 딱 맞는 예문과 문형 정리!

JLPT N1에 나오는 예문과
빈출 문형으로 단어 학습뿐만 아니라
독해와 문법 학습도 도움이 돼요.

03

언제 어디서나 바로바로 골라 듣는 다양한 MP3!

QR코드와 모바일 스트리밍으로
다양한 버전의 MP3를
언제 어디서나 바로 들을 수 있어
듣기 실력도 꾸준히 키울 수 있어요.

04

해커스만의 추가 학습 자료!

각 Day의 MP3와 추가로 제공되는
Day별 단어 퀴즈 PDF,
N1 실전모의고사 PDF로 단어
암기를 한층 더 강화할 수 있어요.

해커스일본어를 선택한 선배들의

일본어 실력 수직상승 비결!

해커스일본어와 함께라면
일본어 실력상승의 주인공은 바로 여러분 입니다.

답답한 마음을 마치 사이다같이 뚫어주는 꿀팁!

해커스일본어 수강생 이*희

해커스일본어를 통해 공부하기 시작하니 그동안 잃었던 방향을 찾고 꽉 막힌 미로 속에서 지도를 찾은 기분이었고, 덕분에 혼자 공부를 하면서도 아주 만족하면서 공부를 할 수 있었던 것 같습니다. **특히나 혼자 책으로 공부했다면 절대 몰랐을 여러 선생님들의 설명들이 답답한 마음을 마치 사이다같이 뚫어주셔서 꿀팁들이 나올 때마다** 마음속으로 정말 환호를 질렀습니다.

해커스일본어수강생 김*현

짧은 시간 안에 초보인 제가 N3를 취득할 수 있었습니다!

교환학생을 가기 위해서는 자격증이 필요했습니다. 동시에 일본에서 생활하기 위한 언어 실력 또한 갖춰야 했습니다. 기초 일본어 문법 수업은 일본어 초심자였던 저에게 딱 필요했던 수준 및 내용의 강의였고, 선생님의 설명 방식 또한 이해하기 쉬웠습니다. 선생님의 스타일이 저와 잘 맞은 덕에 초반에 일본어 공부에 열정을 놓지 않고 열심히 이어갈 수 있었고, **이는 결국 부족한 공부 시간에도 불구하고 N3 합격까지 저를 이끌어주었습니다!**

대부분의 문법 문제 푸는 것이 가능해졌습니다.

해커스일본어수강생 송*미

만약 합격하지 못하면 어떻게 하지라는 생각에 매일 인강을 들었습니다.
이렇게 매일 공부하는 루틴이 생기다 보니 시험에 대한 불안감도 줄어들었습니다.
무엇보다 언어는 암기가 중요하기에 인강의 장점인 반복 재생으로 필수 단어 암기에 큰 도움이 되었습니다.

해커스일본어수강생 김*주

막막한 일본어 공부, 해커스인강으로 해결했습니다!

무작정 해커스 JLPT N3 책을 사서 공부를 시작했습니다. 생각보다 막막하여 해커스인강을 신청해서 공부하기 시작했습니다. **처음 독해 청해 문법 등 공부하다 보니 막막했는데 강의를 차근차근 듣다 보니까 어느새 익숙해져 가는 절 발견했습니다.** 항상 공부에 도움 되어준 해커스일본어와 설명 잘 해주신 해커스 선생님께 감사드립니다. 앞으로도 잘 부탁드리고 올해 N2, 내년 N1까지 함께 부탁드릴게요!

해커스 JLPT

기출 단어장 N1

해커스 어학연구소

목차

이 책의 활용법

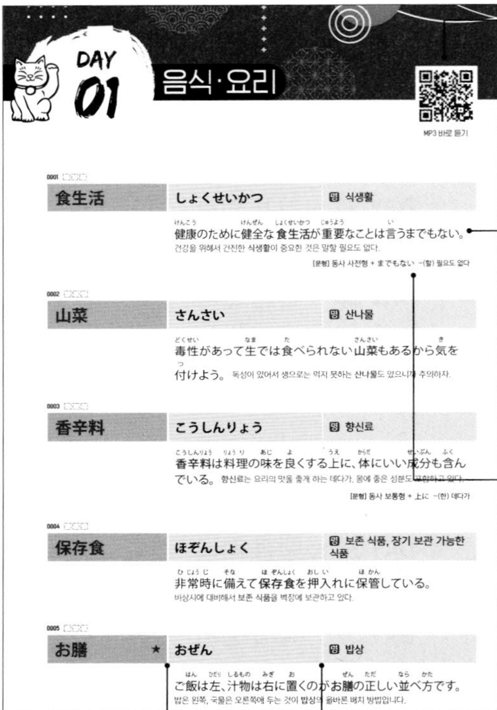
DAY 01 음식·요리

MP3 바로 듣기

0001 食生活 しょくせいかつ 명 식생활
健康のために健全な食生活が重要なことは言うまでもない。
건강을 위해서 건전한 식생활이 중요한 것은 말할 필요도 없다.
[문형] 동사 사전형 + までもない ~(할) 필요도 없다

0002 山菜 さんさい 명 산나물
毒性があって生では食べられない山菜もあるから気を付けよう。 독성이 있어서 생으로는 먹지 못하는 산나물도 있으니까 주의하자.

0003 香辛料 こうしんりょう 명 향신료
香辛料は料理の味を良くする上に、体にいい成分も含んでいる。 향신료는 요리의 맛을 좋게 하는 데다가, 몸에 좋은 성분도 포함하고 있다.
[문형] 동사 보통형 + 上に ~(한) 데다가

0004 保存食 ほぞんしょく 명 보존 식품, 장기 보관 가능한 식품
非常時に備えて保存食を押入れに保管している。
비상시에 대비해서 보존 식품을 벽장에 보관하고 있다.

0005 お膳 ★ おぜん 명 밥상
ご飯は左、汁物は右に置くのがお膳の正しい並べ方です。
밥은 왼쪽, 국물은 오른쪽에 두는 것이 밥상의 올바른 배치 방법입니다.

QR코드로 MP3 바로 듣기

QR코드를 통해 필요에 따라 선택할 수 있는 3가지 버전의 MP3를 언제 어디서나 바로 들으며 편리하게 학습할 수 있어요.

JLPT N1 맞춤 예문으로 학습하기

실제 JLPT N1 시험에서 나올 법한 예문을 통해 단어의 올바른 쓰임을 효과적으로 학습할 수 있어요.

JLPT 빈출 문형 익히기

예문에 사용된 JLPT N1 빈출 문형이 꼼꼼히 정리되어 문형도 알차게 학습할 수 있어요.

간편하게 단어 암기 확인하기

발음과 뜻을 가리고 단어만 보면서 발음과 뜻을 떠올려보는 암기 확인이 가능해요.

- **교재에 사용된 품사 약호 설명**

명 명사 동 동사 い형 い형용사 な형 な형용사 접 접속사 부 부사

*교재에 수록된 모든 단어의 한자 및 히라가나 표기는 JLPT N1 출제 경향에 따른 것입니다.

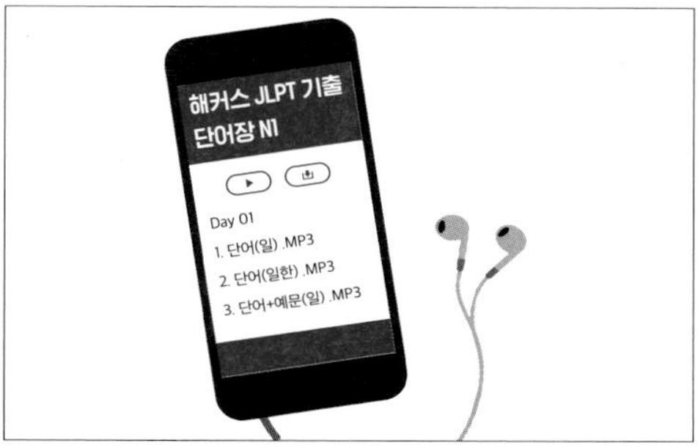

다양한 버전의 MP3

교재에 수록된 모든 단어와 예문에 대한 3가지 버전의 MP3로 학습방법을 다양하게 바꾸면서 단어를 들으며 익힐 수 있어요.

*3가지 버전의 MP3
1. 단어(일) MP3
2. 단어(일한) MP3
3. 단어+예문(일) MP3

*MP3는 해커스일본어 사이트(japan.Hackers.com)에서 무료로 다운로드 받으실 수 있습니다

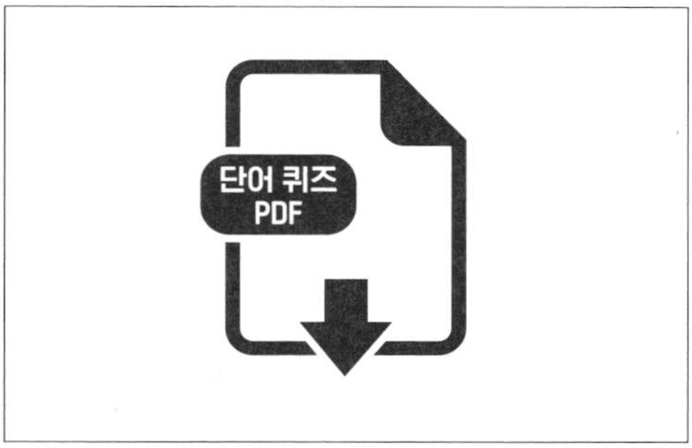

DAY별 단어 퀴즈 PDF

DAY별 단어 퀴즈 PDF를 활용하여 확실하게 단어를 암기했는지 스스로 점검하고 복습할 수 있어요.

*PDF 학습자료는 해커스일본어 사이트(japan.Hackers.com)에서 무료로 다운로드 받으실 수 있습니다

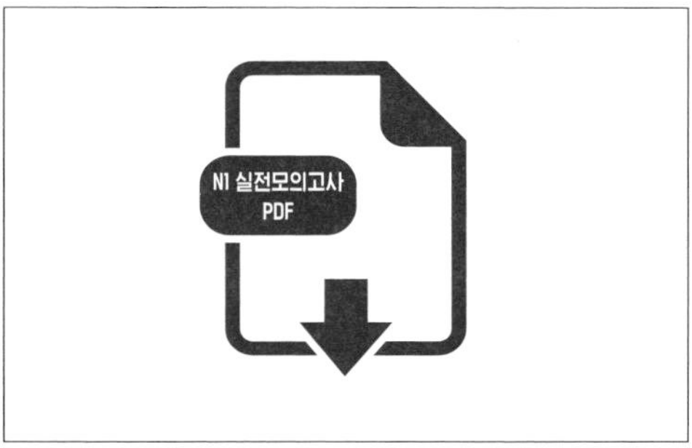

N1 실전모의고사 PDF

N1 실전모의고사로 자신의 실력을 확인하고 JLPT N1 실제 시험까지 대비할 수 있어요.

암기 강화 학습 플랜

40일 학습 플랜

- 매일 1개 DAY의 학습 분량을 차근차근 확실하게 암기하고 싶은 학습자에게 추천합니다.
- 2일째부터 괄호 안 DAY의 단어 중 잘 안 외워진 단어를 위주로 한 번 더 학습합니다.
- DAY별 단어 퀴즈 PDF를 활용하여 꼭 복습하세요.
- 마지막 날 JLPT N1 실전모의고사(PDF)로 자신의 실력을 점검해보세요.

1일 __월 __일	2일 __월 __일	3일 __월 __일	4일 __월 __일	5일 __월 __일
DAY 01	DAY 02 (DAY 01)	DAY 03 (DAY 02)	DAY 04 (DAY 03)	DAY 05 (DAY 04)
6일 __월 __일	7일 __월 __일	8일 __월 __일	9일 __월 __일	10일 __월 __일
DAY 06 (DAY 05)	DAY 07 (DAY 06)	DAY 08 (DAY 07)	DAY 09 (DAY 08)	DAY 10 (DAY 09)
11일 __월 __일	12일 __월 __일	13일 __월 __일	14일 __월 __일	15일 __월 __일
DAY 11 (DAY 10)	DAY 12 (DAY 11)	DAY 13 (DAY 12)	DAY 14 (DAY 13)	DAY 15 (DAY 14)
16일 __월 __일	17일 __월 __일	18일 __월 __일	19일 __월 __일	20일 __월 __일
DAY 16 (DAY 15)	DAY 17 (DAY 16)	DAY 18 (DAY 17)	DAY 19 (DAY 18)	DAY 20 (DAY 19)
21일 __월 __일	22일 __월 __일	23일 __월 __일	24일 __월 __일	25일 __월 __일
DAY 21 (DAY 20)	DAY 22 (DAY 21)	DAY 23 (DAY 22)	DAY 24 (DAY 23)	DAY 25 (DAY 24)
26일 __월 __일	27일 __월 __일	28일 __월 __일	29일 __월 __일	30일 __월 __일
DAY 26 (DAY 25)	DAY 27 (DAY 26)	DAY 28 (DAY 27)	DAY 29 (DAY 28)	DAY 30 (DAY 29)

31일 __월 __일	32일 __월 __일	33일 __월 __일	34일 __월 __일	35일 __월 __일
DAY 31 (DAY 30)	DAY 32 (DAY 31)	DAY 33 (DAY 32)	DAY 34 (DAY 33)	DAY 35 (DAY 34)
36일 __월 __일	37일 __월 __일	38일 __월 __일	39일 __월 __일	40일 __월 __일
DAY 36 (DAY 35)	DAY 37 (DAY 36)	DAY 38 (DAY 37)	DAY 39 (DAY 38)	DAY 40 실전모의고사(PDF) (DAY 39-40)

20일 학습 플랜

- 시험 한 달 전 빠르게 단어를 암기하고 싶거나, 암기한 단어를 한 번 더 복습하고 싶은 학습자에게 추천합니다.
- DAY별 단어 퀴즈 PDF를 활용하여 꼭 복습하세요.
- 마지막 날 JLPT N1 실전모의고사(PDF)로 자신의 실력을 점검해보세요.

1일 __월 __일	2일 __월 __일	3일 __월 __일	4일 __월 __일	5일 __월 __일
DAY 1, 2	DAY 3, 4, 5	DAY 6, 7, 8	DAY 1-8 복습	DAY 9, 10, 11
6일 __월 __일	7일 __월 __일	8일 __월 __일	9일 __월 __일	10일 __월 __일
DAY 12, 13, 14	DAY 15, 16, 17	DAY 9-17 복습	DAY 18, 19, 20	DAY 21, 22, 23
11일 __월 __일	12일 __월 __일	13일 __월 __일	14일 __월 __일	15일 __월 __일
DAY 24, 25, 26	DAY 18-26 복습	DAY 27, 28, 29	DAY 30, 31, 32	DAY 33, 34, 35
16일 __월 __일	17일 __월 __일	18일 __월 __일	19일 __월 __일	20일 __월 __일
DAY 27-35 복습	DAY 36, 37	DAY 38, 39, 40	DAY 36-40 복습	실전모의고사(PDF)

DAY 01

음식·요리

MP3 바로 듣기

0001 □□□

食生活 | しょくせいかつ | 명 식생활

けんこう　けんぜん　しょくせいかつ　じゅうよう　い
健康のために健全な食生活が重要なことは言うまでもない。
건강을 위해서 건전한 **식생활**이 중요한 것은 말할 필요도 없다.

[문형] 동사 사전형 + までもない ~(할) 필요도 없다

0002 □□□

山菜 | さんさい | 명 산나물

どくせい　なま　た　さんさい　き
毒性があって生では食べられない山菜もあるから気を
つ
付けよう。 독성이 있어서 생으로는 먹지 못하는 **산나물**도 있으니까 주의하자.

0003 □□□

香辛料 | こうしんりょう | 명 향신료

こうしんりょう　りょうり　あじ　よ　うえ　からだ　せいぶん　ふく
香辛料は料理の味を良くする上に、体にいい成分も含んでいる。 **향신료**는 요리의 맛을 좋게 하는 데다가, 몸에 좋은 성분도 포함하고 있다.

[문형] 동사 보통형 + 上に ~(한) 데다가

0004 □□□

保存食 | ほぞんしょく | 명 보존 식품, 장기 보관 가능한 식품

ひじょうじ　そな　ほぞんしょく　おしい　ほかん
非常時に備えて保存食を押入れに保管している。
비상시에 대비해서 **보존 식품**을 벽장에 보관하고 있다.

0005 □□□

お膳 ★ | おぜん | 명 밥상

はん　ひだり　しるもの　みぎ　お　ぜん　ただ　なら　かた
ご飯は左、汁物は右に置くのがお膳の正しい並べ方です。
밥은 왼쪽, 국물은 오른쪽에 두는 것이 **밥상**의 올바른 배치 방법입니다.

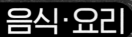

0006 □□□

好物	こうぶつ	명 좋아하는 음식

こども　こうぶつ　わたし　とくせい
うちの子供の好物は私の特製オムライスです。
우리 아이의 **좋아하는 음식**은 저의 특제 오므라이스입니다.

0007 □□□

嗜好	しこう	명 기호, 취향

にほんじん　しこう　あ　りょうり
ここは日本人の嗜好に合うようにアレンジしたタイ料理を
ていきょう
提供している。
여기는 일본인의 **기호**에 맞게 어레인지한 태국 요리를 제공하고 있다.

관련어 嗜好品 しこうひん 명 기호품

0008 □□□

味覚	みかく	명 미각

みかく　あまみ　み　しゅるい
味覚には甘味やうま味など５つの種類がある。
미각에는 단맛이나 감칠맛 등 5개의 종류가 있다.

0009 □□□

摂取	せっしゅ	명 섭취

こんだて　た　たよう　えいようそ　せっしゅ
献立を立てるたびに多様な栄養素が摂取できるように
くふう
工夫している。
식단을 짤 때마다 다양한 영양소를 **섭취**할 수 있도록 궁리하고 있다.

[문형] 동사 사전형 + たびに ~(할) 때마다

0010 □□□

そそる	-	동 돋우다

だいどころ　しょくよく　にお
台所から食欲をそそるいい匂いがしてきた。
부엌에서 식욕을 **돋우는** 좋은 냄새가 나기 시작했다.

0011 □□□

吟味 ★	ぎんみ	명 엄선, 음미

ぎんみ　ざいりょう　つく　りょうり
吟味した材料で作ればこそ、おいしい料理ができるのです。
엄선한 재료로 만들었기에, 맛있는 요리가 가능한 것입니다.

[문형] 동사 가정형 + こそ ~(하)기에

0012 □□□

とろける ★	-	동 녹다

昨日(きのう)のお寿司(すし)はネタが口(くち)の中(なか)でとろけ、おいしさの極(きわ)みだった。 어제의 초밥은 재료가 입안에서 **녹아**, 맛있기 그지없었다.

[문형] 명사 + の極み ~(하)기 그지없음

0013 □□□

淡い ★	あわい	い형 (맛, 빛깔이) 담백하다, 연하다

濃(こ)い味付(あじつ)けよりもさっぱりした淡(あわ)い味付(あじつ)けが好(この)みです。
진한 양념보다도 산뜻하고 **담백한** 양념이 취향입니다.

0014 □□□

濃密だ ★	のうみつだ	な형 농밀하다, (맛, 색이) 진하다

これは高級(こうきゅう)チーズを贅沢(ぜいたく)に使用(しよう)した濃密(のうみつ)なチーズケーキです。 이것은 고급 치즈를 잔뜩 사용한 **농밀한** 치즈 케이크입니다.

0015 □□□

丸ごと	まるごと	부 통째로

お土産(みやげ)でもらったかにを丸(まる)ごと蒸(む)して家族(かぞく)みんなで食(た)べました。
기념품으로 받은 게를 **통째로** 삶아서 가족 모두와 먹었습니다.

0016 □□□

非常に ★	ひじょうに	매우, 몹시

このレストランは値段(ねだん)が非常(ひじょう)に高(たか)いながらもお客(きゃく)さんが多(おお)い。 이 레스토랑은 가격이 **매우** 비싸지만 손님이 많다.

[문형] い형용사 사전형 + ながらも ~(이)지만

0017 □□□

やけに	-	부 몹시, 무척, 유난히

この冷凍唐揚(れいとうからあ)げがやけにおいしくてよくスーパーで買(か)っている。 이 냉동 가라아게가 **몹시** 맛있어서 자주 슈퍼에서 사고 있다.

0018 □□□

しゃきしゃき | - | 부 아삭아삭, 척척

リンゴの何(なに)がいいかと言(い)うと、そのしゃきしゃきした食感(しょっかん)だ。
사과의 무엇이 좋으냐 하면, 그 **아삭아삭**한 식감이다.

0019 □□□

まちまちだ ★ | - | な형 각기 다르다, 가지각색이다

同(おな)じ品種(ひんしゅ)のスイカにもかかわらず、大(おお)きさはまちまちだ。
같은 품종의 수박임에도 불구하고, 크기는 **각기 다르다**.

[문형] 명사 + にもかかわらず ~임에도 불구하고

0020 □□□

試食会 | しょくかい | 명 시식회

新(しん)メニューの販売(はんばい)を来週(らいしゅう)に控(ひか)えて、常連客(じょうれんきゃく)を招(まね)いた試食会(ししょくかい)を行(おこな)った。 신메뉴 판매를 다음 주로 앞두고, 단골손님을 초청한 **시식회**를 진행했다.

[문형] 명사 + を + 명사 + に控えて ~를 …로 앞두고

0021 □□□

あつらえる | - | 동 주문하다, 맞추다

夫(おっと)の誕生日(たんじょうび)にお寿司(すし)をあつらえようと考(かんが)えている。
남편의 생일에 초밥을 **주문하**려고 생각하고 있다.

0022 □□□

限定 | げんてい | 명 한정

あのコンビニの冬限定(ふゆげんてい)のホットチョコレートは濃厚(のうこう)でおいしい。 저 편의점의 겨울 **한정** 코코아는 진하고 맛있다.

0023 □□□

たんぱく質 | たんぱくしつ | 명 단백질

運動後(うんどうご)にはお肉(にく)などのたんぱく質(しつ)が豊富(ほうふ)なものを食(た)べています。 운동 후에는 고기 등의 **단백질**이 풍부한 것을 먹고 있습니다.

0024 □□□

下準備 | **したじゅんび** | 명 사전 준비

ほんかくてき　ちょうり　はじ　まえ　しょくざい　したじゅんび　ひつよう
本格的に調理を始める前に、食材の下準備が必要です。
본격적으로 조리를 시작하기 전에, 재료의 **사전 준비**가 필요합니다.

0025 □□□

仕上がる ★ | **しあがる** | 동 마무리되다, 완성되다

はは　ちょうみりょう　つか　ふだん　なべ
母にもらった調味料を使ったら普段よりおいしい鍋に
し あ
仕上がった。
어머니에게 받은 조미료를 사용했더니 평소보다 맛있는 전골로 **마무리되었다**.

0026 □□□

出来上がる | **できあがる** | 동 완성되다

わたし　かんたん　で き あ
私なりのレシピでパスタが簡単に出来上がりました。
제 나름의 레시피로 파스타가 간단하게 **완성되었**습니다.

[문형] 명사 + なりの ~나름의

0027 □□□

固める ★ | **かためる** | 동 굳히다, 단단히 하다

こな　ぎゅうにゅう　ま　れいぞうこ　かた　かんせい
この粉と牛乳を混ぜて冷蔵庫で固めるとプリンの完成
です。 이 가루와 우유를 섞어서 냉장고에서 **굳히면** 푸딩 완성입니다.

0028 □□□

加味 ★ | **かみ** | 명 가미

あまみ　かみ　い
カレーに甘味を加味するためすりおろしリンゴを入れてみた。
카레에 단맛을 **가미**하기 위해 간 사과를 넣어 봤다.

0029 □□□

中和 | **ちゅうわ** | 명 중화, 성질이 다른 것끼리 융화해 성질을 잃음

さかな　なまぐさ　にお　ちゅうわ
魚の生臭い匂いはレモンで中和できます。
생선의 비린 냄새는 레몬으로 **중화**할 수 있습니다.

0030 □□□

粘る ★	ねばる	동 차지다, 달라붙다

ひき肉(にく)に塩(しお)をかけて**粘(ねば)る**までこねてください。
다진 고기에 소금을 뿌리고 **차지게** 될 때까지 주물러 주세요.

관련어 粘り ねばり 명 찰기, 끈기

0031 □□□

膨らむ	ふくらむ	동 부풀다

イーストを入(い)れたパンの生地(きじ)がオーブンの中(なか)で**膨(ふく)らん**でいる。
이스트를 넣은 빵 반죽이 오븐 안에서 **부풀고** 있다.

0032 □□□

ふんだんだ	-	な형 넉넉하다, 충분하다

イチゴを**ふんだんに**使(つか)ったこのケーキは価格(かかく)を除(のぞ)いて満足(まんぞく)です。 딸기를 **넉넉하게** 사용한 이 케이크는 가격을 제외하고는 만족합니다.

[문형] 명사 + を除いて ~을 제외하고는

0033 □□□

熱湯	ねっとう	명 끓는 물, 뜨거운 물

カップ麺(めん)に**熱湯(ねっとう)**をそそぐ時(とき)、火傷(やけど)しないように注意(ちゅうい)しましょう。
컵라면에 **끓는** 물을 부을 때, 화상을 입지 않도록 주의합시다.

0034 □□□

沸騰 ★	ふっとう	명 끓어오름

味噌汁(みそしる)が**沸騰(ふっとう)**する前(まえ)に火(ひ)を消(け)してください。
된장국이 **끓어오르기** 전에 불을 꺼 주세요.

0035 □□□

熟成	じゅくせい	명 숙성

1か月間(げつかん)**熟成(じゅくせい)**させたお肉(にく)で作(つく)るステーキが当店自慢(とうてんじまん)のメニューです。
1개월간 **숙성**시킨 고기로 만드는 스테이크가 당점의 자신 있는 메뉴입니다.

0036 □□□

手こずる ★ | **てこずる** | 동 애먹다, 어찌할 바를 모르다

アボカドの切(き)り方(かた)が分(わ)からず、とても手(て)こずった。
아보카도의 자르는 방법을 몰라서, 매우 **애먹었다**.

0037 □□□

密封 | **みっぷう** | 명 밀봉

余(あま)ったおかずは容器(ようき)に入(い)れて密封(みっぷう)し、冷蔵庫(れいぞうこ)に入(い)れておいた。
남은 반찬은 용기에 넣어 **밀봉**하고, 냉장고에 넣어 두었다.

0038 □□□

水気 | **みずけ** | 명 물기, 수분

サラダに使(つか)う野菜(やさい)は水気(みずけ)を切(き)るようにしてください。
샐러드에 사용할 야채는 **물기**를 빼도록 해 주세요.

0039 □□□

臭み | **くさみ** | 명 좋지 않은 냄새

お肉(にく)の臭(くさ)みを取(と)るには酢(す)やワインを使(つか)います。
고기의 **좋지 않은 냄새**를 잡는 데는 식초나 와인을 사용합니다.

0040 □□□

腐敗 | **ふはい** | 명 부패

水分(すいぶん)が多(おお)い食品(しょくひん)は腐敗(ふはい)の速度(そくど)が速(はや)いため注意(ちゅうい)して保管(ほかん)すべきだ。 수분이 많은 식품은 **부패** 속도가 빠르기 때문에 주의해서 보관해야 한다.

[문형] 동사 사전형 + べきだ ~(해)야 한다 ★ 예외 する → すべきだ

0041 □□□

傷める | **いためる** | 동 상하게 하다

保存方法(ほぞんほうほう)を知(し)らなかったばかりに、果物(くだもの)を全部(ぜんぶ)傷(いた)めてしまった。
보존 방법을 몰랐던 탓에, 과일을 모두 **상하게 해** 버렸다.

[문형] 동사 た형+ ばかりに ~(한) 탓에

*<Day별 단어 퀴즈 PDF>를 활용하여 꼭 복습하세요.

완성 단어

0042 □□□	干(ほ)し物(もの)	명 건어물
0043 □□□	差(さ)し入(い)れ	명 격려의 음식물
0044 □□□	飲料(いんりょう)	명 음료
0045 □□□	実食(じっしょく)	명 실제로 먹어봄
0046 □□□	存分(ぞんぶん)	마음껏
0047 □□□	器(うつわ)	명 그릇
0048 □□□	重箱(じゅうばこ)	명 찬합
0049 □□□	物好(ものず)きだ	な형 유별난 것을 좋아하다
0050 □□□	たかだか	부 기껏(해야), 고작
0051 □□□	持(も)ち切(き)り	명 화제가 지속됨, 소문이 자자함
0052 □□□	歯切(はぎ)れ	명 씹히는 맛
0053 □□□	不評(ふひょう)	명 악평
0054 □□□	しんなり	부 부드럽게
0055 □□□	甘口(あまくち)	명 단맛이 돎, 단맛을 좋아함
0056 □□□	甘美(かんび)だ	な형 감미롭다
0057 □□□	風味(ふうみ)	명 풍미
0058 □□□	悪臭(あくしゅう)	명 악취
0059 □□□	苦味(にがみ)	명 쓴맛
0060 □□□	酸味(さんみ)	명 산미, 신맛
0061 □□□	珍味(ちんみ)	명 진미
0062 □□□	宴(うたげ)	명 연회, 잔치
0063 □□□	新米(しんまい)	명 햅쌀, 풋내기
0064 □□□	紫芋(むらさきいも)	명 자색 고구마
0065 □□□	粉末(ふんまつ)	명 분말, 가루
0066 □□□	代替物(だいたいぶつ)	명 대체물
0067 □□□	替(か)え玉(だま)	명 대역, 사리
0068 □□□	味付(あじつ)け	명 양념하여 맛을 냄, 양념
0069 □□□	炒(いた)める	동 볶다, 지지다
0070 □□□	和(あ)える	동 무치다, 버무리다
0071 □□□	ぶくぶく	부 부글부글, 뒤룩뒤룩
0072 □□□	冷気(れいき)	명 냉기
0073 □□□	抜(ぬ)かす	동 빠뜨리다, 거르다
0074 □□□	煮立(にた)つ	동 펄펄 끓다, 끓어오르다
0075 □□□	濃縮(のうしゅく)	명 농축
0076 □□□	凝固(ぎょうこ)	명 응고
0077 □□□	微量(びりょう)	명 미량, 아주 적은 양
0078 □□□	むしる	동 뽑다, 잡아 뽑다
0079 □□□	栄養素(えいようそ)	명 영양소
0080 □□□	酵素(こうそ)	명 효소
0081 □□□	鮮度(せんど)	명 신선도
0082 □□□	網(あみ)	명 그물, 망
0083 □□□	冷蔵用(れいぞうよう)	명 냉장용

DAY 02 제품·상품

MP3 바로 듣기

0084 □□□

試作品	しさくひん	명 시제품

し さくひん　さまざま　おこな　せいひん　でき あ
試作品で様々なテストを行ったすえに、いい製品が出来上がった。 **시제품**으로 다양한 테스트를 시행한 끝에, 좋은 제품이 완성되었다.

[문형] 동사 た형 + すえに ~(한) 끝에

0085 □□□

缶詰	かんづめ	명 통조림

ほ ぞんしょく　かんづめ　はい　いろいろ　しょうひん　う
保存食として缶詰に入ったパンなど色々な商品が売られている。 보존 식품으로서 **통조림**에 들어 있는 빵 등 여러 상품이 팔리고 있다.

0086 □□□

化粧品	けしょうひん	명 화장품

はだ　かんそう　ほ しつこう か　け しょうひん　て ばな
いつも肌が乾燥していて保湿効果のある化粧品が手放せない。 항상 피부가 건조해서 보습 효과가 있는 **화장품**을 놓을 수가 없다.

0087 □□□

工具	こうぐ	명 공구

かなもの や　ちい　う　こう ぐ　しゅるい　すく
この金物屋は小さいとはいえ、売っている工具の種類は少なくない。 이 철물점은 작다고는 해도, 팔고 있는 **공구**의 종류는 적지 않다.

[문형] い형용사 보통형 + とはいえ ~(하)다고는 해도

0088 □□□

製氷機	せいひょうき	명 제빙기

なつ　せいひょう き　じゅよう　ふ　う　あ　の
夏になると製氷機の需要が増え、売り上げが伸びます。
여름이 되면 **제빙기**의 수요가 늘어, 매상이 증가합니다.

0089 □□□

繊維	せんい	명 섬유

天然繊維(てんねんせんい)を使用(しよう)したこの服(ふく)は肌触(はだざわ)りがいいと好評(こうひょう)だ。
천연 **섬유**를 사용한 이 옷은 촉감이 좋다고 호평이다.

0090 □□□

柄 ★	がら	명 무늬, 체격, 분수, 격

こちらのヒョウ柄(がら)のヒールは当店限定(とうてんげんてい)の商品(しょうひん)でございます。
이쪽의 표범 **무늬** 힐은 당점 한정의 상품입니다.

0091 □□□

大型	おおがた	명 대형

広(ひろ)い家(いえ)に引(ひ)っ越(こ)すことになってテレビを大型(おおがた)のものに買(か)い替(か)えた。 넓은 집으로 이사 가게 되어서 텔레비전을 **대형**인 것으로 사 바꿨다.

0092 □□□

小型 ★	こがた	명 소형

値段(ねだん)はさておき、性能(せいのう)がいい小型(こがた)のスピーカーを探(さが)している。 가격은 제쳐두고, 성능이 좋은 **소형** 스피커를 찾고 있다.

[문형] 명사 + はさておき ~은 제쳐두고

0093 □□□

格段だ ★	かくだんだ	な형 현격하다, 각별하다

新型(しんがた)スマホは従来(じゅうらい)の製品(せいひん)よりカメラの性能(せいのう)が格段(かくだん)に向上(こうじょう)した。 신형 스마트폰은 종래의 제품보다 카메라의 성능이 **현격하게** 향상했다.

0094 □□□

長持ち	ながもち	명 오래 유지됨

この香水(こうすい)はほんのりとした香(かお)りが長持(ながも)ちすることで今大(いまだい)人気(にんき)です。 이 향수는 은은한 향기가 **오래 유지되는** 것으로 지금 크게 인기입니다.

0095 □□□

解ける ★	ほどける	동 (묶은 것이) 풀리다

靴(くつ)につけるだけで靴紐(くつひも)が**解(ほど)け**なくなるアイデア商品(しょうひん)を見(み)つけた。 신발에 다는 것만으로 신발 끈이 **풀리지** 않게 되는 아이디어 상품을 발견했다.

0096 □□□

剥がす ★	はがす	동 떼다, 벗기다

商品(しょうひん)についているラベルを**剥(は)がした**場合(ばあい)、返品(へんぴん)はできかねます。 상품에 붙어 있는 라벨을 **뗀** 경우, 반품은 어렵습니다.

[문형] 동사 ます형 + かねる ~(하)기 어렵다

0097 □□□

剥ぐ	はぐ	동 벗기다, 박탈하다

弟(おとうと)は誕生日(たんじょうび)プレゼントをもらうなり、包装紙(ほうそうし)を**剥(は)いだ**。 남동생은 생일 선물을 받자마자, 포장지를 **벗겼다**.

[문형] 동사 사전형 + なり ~(하)자마자

0098 □□□

用途	ようと	명 용도

店長(てんちょう)の指示(しじ)に従(したが)って食器(しょっき)の並(なら)べ方(かた)をサイズ別(べつ)から**用途(ようと)**別(べつ)に変(か)えた。 점장의 지시에 따라 식기의 진열 방법을 사이즈별에서 **용도**별로 바꿨다.

0099 □□□

作動 ★	さどう	명 작동

このエアコンは正確(せいかく)に**作動(さどう)**する音声操作機能(おんせいそうさきのう)がついている。 이 에어컨은 정확하게 **작동**하는 음성 조작 기능이 달려 있다.

0100 □□□

反る	そる	동 휘다

ここの家具(かぐ)は高級(こうきゅう)な木材(もくざい)で作(つく)られているだけあって、ほとんど**反(そ)らない**。 여기의 가구는 고급 목재로 만들어진 만큼, 거의 **휘지** 않는다.

[문형] 동사 보통형 + だけあって ~(한) 만큼

0101 □□□

無難だ | **ぶなんだ** | な형 무난하다

シンプルで無難(ぶなん)なデザインのネックレスが買(か)いたいです。
심플하고 **무난한** 디자인의 목걸이를 사고 싶습니다.

0102 □□□

高級感 | **こうきゅうかん** | 명 고급스러움

このスカーフは高級感(こうきゅうかん)がありつつも、値段(ねだん)はそこまで高(たか)くない。 이 스카프는 **고급스러움**이 있으면서도, 가격은 그렇게 비싸지 않다.

[문형] 동사 ます형 + つつ ~(하)면서

0103 □□□

鮮烈だ ★ | **せんれつだ** | な형 선명하고 강렬하다

鮮烈(せんれつ)な色使(いろづか)いのスニーカーが今若者(いまわかもの)の間(あいだ)で人気(にんき)だ。
선명하고 강렬한 배색의 스니커즈가 지금 젊은이들 사이에서 인기이다.

0104 □□□

簡易 | **かんい** | 명 간이, 간단

初(はじ)めてのキャンプを一週間後(いっしゅうかんご)に控(ひか)え、簡易(かんい)テーブルを買(か)った。
첫 캠프를 일주일 뒤로 앞두고, **간이** 테이블을 샀다.

[문형] 명사 + を + 명사 + に控え ~를 …로 앞두고

0105 □□□

とりわけ ★ | - | 부 특히

このカバンは今月発売(こんげつはつばい)した新商品(しんしょうひん)の中(なか)でもとりわけよく売(う)れている。
이 가방은 이번 달 발매한 신상품 중에서도 **특히** 잘 팔리고 있다.

0106 □□□

破損 ★ | **はそん** | 명 파손

商品郵送中(しょうひんゆうそうちゅう)の破損(はそん)については法律(ほうりつ)に基(もと)づいて補償(ほしょう)いたします。 상품 배송 중의 **파손**에 대해서는 법률에 근거하여 보상해 드립니다.

[문형] 명사 + に基づいて ~에 근거하여

0107 □□□

不良 | **ふりょう** | 명 불량

ふ りょうひん　とど　ばあい　へんぴん　こうかんたいおう
不良品が届いた場合、すぐに返品・交換対応させていただきます。 **불량**품이 도착한 경우, 즉시 반품·교환 대응해 드리겠습니다.

0108 □□□

正常だ | **せいじょうだ** | な형 정상이다

きのう　か　せいじょう　どう さ　こうかん　いらい
昨日買ったテレビが正常に動作しないため交換を依頼した。 어제 산 텔레비전이 **정상으로** 동작하지 않아서 교환을 의뢰했다.

0109 □□□

良質だ | **りょうしつだ** | な형 양질이다

りょうしつ　ざいりょう　つく　か し　こ　せんえん　たか
良質な材料で作ったお菓子にしても、1個5千円は高すぎる。
양질인 재료로 만든 과자라 하더라도, 1개 5천 엔은 너무 비싸다.

0110 □□□

類似 | **るいじ** | 명 유사, 서로 비슷함

ひん　るい じ ひん　さいきんもんだい
ブランド品の類似品が最近問題になっている。
브랜드 물건의 **유사**품이 최근 문제가 되고 있다.

0111 □□□

入手 ★ | **にゅうしゅ** | 명 입수

きんよう び　にちよう び　みせ　しょうひん　ぜん ぶ はんがく
金曜日から日曜日にかけてこの店の商品が全部半額で
にゅうしゅ
入手できます。
금요일부터 일요일에 걸쳐 이 가게의 상품을 전부 반값으로 **입수**할 수 있습니다.

[문형] 명사 + から + 명사 + にかけて ~부터 …에 걸쳐

0112 □□□

売り出す | **うりだす** | 동 발매하다, 팔기 시작하다

しんせいひん　う　だ　まえ　じょうれんきゃく　さいしん　おく
新製品を売り出す前に常連客へ最新カタログを送った。
신제품을 **발매하기** 전에 단골손님에게 최신 카탈로그를 보냈다.

0113 □□□

売れ筋 | **うれすじ** | 명 잘 팔림, 잘 팔리는 상품

がめん　う　すじしょうひん　み
ショッピングアプリのホーム画面で売れ筋商品が見られる。 쇼핑 앱의 홈 화면에서 **잘 팔리는** 상품을 볼 수 있다.

0114 □□□

仕入れる | **しいれる** | 동 사들이다, (지식 등을) 얻다

みせ　う　しょうひん　とんや　しい
お店で売る商品を問屋から仕入れてきた。
가게에서 팔 물건을 도매상에서 **사들여** 왔다.

0115 □□□

在庫 ★ | **ざいこ** | 명 재고

もう　わけ　せいひん　ざいこ　ぎ
申し訳ございませんが、こちらの製品は在庫切れとなっております。 죄송합니다만, 이쪽의 제품은 **재고**가 소진되었습니다.

0116 □□□

納品 | **のうひん** | 명 납품

のうひん　しなもの　ふりょうひん　けんしゅう
納品された品物に不良品がないか検収した。
납품된 물건에 불량품이 없는지 검수했다.

0117 □□□

目録 | **もくろく** | 명 목록

はんばい　しょせき　もくろく　とうてん　かくにん
販売している書籍の目録は当店のホームページにて確認できます。 판매하고 있는 서적의 **목록**은 당점의 홈페이지에서 확인할 수 있습니다.

0118 □□□

陳列 ★ | **ちんれつ** | 명 진열

しょうひん　こうばいりつ　あ　ちんれつばしょしだい
どの商品の購買率が上がるかは陳列場所次第だ。
어느 상품의 구매율이 오를지는 **진열** 장소에 달렸다.

[문형] 명사 + 次第だ ~에 달렸다

★ 표시 = 2010년 이후 N1 문자·어휘 기출 단어

0119 □□□

一括	いっかつ	명 일괄

しょうひん　こ　い じょう いっかつ　こうにゅう　ば あい　わりびき
商品を10個以上一括して購入される場合、5％割引させていただきます。
상품을 10개 이상 **일괄**하여 구매하시는 경우, 5% 할인해 드립니다.

0120 □□□

無償 ★	むしょう	명 무상, 무료

こんげつ　かぎ　ほ しょう き かん　お　こん ご　む しょうしゅう り　う
今月を限りに保証期間が終わって今後無償修理は受けられない。 이번 달을 끝으로 보증 기간이 끝나서 이후 **무상** 수리는 받을 수 없다.

[문형] 명사 + を限りに ~을 끝으로

0121 □□□

進呈	しんてい	명 증정

はじ　きゃくさま　とく　しんてい
初めてのお客様にお得なクーポンを進呈します。
첫 손님에게 이득인 쿠폰을 **증정**합니다.

0122 □□□

冷やかす	ひやかす	동 값만 물어보다, 차게 하다, 놀리다

きのう　もの　か　ひと　ひ　ひと　おお
昨日は物を買う人より冷やかす人が多かった。
어제는 물건을 사는 사람보다 **값만 물어보는** 사람이 많았다.

0123 □□□

手頃だ	てごろだ	な형 적당하다, 알맞다

しつ　うえ　ね だん　て ごろ　ちゃく か
このコートは質がいい上に、値段も手頃だから１着買いました。 이 코트는 질이 좋은 데다가, 가격도 **적당해**서 1벌 샀습니다.

[문형] い형용사 보통형 + 上に ~(인) 데다가

0124 □□□

苦情 ★	くじょう	명 불평, 불만

はいそう　ち えん　きゃく　く じょう　さっとう
配送が遅延しようものなら客から苦情が殺到するだろう。
배송이 지연되었다가는 손님으로부터 **불평**이 쇄도하겠지.

[문형] 동사 의지형 + ものなら ~(했)다가는

*<Day별 단어 퀴즈 PDF>를 활용하여 꼭 복습하세요.

완성 단어

0125 □□□	骨董品 (こっとうひん)	명 골동품
0126 □□□	缶切り (かんき)	명 깡통 따개
0127 □□□	こま	명 팽이
0128 □□□	宝くじ (たから)	명 복권
0129 □□□	絹 (きぬ)	명 비단, 명주
0130 □□□	衣 (ころも)	명 옷, 의복
0131 □□□	形状 (けいじょう)	명 형상
0132 □□□	襟 (えり)	명 옷깃
0133 □□□	裾 (すそ)	명 옷자락, 기슭
0134 □□□	手回し (てまわ)	명 수동식, 준비
0135 □□□	蛍光 (けいこう)	명 형광
0136 □□□	希少だ (きしょう)	な형 희소하다
0137 □□□	徳用 (とくよう)	명 값에 비해 이득인 것
0138 □□□	兼用 (けんよう)	명 겸용
0139 □□□	製法 (せいほう)	명 제조법
0140 □□□	新素材 (しんそざい)	명 신소재
0141 □□□	厳選 (げんせん)	명 엄선
0142 □□□	伸縮 (しんしゅく)	명 신축, 늘이고 줄임
0143 □□□	褪せる (あ)	동 퇴색하다
0144 □□□	ひずむ	동 일그러지다, 뒤틀리다
0145 □□□	偽物 (にせもの)	명 가짜, 위조품
0146 □□□	品質 (ひんしつ)	명 품질
0147 □□□	型破りだ (かたやぶ)	な형 관행을 깨다, 색다르다
0148 □□□	仕立てる (したた)	동 옷을 만들다, 양성하다
0149 □□□	裏打ち (うらう)	명 뒷받침
0150 □□□	粒状 (りゅうじょう)	명 입자 상태, 알갱이 모양
0151 □□□	各種 (かくしゅ)	명 각종
0152 □□□	種々 (しゅじゅ)	명 여러 가지, 각종
0153 □□□	同類 (どうるい)	명 동류
0154 □□□	前売り (まえう)	명 예매
0155 □□□	買い替える (か か)	동 새것으로 교체하다
0156 □□□	引き下げる (ひ さ)	동 내리다, 인하하다
0157 □□□	包装紙 (ほうそうし)	명 포장지
0158 □□□	風呂敷 (ふろしき)	명 보자기
0159 □□□	同封 (どうふう)	명 동봉
0160 □□□	下取り (したど)	명 보상 판매
0161 □□□	額 (がく)	명 액수, 금액
0162 □□□	単価 (たんか)	명 단가, 개당 가격
0163 □□□	持て余す (も あま)	동 처치 곤란하다
0164 □□□	贅沢だ (ぜいたく)	な형 사치스럽다, (정도를) 넘다
0165 □□□	気を引く (き ひ)	마음을 끌다, 주의를 끌다
0166 □□□	吹聴 (ふいちょう)	명 말을 퍼뜨림, 소문을 냄

DAY 03 일상생활

MP3 바로 듣기

0167 □□□

私生活	**しせいかつ**	명 사생활

私生活に関わることは人に知られたくないものだ。
사생활과 관련된 것은 남에게 알려지고 싶지 않은 것이다.

[문형] 명사 + に関わる ~(과) 관련된 / い형용사 사전형 + ものだ ~(인) 것이다

0168 □□□

実生活	**じっせいかつ**	명 실생활

心理相談で聞いたアドバイスを実生活に生かしていきたい。 심리 상담에서 들은 조언을 **실생활**에 살려가고 싶다.

0169 □□□

生涯	**しょうがい**	명 생애

この世に生まれたからには、悔いのない生涯を送りたい。
이 세상에 태어난 이상에는, 후회 없는 **생애**를 보내고 싶다.

[문형] 동사 보통형 + からには ~(하)는 이상에는

관련어 生涯教育 しょうがいきょういく 명 생애 교육, 평생 교육

0170 □□□

生き甲斐	**いきがい**	명 사는 보람

何を生き甲斐にしているのかは人それぞれ違う。
무엇을 **사는 보람**으로 여기고 있는지는 사람마다 다르다.

0171 □□□

記憶	**きおく**	명 기억

卒業して20年、高校時代の記憶はうっすらとしか残っていない。 졸업하고 20년, 고교 시절의 **기억**은 희미하게밖에 남아있지 않다.

0172 □□□

袋	ふくろ	명 봉지, 주머니

かいけい す いんりょう ほん てんいん ふくろ い
会計が済んだ飲料４本を店員さんが袋に入れてくれた。
계산이 끝난 음료 4병을 점원이 **봉지**에 넣어 주었다.

0173 □□□

紙くず	かみくず	명 종잇조각

しょうてんがい かみ あ かん ひろ
商店街で紙くずや空き缶などを拾うボランティアをしている。 상점가에서 **종잇조각**이나 빈 캔 등을 줍는 자원봉사를 하고 있다.

0174 □□□

荷 ★	に	명 부담, 책임, 짐

かいしゃ つと はは かいご に おも
会社に勤めながら母の介護をするのは荷が重い。
회사에 다니면서 어머니의 간호를 하는 것은 **부담**이 크다.

0175 □□□

荷造り	にづくり	명 짐을 꾸림

ひ こ いっしゅうかんご ひか かぞく にづく
引っ越しを一週間後に控えて、家族で荷造りをした。
이사를 일주일 후로 앞두고, 가족들과 **짐을 꾸렸**다.

[문형] 명사 + を + 명사 + に控えて ~를 …로 앞두고

0176 □□□

背後	はいご	명 등 뒤, 배후

しけんちゅう はいご しけんかんとく た きんちょう
試験中、背後に試験監督が立っていてやけに緊張してしまった。 시험 중, **등 뒤**에 시험 감독이 서 있어서 몹시 긴장하고 말았다.

0177 □□□

立て替える ★	たてかえる	동 대신 지불하다

さいふ わす ぶひ ともだち た か
財布を忘れて部費を友達に立て替えてもらうよりほかなかった。 지갑을 잊고 와서 동아리비를 친구가 **대신 지불하는** 수밖에 없었다.

[문형] 동사 사전형 + よりほかない ~(하)는 수밖에 없다

0178 □□□

一文無し | いちもんなし | 명 무일푼

給料日(きゅうりょうび)は来週(らいしゅう)だが、手元(てもと)のお金(かね)を使(つか)い果(は)たして今(いま)は一文無(いちもんな)しだ。 급여일은 다음 주이지만, 수중의 돈을 다 써 버려서 지금은 **무일푼**이다.

0179 □□□

簡素だ ★ | かんそだ | な형 간소하다

近年(きんねん)、贅沢(ぜいたく)から離(はな)れ簡素(かんそ)な暮(く)らしを目指(めざ)す人(ひと)が増(ふ)えている。
근래, 사치에서 벗어나 **간소한** 살림을 목표로 하는 사람이 늘고 있다.

0180 □□□

ほったらかす | - | 동 내팽개치다

任(まか)された仕事(しごと)をほったらかしてはいけないことは言(い)うまでもない。 맡겨진 일을 **내팽개쳐서**는 안 되는 것은 말할 필요도 없다.

[문형] 동사 사전형 + までもない ~(할) 필요도 없다

0181 □□□

密着 | みっちゃく | 명 밀착

この新聞社(しんぶんしゃ)の地元(じもと)に密着(みっちゃく)した記事(きじ)は日常生活(にちじょうせいかつ)に役立(やくだ)つ。
이 신문사의 지역에 **밀착**한 기사는 일상생활에 도움이 된다.

0182 □□□

専念 | せんねん | 명 전념

３年前(ねんまえ)に退職(たいしょく)した原(はら)さんは大学院(だいがくいん)で研究(けんきゅう)に専念(せんねん)しているようだ。 3년 전에 퇴직한 하라 씨는 대학원에서 연구에 **전념**하고 있는 듯하다.

0183 □□□

構える | かまえる | 동 차리다, 갖추다, 태도를 취하다

母(はは)は最近自分(さいきんじぶん)のカフェを構(かま)えて、活気溢(かっきあふ)れる生活(せいかつ)を送(おく)っている。 어머니는 최근 자신의 카페를 **차리고**, 활기 넘치는 생활을 보내고 있다.

관련어 構え かまえ 명 구조, 태세, 꾸밈새

0184 □□□

思い描く | **おもいえがく** | **동 (마음속으로) 상상하다**

おも　えが　しょうらい　じつげん　べんきょう　はげ
思い描く将来を実現せんがため、勉強に励んでいる。
상상하는 미래를 실현하기 위해, 공부에 힘쓰고 있다.

[문형] 동사 ない형 + んがため ~(하)기 위해 ★ 예외 する → せんがため

0185 □□□

長引く | **ながびく** | **동 길어지다, 오래 끌다**

かぜ　なが び　くすり　の　りょうしつ　すいみん
風邪が長引くようなら薬を飲んで良質な睡眠をとってください。 감기가 **길어질** 것 같다면 약을 먹고 양질의 수면을 취해 주세요.

0186 □□□

隠居 ★ | **いんきょ** | **명 은거**

かのじょ　しゃちょう　ざ　こうけいしゃ　ゆず　いま　いなか　いんきょ
彼女は社長の座を後継者に譲って今は田舎に隠居している。 그녀는 사장의 자리를 후계자에게 물려주고 지금은 시골에서 **은거**하고 있다.

0187 □□□

検索 | **けんさく** | **명 검색**

きのう　た　さんさい　に もの　けんさく
昨日食べた山菜の煮物がおいしくてレシピを検索してみた。
어제 먹은 산나물 조림이 맛있어서 조리법을 **검색**해 봤다.

0188 □□□

都度 | **つど** | **명 할 때마다, 매번**

ききょう　つ ど　ぼ こう　おん し　あいさつ　い
帰郷の都度、母校にいる恩師に挨拶をしに行っている。
귀성할 **때마다**, 모교에 있는 은사님에게 인사를 하러 가고 있다.

0189 □□□

しきりに ★ | **-** | **계속, 자꾸만**

ごろ　で　けんこうしんだん　う　おも
この頃しきりにせきが出ることだし、健康診断を受けようと思う。 요즘 **계속** 기침이 나니, 건강 진단을 받으려 생각한다.

[문형] 동사 보통형 + ことだし ~(하)니

0190 □□□

当面 ★	とうめん	명 당분간, 당면

左手(ひだりて)に熱湯(ねっとう)がかかり火傷(やけど)して、当面(とうめん)右手(みぎて)だけで生活(せいかつ)するしかない。

왼손에 뜨거운 물이 쏟아져 화상을 입어, **당분간** 오른손만으로 생활할 수밖에 없다.

0191 □□□

日夜 ★	にちや	명 밤낮

最近(さいきん)、父(ちち)になった兄(あに)は日夜(にちや)を問(と)わず育児(いくじ)に取(と)り組(く)んでいる。

최근, 아버지가 된 형은 **밤낮**을 불문하고 육아에 몰두하고 있다.

[문형] 명사 + を問わず ~을 불문하고

0192 □□□

中程	なかほど	명 중반, 절반

期末(きまつ)テストが終(お)わる7月(がつ)の中程(なかほど)に会(あ)おうと、友達(ともだち)と話(はなし)をした。 기말고사가 끝나는 7월 **중반**에 만나자고, 친구와 이야기를 했다.

0193 □□□

四六時中	しろくじちゅう	온종일

妹(いもうと)は夏休(なつやす)みだからと、四六時中(しろくじちゅう)遊(あそ)んでばかりいる。

여동생은 여름 방학이라고, **온종일** 놀고만 있다.

[문형] 동사 て형 + ばかりいる ~(하)고만 있다

0194 □□□

境遇	きょうぐう	명 환경, 형편, 처지

あの二人(ふたり)は全(まった)く異(こと)なる境遇(きょうぐう)に育(そだ)ちながらも性格(せいかく)が非常(ひじょう)に似(に)ている。 저 두 사람은 전혀 다른 **환경**에서 자랐지만 성격이 매우 닮았다.

[문형] 동사 ます형 + ながらも ~(하)지만

0195 □□□

なんら	-	부 조금도, 아무런

ついファイルを削除(さくじょ)してしまったが復元(ふくげん)できるからなんら困(こま)らない。 무심코 파일을 삭제해 버렸지만 복원할 수 있으니 **조금도** 곤란하지 않다.

0196 □□□

初耳	はつみみ	명 금시초문, 처음 듣는 일

杉田(すぎた)さんが明日(あした)で転校(てんこう)するなんて、初耳(はつみみ)だ。
스기타 씨가 내일로 전학을 간다니, **금시초문**이다.

0197 □□□

本名	ほんみょう	명 본명

SNS上(じょう)では本名(ほんみょう)を非公開(ひこうかい)にしている。
SNS상에서는 **본명**을 비공개로 하고 있다.

0198 □□□

のどかだ	-	な형 한적하다, 화창하다

両親(りょうしん)は退職後(たいしょくご)、のどかな田園生活(でんえんせいかつ)を送(おく)りたいそうだ。
부모님은 퇴직 후, **한적한** 전원생활을 보내고 싶다고 한다.

0199 □□□

熱中 ★	ねっちゅう	명 열중

姉(あね)は弟(おとうと)たちが騒(さわ)ぐのもかまわず、勉強(べんきょう)に熱中(ねっちゅう)している。
누나는 남동생들이 떠드는 것도 신경 쓰지 않고, 공부에 **열중**하고 있다.

[문형] い형용사 보통형 の + もかまわず ~도 신경 쓰지 않고

0200 □□□

多忙だ	たぼうだ	な형 바쁘다, 다망하다

クリスマスシーズンのケーキ屋(や)はとてつもなく多忙(たぼう)だ。
크리스마스 시즌의 케이크 가게는 엄청나게 **바쁘다**.

0201 □□□

暇	いとま	명 틈, 휴가, 시간

今日(きょう)はトイレに行(い)く暇(いとま)もないほど忙(いそが)しかった。
오늘은 화장실에 갈 **틈**도 없을 정도로 바빴다.

0202 □□□

どうしようもない ★	-	어쩔 수 없다

会社(かいしゃ)の移転(いてん)により、通勤時間(つうきんじかん)が長(なが)くなったが、**どうしようもない**。 회사 이전으로 인해, 통근 시간이 길어졌지만, **어쩔 수 없다**.

0203 □□□

かろうじて ★	-	부 간신히, 겨우

駅(えき)まで駆(か)けつけた結果(けっか)、**かろうじて**電車(でんしゃ)に間(ま)に合(あ)った。
역까지 급하게 달려간 결과, **간신히** 전철 시간에 늦지 않았다.

0204 □□□

仕業 ★	**しわざ**	명 소행

ゴミが家中(いえじゅう)に散(ち)らばっていたのは、飼(か)い犬(いぬ)の**仕業**(しわざ)に違(ちが)いない。 쓰레기가 집안에 흩어져 있던 것은, 키우는 개의 **소행**임에 틀림없다.

0205 □□□

台無し	**だいなし**	명 엉망이 됨, 잡침

数日間(すうじつかん)にわたって旅行計画(りょこうけいかく)を立(た)てたが、雨(あめ)で**台無**(だいな)**し**になった。
수일간에 걸쳐 여행 계획을 세웠는데, 비로 **엉망이 되**었다.

[문형] 명사 + にわたって ~에 걸쳐

0206 □□□

催促	**さいそく**	명 재촉

3か月(げつ)も本(ほん)を延滞(えんたい)した利用者(りようしゃ)に返却(へんきゃく)を**催促**(さいそく)せざるを得(え)なかった。 3개월이나 책을 연체한 이용자에게 반납을 **재촉**하지 않을 수 없었다.

[문형] 동사 ない형 + ざるを得ない ~(하)지 않을 수 없다 ★ 예외 する → せざるを得ない

0207 □□□

乏しい	**とぼしい**	い형 모자라다, 가난하다

料理(りょうり)の知識(ちしき)は**乏**(とぼ)**しい**が、パスタくらいなら作(つく)れる。
요리 지식은 **모자라**지만, 파스타 정도라면 만들 수 있다.

*<Day별 단어 퀴즈 PDF>를 활용하여 꼭 복습하세요.

완성 단어

0208 □□□	ばんじ	万事	명 만사, 매사, 모든 일
0209 □□□	ひとめ	人目	명 남의 눈
0210 □□□	ないしょ	内緒	명 비밀
0211 □□□	な	慣れっこ	명 아주 익숙함
0212 □□□	ひまつぶ	暇潰し	명 시간 때우기
0213 □□□	う ば	憂さ晴らし	명 기분 전환
0214 □□□	すんぜん	寸前	명 직전
0215 □□□	へいじょう	平常	명 평상, 평소
0216 □□□	ちゅうや	昼夜	명 주야, 밤낮
0217 □□□	ていき	定期	명 정기, 정시
0218 □□□	ひるさ	昼下がり	명 정오를 약간 지난 무렵
0219 □□□	あかつき	暁	명 새벽녘, 어떤 일이 실현되는 때
0220 □□□	こよみ	暦	명 달력
0221 □□□	せつやくじゅつ	節約術	명 절약 기술
0222 □□□	かぎょう	稼業	명 직업, 장사
0223 □□□	ね	うたた寝	명 선잠, 얕은 잠
0224 □□□	かみん	仮眠	명 선잠
0225 □□□	よ ふ	夜更かし	명 늦게까지 깨어 있음
0226 □□□	がんらい	元来	부 원래
0227 □□□		なんだかんだ	이래저래
0228 □□□	むい	無為	명 무위, 아무것도 하지 않음
0229 □□□	うつ す	移り住む	동 이사 와서 살다, 이주하다
0230 □□□	す つ	住み着く	동 자리 잡고 살다
0231 □□□	いなか ぐ	田舎暮らし	명 시골 생활
0232 □□□	かどで	門出	명 집을 떠남, 출발
0233 □□□	くち	口ずさむ	동 흥얼거리다
0234 □□□	かざ	飾り	명 꾸밈, 장식
0235 □□□		がらくた	명 잡동사니
0236 □□□	だん ばこ	段ボール箱	명 골판지 상자
0237 □□□	み はか	見計らう	동 가늠하다, 고르다
0238 □□□		そっぽ	명 다른 쪽
0239 □□□	たずさ	携える	동 휴대하다, 소지하다
0240 □□□	み まわ	身の回り	명 신변, 소지품
0241 □□□	きぞう	寄贈	명 기증
0242 □□□	ふういん	封印	명 봉인
0243 □□□	こうご	交互に	번갈아
0244 □□□		いざ	정작, 막상
0245 □□□	かぜ あ	風当たり	명 바람의 세기, 비판, 비난
0246 □□□		しかしながら	접 그렇지만
0247 □□□	さ あ	差し当たり	당분간
0248 □□□	しら	白ける	동 흥이 깨지다, 퇴색하다
0249 □□□	わ かん	割り勘	명 각자 부담

DAY 04

인간관계

MP3 바로 듣기

0250 □□□

人脈 ★	じんみゃく	명 인맥

さいきん　こえ　か　じんみゃく　ひろ
最近はSNSで声を掛けるなどして人脈を広げることもできる。 최근에는 SNS에서 말을 거는 등 해서 **인맥**을 넓히는 것도 가능하다.

0251 □□□

絆	きずな	명 유대, 끊기 어려운 정

ながねん つ　そ　りょうしん　ふうふ　ふか　きずな　むす
長年連れ添った両親は夫婦ならではの深い絆で結ばれている。 긴 세월 같이 산 부모님은 부부다운 깊은 **유대**로 맺어져 있다.

[문형] 명사 + ならでは ~다운

0252 □□□

面識 ★	めんしき	명 면식

かのじょ　だいがく　どうそう　いぜん　めんしき
彼女とは大学の同窓なので以前から面識がある。
그녀와는 대학 동창이기 때문에 이전부터 **면식**이 있다.

0253 □□□

人格	じんかく	명 인격

ちち　なさ　ぶか　りっぱ　じんかく　も　ぬし
父は情け深い、立派な人格の持ち主である。
아버지는 인정이 많은, 훌륭한 **인격**의 소유자다.

0254 □□□

人間性	にんげんせい	명 인간성

ともだち　にんげんせい　たか　ひと　かぎ　おも
友達になるなら、やっぱり人間性が高い人に限ると思う。
친구가 된다면, 역시 **인간성**이 좋은 사람이 최고라고 생각한다.

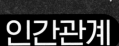

[문형] 명사 + に限る ~이 최고이다

0255 □□□

円満だ | えんまんだ | な형 원만하다

他人(たにん)と円満(えんまん)な関係(かんけい)を築(きず)くだけでなく信頼(しんらい)するに足(た)る人(ひと)になりたい。
타인과 **원만한** 관계를 구축할 뿐만 아니라 신뢰하기에 충분한 사람이 되고 싶다.

[문형] 동사 사전형 + に足る ~(하)기에 충분한

0256 □□□

惹く | ひく | 동 (마음을) 끌다

夫(おっと)の優(やさ)しくて頼(たよ)りがいがある部分(ぶぶん)に惹(ひ)かれて結婚(けっこん)した。
남편의 상냥하고 의지가 되는 부분에 **끌려** 결혼했다.

0257 □□□

親密だ | しんみつだ | な형 친밀하다

周囲(しゅうい)の人(ひと)と親密(しんみつ)になるには誠実(せいじつ)さを見(み)せることが重要(じゅうよう)だ。
주위 사람과 **친밀하게** 되기 위해서는 성실함을 보이는 것이 중요하다.

0258 □□□

誠意 | せいい | 명 성의

誠意(せいい)のこもっていない謝罪(しゃざい)は相手(あいて)を怒(おこ)らせるだけだ。
성의가 담기지 않은 사죄는 상대를 화나게 할 뿐이다.

0259 □□□

敬う | うやまう | 동 공경하다

目上(めうえ)の人(ひと)を敬(うやま)い、目下(めした)の人(ひと)を労(いたわ)る姿勢(しせい)が良(よ)い人間関係(にんげんかんけい)を作(つく)る。 손윗사람을 **공경하고**, 손아랫사람을 돌보는 자세가 좋은 인간관계를 만든다.

0260 □□□

人見知り | ひとみしり | 명 낯가림

人見知(ひとみし)りが激(はげ)しかった娘(むすめ)は、成長(せいちょう)するにつれて社交的(しゃこうてき)になった。 **낯가림**이 심했던 딸은, 성장함에 따라 사교적이 되었다.

0261 □□□

よそよそしい	-	い형 데면데면하다, 서먹서먹하다

息子(むすこ)は思春期(ししゅんき)に入(はい)って急(きゅう)によそよそしくなった。
아들은 사춘기에 들어와 갑자기 **데면데면해**졌다.

0262 □□□

水臭い	みずくさい	い형 섭섭하게 하다, 서먹서먹하다

悩(なや)み事(ごと)があるのに平気(へいき)なふりをするなんて水臭(みずくさ)いな。
고민이 있는데 아무렇지 않은 척을 하다니 **섭섭하게** 하네.

0263 □□□

かねがね ★	-	부 전부터, 미리

初(はじ)めまして。先生(せんせい)のことはかねがね伺(うかが)っておりました。
처음 뵙겠습니다. 선생님의 이야기는 **전부터** 들어 왔습니다.

0264 □□□

久しい	ひさしい	い형 오래되다, 오래간만이다

卒業(そつぎょう)以来(いらい)多忙(たぼう)で久(ひさ)しく会(あ)っていない友達(ともだち)と会(あ)う約束(やくそく)をした。 졸업 이래로 바빠서 **오랫동안** 만나지 못한 친구와 만날 약속을 했다.

[문형] 명사 + 以来 ~이래로

0265 □□□

不意だ ★	ふいだ	な형 갑작스럽다, 뜻밖이다

夫(おっと)と初(はじ)めて出会(であ)った時(とき)のことを不意(ふい)に思(おも)い出(だ)し、懐(なつ)かしくなった。 남편과 처음 만났던 때를 **갑작스럽게** 떠올려, 그리워졌다.

0266 □□□

満更	まんざら	부 반드시, 아주, 꼭

見(み)た目(め)が不良(ふりょう)っぽいからといって満更(まんざら)悪(わる)い人(ひと)でもない。
겉모습이 불량한 것 같다고 해서 **반드시** 나쁜 사람인 것도 아니다.

[문형] い형용사 보통형 + からといって ~(하)다고 해서

0267 □□□

慰める ★	なぐさめる	동 위로하다, 달래다

面接(めんせつ)でしくじったと落(お)ち込(こ)んでいる友達(ともだち)を慰(なぐさ)めてあげた。
면접에서 실수했다고 침울해져 있는 친구를 **위로해** 주었다.

0268 □□□

案じる	あんじる	동 걱정하다

母(はは)はそそっかしくてうっかり者(もの)の 弟(おとうと)のことを案(あん)じている。
어머니는 덜렁거리고 맹한 남동생을 **걱정하고** 있다.

0269 □□□

忠告	ちゅうこく	명 충고

親(おや)から人目(ひとめ)を気(き)にしすぎないよう忠告(ちゅうこく)を受(う)けたがなかなか直(なお)らない。
부모님으로부터 남의 눈을 너무 신경 쓰지 않도록 **충고**를 받았지만 좀체 고쳐지지 않는다.

0270 □□□

真心	まごころ	명 진심

真心(まごころ)を込(こ)めて作(つく)ったお弁当(べんとう)をサッカー部(ぶ)の先輩(せんぱい)に差(さ)し入(い)れした。 **진심**을 담아서 만든 도시락을 축구부 선배에게 보냈다.

[문형] 명사 + を込めて ~을 담아서

0271 □□□

配慮	はいりょ	명 배려

相手(あいて)の立場(たちば)で考(かんが)え、気(き)を配(くば)ることが本当(ほんとう)の配慮(はいりょ)というものだ。
상대의 입장에서 생각해, 마음을 쓰는 것이 진짜 **배려**라는 것이다.

[문형] 명사 + というものだ ~라는 것이다

0272 □□□

負担	ふたん	명 부담

相手(あいて)の事(こと)を気遣(きづか)ってばかりいると関係(かんけい)を続(つづ)けることに負担(ふたん)を感(かん)じるだろう。 상대방을 신경 쓰기만 하면 관계를 이어가는 것에 **부담**을 느낄 것이다.

[문형] 동사 て형 + ばかりいる ~(하)기만 하다

0273 □□□

干渉 ★	かんしょう	명 간섭

人(ひと)にはそれぞれ事情(じじょう)があるから他人(たにん)に干渉(かんしょう)するものではない。 사람에게는 저마다 사정이 있으니까 남에게 **간섭**하는 게 아니다.

[문형] 동사 사전형 + ものではない ~(하)는 게 아니다

0274 □□□

ぎくしゃく ★	-	부 어색하게, 부자연스럽게

今(いま)のぎくしゃくした関係(かんけい)を改善(かいぜん)できるかは結局(けっきょく)私(わたし)の努力(どりょく)次第(しだい)だ。 지금의 **어색한** 관계를 개선할 수 있는지는 결국 내 노력 나름이다.

[문형] 명사 + 次第だ ~나름이다

0275 □□□

葛藤	かっとう	명 갈등

約束(やくそく)をすっぽかしてしまったがゆえ友達(ともだち)と葛藤(かっとう)が生(しょう)じた。
약속을 어겨 버렸기 때문에 친구와 **갈등**이 생겼다.

[문형] 동사 보통형 + がゆえ ~(하)기 때문에

0276 □□□

揉める ★	もめる	동 옥신각신하다

友達同士(ともだちどうし)が揉(も)めて、二人(ふたり)を仲直(なかなお)りさせるのに結構(けっこう)手(て)こずった。 친구끼리 **옥신각신해서**, 두 사람을 화해시키는 데에 꽤 애먹었다.

0277 □□□

妬む	ねたむ	동 질투하다, 시샘하다

人(ひと)の能力(のうりょく)を妬(ねた)んでも始(はじ)まらないから、自分自身(じぶんじしん)を磨(みが)くまでだ。 남의 능력을 **질투해**도 소용없으니까, 자기 자신을 갈고닦을 뿐이다.

[문형] 동사 て형 + も始まらない ~(해)도 소용없다 / 동사 사전형 + までだ ~(할) 뿐이다

0278 □□□

賜る	たまわる	동 (윗사람에게) 받다, (윗사람이) 내려 주시다

そのようなありがたいお言葉(ことば)を賜(たまわ)りまして光栄(こうえい)に思(おも)います。
그런 감사한 말씀을 **받아**서 영광으로 생각합니다.

0279 □□□

託す ★ | **たくす** | 동 맡기다, 위탁하다

夫(おっと)も私(わたし)も残業(ざんぎょう)することになって子供(こども)を母(はは)に託(たく)さざるを得(え)なかった。
남편도 나도 야근하게 되어서 아이를 어머니에게 **맡기**지 않을 수 없었다.

[문형] 동사 ない형 + ざるを得ない ~(하)지 않을 수 없다

관련어 託する たくする 동 부탁하다, 맡기다

0280 □□□

もてなす | - | 동 대접하다, 대우하다

親戚(しんせき)の家(いえ)を訪(おとず)れた時(とき)、数々(かずかず)の手料理(てりょうり)でもてなしてもらった。
친척 집을 방문했을 때, 여러 손수 만든 요리로 **대접**받았다.

관련어 おもてなし 명 대접, 환대

0281 □□□

気が置けない | **きがおけない** | 허물없다, 무간하다

彼女(かのじょ)とは高校時代(こうこうじだい)からの仲(なか)だから、気(き)が置(お)けない間柄(あいだがら)である。
그녀와는 고교 시절부터의 사이이기 때문에, **허물없는** 사이이다.

0282 □□□

集う | **つどう** | 동 모이다, 모여들다

月(つき)に一回(いっかい)ある町(まち)の定期集会(ていきしゅうかい)に多(おお)くの住人(じゅうにん)が集(つど)った。
월에 한 번 있는 마을 정기 집회에 많은 주민이 **모였다**.

관련어 集い つどい 명 모임, 회합

0283 □□□

かばう ★ | - | 동 감싸다, 비호하다

部長(ぶちょう)はミスをした新入(しんい)りの高山(たかやま)さんをかばってあげた。
부장은 실수를 한 신입인 다카야마 씨를 **감싸** 주었다.

0284 □□□

寄り掛かる | **よりかかる** | 동 기대다

電車(でんしゃ)の中(なか)で子供(こども)が母親(ははおや)の肩(かた)に寄(よ)り掛(か)かって眠(ねむ)っていた。
전철 안에서 아이가 어머니의 어깨에 **기대어** 잠들어 있었다.

0285 □□□

せかす ★	-	동 재촉하다

がいしゅつさき はや いえ かえ こども こま
外出先で早く家に帰ろうと子供に**せかされて**困った。
외출한 곳에서 빨리 집에 돌아가자고 아이에게 **재촉당해서** 곤란했다.

0286 □□□

遠ざける	とおざける	동 멀어지게 하다

かのじょ こうあつてき たいど ひとびと とお
彼女のあの高圧的な態度が人々を**遠ざける**のである。
그녀의 그 고압적인 태도가 사람들을 **멀어지게 하는** 것이다.

0287 □□□

体裁	ていさい	명 체면, 외관

にんげんかんけい ていさい つくろ じゅうよう はいりょ
人間関係で**体裁**を繕うことより重要なのは配慮ではないか。 인간관계에서 **체면**을 차리는 것보다 중요한 것은 배려가 아닐까?

0288 □□□

侮辱	ぶじょく	명 모욕

した あいだがら じんかく ぶじょく はつげん
親しい間柄だとしても、人格を**侮辱**する発言をしてはいけない。 친한 사이라고 해도, 인격을 **모욕**하는 발언을 해서는 안 된다.

[문형] 명사 だ + としても ~라고 해도

0289 □□□

閉口 ★	へいこう	명 손듦, 항복

ふまん い かれ ひていてき せいかく へいこう
不満ばかり言ってくる彼の否定的な性格には**閉口**した。
불만만 말하는 그의 부정적인 성격에는 **손들었**다.

0290 □□□

へきえき	-	명 질림, 물러섬

ながばなし よ ないよう
あまりの長話だと良い内容でも**へきえき**してしまう。
너무 긴 이야기면 좋은 내용이라도 **질리**고 만다.

*<Day별 단어 퀴즈 PDF>를 활용하여 꼭 복습하세요.

완성 단어

0291 □□□	しょたいめん 初対面	명 초면, 첫 대면
0292 □□□	じた 自他	명 자타, 자신과 남
0293 □□□	れんちゅう れんじゅう 連中/連中	명 무리, 일행
0294 □□□	ささ 支え	명 받침, 버팀
0295 □□□	う と 打ち解ける	동 마음을 터놓다, 허물없이 사귀다
0296 □□□	にんじょう 人情	명 인정
0297 □□□	しんわ 親和	명 친화
0298 □□□	ふくしん 腹心	명 마음속
0299 □□□	はら わ 腹を割る	마음을 터놓다, 본심을 털어놓다
0300 □□□	むす つ 結び付く	동 결부되다, 이어지다
0301 □□□	むす つ 結び付ける	동 묶다, 결부시키다
0302 □□□	こんしん 懇親	명 친목, 간친
0303 □□□	けいえん 敬遠	명 경원
0304 □□□	ちが すれ違い	명 스쳐 지나감, 엇갈림
0305 □□□	つれない	い형 냉담하다, 무정하다
0306 □□□	ひいき	명 편애, 후원
0307 □□□	いさかい	명 말다툼, 언쟁
0308 □□□	へんれき 遍歴	명 편력
0309 □□□	れいぐう 冷遇	명 냉대, 푸대접
0310 □□□	はばかる	동 꺼리다
0311 □□□	ふしん 不信	명 불신
0312 □□□	ねんちょう 年長	명 연상, 연장자
0313 □□□	ねんぱい 年配	명 연배
0314 □□□	いちべつ 一別	명 한 번 헤어짐
0315 □□□	いた 悼む	동 애도하다, 슬퍼하다
0316 □□□	うわき 浮気	명 바람기, 변덕
0317 □□□	かたおも 片思い	명 짝사랑
0318 □□□	しんこん 新婚	명 신혼
0319 □□□	ほ 惚れる	동 반하다, 넋을 잃다
0320 □□□	もてる	동 인기가 있다
0321 □□□	せけんてい 世間体	명 세상에 대한 체면
0322 □□□	と え 取り柄	명 좋은 점, 장점
0323 □□□	かた も 肩を持つ	편들다, 지지하다, 두둔하다
0324 □□□	きづか 気遣い	명 마음을 씀, 염려, 배려
0325 □□□	て か 手を貸す	손을 빌려주다, 도와주다
0326 □□□	て か 手を借りる	손을 빌리다, 도움을 받다
0327 □□□	だったい 脱退	명 탈퇴
0328 □□□	そくばく 束縛	명 속박
0329 □□□	せじ お世辞	명 아첨, 아부
0330 □□□	こ 媚びる	동 아양 떨다, 아첨하다
0331 □□□	せがむ	동 졸라대다
0332 □□□	つ 突っかかる	동 시비 걸다, 덤벼들다

DAY 05

인물·신분

MP3 바로 듣기

0333 □□□

同い年 | おないどし | 명 동갑, 같은 나이

どうりょう　たなか　おな　どし　しゅみ　おな　はなし　あ
同僚の田中さんとは同い年で趣味も同じだから話が合う。
동료인 다나카 씨와는 **동갑**이고 취미도 같아서 이야기가 통한다.

0334 □□□

正体 | しょうたい | 명 정체

そうさ　はんにん　しょうたい　し　てが
捜査したかいもなく犯人の正体を知るどころか手掛かりもない。 수사한 보람도 없이 범인의 **정체**를 알기는커녕 단서도 없다.

[문형] 동사 た형 + かいもなく ~(한) 보람도 없이 / 동사 사전형 + どころか ~(하)기는커녕

0335 □□□

先方 ★ | せんぽう | 명 상대방

せんぽう　もと　じょうけん　き　ふく　けいやくないよう
先方が求める条件を聞き、それを含めて契約内容を
ちょうせい
調整した。 **상대방**이 원하는 조건을 듣고, 그것을 포함하여 계약 내용을 조정했다.

0336 □□□

一人一人 ★ | ひとりひとり | 명 각자

じんかく　かちかん　ひとりひとり　こと
人格や価値観は一人一人異なる。
인격이나 가치관은 **각자** 다르다.

0337 □□□

万人 | ばんにん/ばんじん | 명 만인

かれ　えん　やく　じかん　た　いま　ばんにん　あい
彼が演じた役は時間が経った今でも万人に愛されている。
그가 연기한 역은 시간이 흐른 지금도 **만인**에게 사랑받고 있다.

0338 □□□

群集 ★	ぐんしゅう	명 군중, 군집

人気俳優が撮影するとはいえこんなに**群集**が押し寄せるとは。 인기 배우가 촬영한다고는 하지만 이렇게 **군중**이 몰려들 줄이야.

[문형] 동사 보통형 + とはいえ ~(하)다고는 하지만

0339 □□□

配偶者	はいぐうしゃ	명 배우자

未来の**配偶者**は人情が深くてあたたかい心の持ち主であることを願う。 미래의 **배우자**는 인정이 깊고 따뜻한 마음의 소유자이기를 바란다.

0340 □□□

仕事人間	しごとにんげん	명 일중독자, 워커홀릭

仕事以外に興味がないと言ったら友達に**仕事人間**だと言われた。 일 이외에 흥미가 없다고 말했더니 친구로부터 **일중독자**라고 들었다.

0341 □□□

新入生	しんにゅうせい	명 신입생

入学式式場の場所を尋ねるのを見ると、彼女は**新入生**とみえる。 입학식 식장의 위치를 묻는 것을 보면, 그녀는 **신입생**인 것 같다.

[문형] 명사 + とみえる ~인 것 같다

0342 □□□

在校生	ざいこうせい	명 재학생

彼は**在校生**を代表して先輩方に卒業を祝う言葉を伝えた。
그는 **재학생**을 대표해서 선배님들에게 졸업을 축하하는 말을 전했다.

0343 □□□

就活生	しゅうかつせい	명 취직 활동생

就活生の兄は苦労した末、第一希望の企業から内定をもらった。
취직 활동생인 형은 고생한 끝에, 제1희망인 기업으로부터 내정을 받았다.

[문형] 동사 た형 + 末 ~(한) 끝에

0344 □□□

受講者 | **じゅこうしゃ** | 명 수강자

4月から始まる建築士の定期講習の受講者を募集します。
4월부터 시작하는 건축사 정기 강습의 **수강자**를 모집합니다.

0345 □□□

教諭 | **きょうゆ** | 명 교원, 교사

幼稚園教諭として働くことに生き甲斐を感じている。
유치원 **교원**으로서 일하는 것에 사는 보람을 느끼고 있다.

0346 □□□

赤の他人 | **あかのたにん** | 명 생판 남

母は赤の他人にも知人であるかのように話し掛ける社交的な人だ。 어머니는 **생판 남**에게도 지인인 듯이 말을 거는 사교적인 사람이다.

[문형] 명사 である + かのように ~(인) 듯이

0347 □□□

人質 | **ひとじち** | 명 인질

強盗犯を逮捕する時は人質の安全を最優先しながら行動するべきだ。
강도범을 체포할 때에는 **인질**의 안전을 최우선하면서 행동해야 한다.

[문형] 동사 사전형 + べきだ ~(해)야 한다

0348 □□□

専門家 ★ | **せんもんか** | 명 전문가

カフェを開業するに先立って専門家の意見を聞いてみた。
카페를 개업하는 데에 앞서 **전문가**의 의견을 들어 보았다.

[문형] 동사 사전형 + に先立って ~에 앞서

0349 □□□

管理人 | **かんりにん** | 명 관리인

マンションの管理人の仕事にやっと慣れてきたところだ。
맨션 **관리인**의 일에 겨우 익숙해지기 시작한 참이다.

0350 □□□

正社員	せいしゃいん	명 정사원

試用期間中に特に問題がなければ7月から正社員になれます。
(しようきかんちゅう / とく / もんだい / がつ / せいしゃいん)
수습 기간 중에 특별히 문제가 없으면 7월부터 **정사원**이 될 수 있습니다.

0351 □□□

役員	やくいん	명 임원, 간부, 중역

財団代表の不正が発覚し役員を招集して緊急理事会を開いた。
(ざいだんだいひょう / ふせい / はっかく / やくいん / しょうしゅう / きんきゅうりじかい / ひら)
재단 대표의 부정이 발각되어 **임원**을 소집해서 긴급 이사회를 열었다.

0352 □□□

幹部	かんぶ	명 간부

我が社の幹部たちは会社をより良く発展させるために努めている。
(わ / しゃ / かんぶ / かいしゃ / よ / はってん / つと)
우리 회사의 **간부**들은 회사를 보다 좋게 발전시키기 위해 힘쓰고 있다.

0353 □□□

里親	さとおや	명 (동물을) 입양하는 사람

捨て猫の里親は責任感のある人になってほしい。
(す / ねこ / さとおや / せきにんかん / ひと)
버려진 고양이를 **입양할 사람**은 책임감이 있는 사람이 되었으면 한다.

0354 □□□

町長	ちょうちょう	명 읍장, 일본 지방 자치 단체 町의 대표

町の人たちから信頼されている林さんが今回町長に選ばれた。
(まち / ひと / しんらい / はやし / こんかいちょうちょう / えら)
마을 사람들에게 신뢰받고 있는 하야시 씨가 이번에 **읍장**으로 뽑혔다.

0355 □□□

富豪	ふごう	명 부호

この島はある富豪の所有物だと言われている。
(しま / ふごう / しょゆうぶつ / い)
이 섬은 어느 **부호**의 소유물이라고 말해진다.

0356 □□□

官僚 | **かんりょう** | 명 관료

官僚は国事を行う者としての責任と心構えを持たずにはすまない。

관료는 나랏일을 행하는 사람으로서의 책임과 마음가짐을 가져야만 한다.

[문형] 동사 ない형 + ずにはすまない ~(해)야만 한다

0357 □□□

芸術家 | **げいじゅつか** | 명 예술가

芸術家Aは自宅に隠居し制作活動に没頭している。

예술가 A는 자택에 은거하며 제작 활동에 몰두하고 있다.

0358 □□□

芸能人 | **げいのうじん** | 명 연예인

あの芸能人は芸能界で最も人脈が広いそうだ。

그 **연예인**은 연예계에서 가장 인맥이 넓다고 한다.

0359 □□□

学芸員 | **がくげいいん** | 명 큐레이터

弟は学芸員になるための資格を取るべく日夜勉強に専念した。

남동생은 **큐레이터**가 되기 위한 자격증을 따기 위해 밤낮으로 공부에 전념했다.

[문형] 동사 사전형 + べく ~(하)기 위해

0360 □□□

思想家 | **しそうか** | 명 사상가

ある有名な思想家の主張は様々な論文に引用されている。

어느 유명한 **사상가**의 주장은 다양한 논문에 인용되고 있다.

0361 □□□

評論家 | **ひょうろんか** | 명 평론가

評論家が絶賛していた映画を見てみたが、私の好みではなかった。

평론가가 절찬했던 영화를 봐 보았지만, 내 취향은 아니었다.

0362 □□□

人材	じんざい	명 인재

A大学は創立以来医療分野において優秀な人材を輩出してきた。 A 대학은 창립 이래 의료 분야에 있어 우수한 **인재**를 배출해 왔다.

[문형] 명사 + 以来 ~이래

0363 □□□

逸材 ★	いつざい	명 뛰어난 인재, 일재

森選手は自他ともに認める剣道界の逸材である。
모리 선수는 자타 모두가 인정하는 검도계의 **뛰어난 인재**이다.

0364 □□□

巨匠 ★	きょしょう	명 거장, 대가

彼の師匠は音楽界の巨匠でその名を知らない者はいない。 그의 스승은 음악계의 **거장**이라 그 이름을 모르는 자는 없다.

0365 □□□

英雄	えいゆう	명 영웅

あの作家は伝説に登場する英雄をモチーフに小説を書いた。 그 작가는 전설에 등장하는 **영웅**을 모티브로 소설을 썼다.

0366 □□□

猛者	もさ	명 맹자, 강자, 고수

彼は営業の猛者とも言われるほど、営業成績がいい。
그는 영업의 **맹자**라고 불릴 정도로, 영업 성적이 좋다.

0367 □□□

常連	じょうれん	명 단골손님

濃厚な豚骨ラーメンに魅了され、このお店の常連になった。
농후한 돈코츠 라멘에 매료되어, 이 가게의 **단골손님**이 되었다.

0368 □□□

歯科医	しかい	명 치과 의사

学生たちは**歯科医**の資格を取った上で、1年間の研修を受ける。 학생들은 **치과 의사** 자격증을 딴 후에, 1년간의 연수를 받는다.

[문형] 동사 た형 + 上で ~(한) 후에

0369 □□□

獣医	じゅうい	명 수의사

昨日から愛犬の様子がおかしくて**獣医**に診てもらった。
어제부터 애견의 상태가 이상해서 **수의사**에게 진찰받았다.

0370 □□□

薬剤師	やくざいし	명 약제사

薬を受け取る時に、**薬剤師**が薬の副作用と注意事項を教えてくれた。 약을 받을 때에, **약제사**가 약의 부작용과 주의 사항을 알려 주었다.

0371 □□□

障害者	しょうがいしゃ	명 장애인

家事の手助けなど**障害者**の実生活を支援する制度の充実が必要だ。 가사 도움 등 **장애인**의 실생활을 지원하는 제도의 충실함이 필요하다.

0372 □□□

称する	しょうする	동 칭하다

事件調査が一段落したところに、自ら目撃者と**称する**人が現れた。 사건 조사를 막 일단락 지은 참에, 스스로 목격자라고 **칭하는** 사람이 나타났다.

0373 □□□

証明書	しょうめいしょ	명 증명서

本人確認ができる**証明書**であれば何でも差し支えありません。 본인 확인을 할 수 있는 **증명서**라면 무엇이든 문제없습니다.

[문형] 명사 + でも差し支えない ~이든 문제없다

*<Day별 단어 퀴즈 PDF>를 활용하여 꼭 복습하세요.

완성 단어

0374 □□□	み うえ 身の上	명 신상, 처지, 신세
0375 □□□	にんめい 任命	명 임명
0376 □□□	めい ぎ 名義	명 명의
0377 □□□	も ぬし 持ち主	명 주인, 소유자
0378 □□□	おれ 俺	명 나(주로 남자가 사용)
0379 □□□	だん な 旦那	명 남편
0380 □□□	にょうぼう 女房	명 마누라, 아내
0381 □□□	しゅうとめ 姑	명 시어머니, 장모
0382 □□□	にくしん 肉親	명 육친
0383 □□□	ひ まご 曽孫	명 증손주
0384 □□□	わか て 若手	명 젊은이
0385 □□□	わかもの 若者	명 청년, 젊은이
0386 □□□	おさな な じ 幼馴染み	명 소꿉친구
0387 □□□	ひ ぱ 引っ張りだこ	명 인기 있는 사람
0388 □□□	なこうど 仲人	명 중매인
0389 □□□	ろうにゃくなんにょ 老若男女	명 남녀노소
0390 □□□	おや ご 親御さん	명 (남의) 부모님 (존경어)
0391 □□□	い じん 偉人	명 위인
0392 □□□	くさ わ 草分け	명 창시자, 선구자
0393 □□□	せん く しゃ 先駆者	명 선구자
0394 □□□	しゅうじん 囚人	명 수인, 죄수

0395 □□□	ほ りょ 捕虜	명 포로
0396 □□□	ようしょう 幼少	명 유소, 나이가 어림
0397 □□□	しょう に 小児	명 소아, 어린아이
0398 □□□	こ じ 孤児	명 고아
0399 □□□	こ じん 故人	명 고인
0400 □□□	かたぶつ 堅物	명 융통성 없는 사람
0401 □□□	せ けん し 世間知らず	명 세상 물정에 어두운 사람
0402 □□□	どじ	명 얼간이, 얼빠진 짓
0403 □□□	ばんのう 万能	명 만능
0404 □□□	はっぽう び じん 八方美人	명 팔방미인
0405 □□□	おくまんちょうじゃ 億万長者	명 억만장자
0406 □□□	な あ 成り上がり	명 벼락부자, 벼락 출세
0407 □□□	は やく 端役	명 단역, 하찮은 역할
0408 □□□	か だ 駆け出し	명 신참, 미숙함
0409 □□□	ほんめい 本命	명 우승 후보
0410 □□□	あまくだ 天下り	명 낙하산 인사, 일방적인 지시
0411 □□□	かぶぬし 株主	명 주주
0412 □□□	ぎょうしゃ 業者	명 업자
0413 □□□	しゅえい 守衛	명 수위
0414 □□□	あま 海女	명 해녀
0415 □□□	す じょう 素性	명 혈통, 신원, 내력

DAY 06 성격

MP3 바로 듣기

0416 □□□

おおらかだ ★	-	な형 너글너글하다

おおらかで明(あか)るい娘(むすめ)はクラスでも評判(ひょうばん)がいいらしい。
너글너글하고 밝은 딸은 반에서도 평판이 좋다고 한다.

0417 □□□

賢い ★	かしこい	い형 현명하다

緊急(きんきゅう)な状況(じょうきょう)でも的確(てきかく)な指示(しじ)を出(だ)す課長(かちょう)を見(み)て賢(かしこ)い人(ひと)だと思(おも)った。
긴급한 상황에서도 정확한 지시를 내리는 과장님을 보고 **현명한** 사람이라고 생각했다.

0418 □□□

率直だ ★	そっちょくだ	な형 솔직하다

鈴木(すずき)さんは相手(あいて)がどんな人(ひと)だとしても率直(そっちょく)な態度(たいど)で接(せっ)する人(ひと)だ。
스즈키 씨는 상대가 어떤 사람이라고 할지라도 **솔직한** 태도로 대하는 사람이다.

[문형] 명사 だ + としても ~이라고 할지라도

0419 □□□

好ましい	このましい	い형 호감이다

気(き)さくで親切(しんせつ)な彼女(かのじょ)からは好(この)ましい印象(いんしょう)を受(う)けた。
소탈하고 친절한 그녀에게서는 **호감**의 인상을 받았다.

0420 □□□

愉快だ ★	ゆかいだ	な형 유쾌하다

交流会(こうりゅうかい)に来(く)る人々(ひとびと)は愉快(ゆかい)な人(ひと)が多(おお)いから、毎回(まいかい)楽(たの)しい。
교류회에 오는 사람들은 **유쾌한** 사람이 많아서, 매번 즐겁다.

0421 □□□

豪快だ ★	ごうかいだ	な형 호쾌하다

林(はやし)さんの豪快(ごうかい)な笑(わら)い声(ごえ)を聞(き)くと憂鬱(ゆううつ)だった気分(きぶん)が晴(は)れる気(き)がする。 하야시 씨의 **호쾌한** 웃음소리를 들으면 우울했던 기분도 풀리는 것 같다.

0422 □□□

勇ましい	いさましい	い형 용맹하다, 용감하다

選手(せんしゅ)たちの勇(いさ)ましいプレーを見(み)ると胸(むね)が熱(あつ)くなる。
선수들의 **용맹한** 플레이를 보면 가슴이 뜨거워진다.

0423 □□□

勇敢だ ★	ゆうかんだ	な형 용감하다

強盗犯(ごうとうはん)を捕(つか)まえた勇敢(ゆうかん)な市民(しみん)に表彰状(ひょうしょうじょう)が授与(じゅよ)された。
강도범을 잡은 **용감한** 시민에게 표창장이 수여되었다.

0424 □□□

情け深い	なさけぶかい	い형 인정이 많다

父(ちち)は昔(むかし)から情(なさ)け深(ぶか)い人(ひと)で、それが父(ちち)のいいところである。
아버지는 옛날부터 **인정이 많은** 사람으로, 그것이 아버지의 좋은 점이다.

0425 □□□

明朗だ	めいろうだ	な형 명랑하다, 밝다

考(かんが)え方(かた)が肯定的(こうていてき)な上(うえ)に明朗(めいろう)な森(もり)さんと時間(じかん)を過(す)ごすことが好(す)きだ。
사고방식이 긍정적인 데다가 **명랑한** 모리 씨와 시간을 보내는 것을 좋아한다.

[문형] な형용사 어간 な + 上に ~(인) 데다가

0426 □□□

無邪気だ	むじゃきだ	な형 순진하다, 천진난만하다

赤(あか)ん坊(ぼう)のかわいらしくて無邪気(むじゃき)な笑顔(えがお)を見(み)ていると心(こころ)が癒(いや)される。 아기의 귀엽고 **순진한** 웃는 얼굴을 보고 있으면 마음이 치유된다.

0427 □□□

平凡だ ★ | **へいぼんだ** | な형 평범하다

みずか　へいぼん　い　ひと　おお　みななに　とくべつ
自らを平凡だと言う人は多いが、皆何かしら特別なところがある。 스스로를 **평범하다**고 말하는 사람은 많지만, 모두 무엇인가 특별한 점이 있다.

0428 □□□

脆い ★ | **もろい** | い형 무르다, 여리다

あに　やさ　じょう　もろ　しんぱい
兄は優しいのはいいが、情に脆いところがあって心配でならない。
오빠는 상냥한 것은 좋지만, 정에 **무른** 부분이 있어 너무 걱정된다.

[문형] な형용사 어간 で + ならない 너무 ~(하)다

0429 □□□

質素だ ★ | **しっそだ** | な형 검소하다

た なか　ふ ごう　しっ そ　せいかつ
田中さんは富豪にもかかわらず、質素な生活をしている。
다나카 씨는 부호임에도 불구하고, **검소한** 생활을 하고 있다.

[문형] 명사 + にもかかわらず ~임에도 불구하고

0430 □□□

人一倍 ★ | **ひといちばい** | 남보다 갑절

き むら　ひといちばい　ど りょく　ひと　おうえん
木村さんは人一倍努力する人だから応援したくなる。
기무라 씨는 **남보다 갑절** 노력하는 사람이라서 응원하고 싶어진다.

0431 □□□

傾向 | **けいこう** | 명 경향

けつだんりょく　ひと　かんが　こうどう　うつ　はや　けいこう
決断力がある人は考えを行動に移すのが早い傾向にある。
결단력이 있는 사람은 생각을 행동으로 옮기는 것이 빠른 **경향**이 있다.

0432 □□□

旺盛だ ★ | **おうせいだ** | な형 왕성하다

げん き おうせい　はら　きょう　げん き
いつも元気旺盛な原さんだが、今日はいつにもまして元気だ。
항상 활기 **왕성한** 하라 씨지만, 오늘은 어느 때보다 더 활기차다.

[문형] 명사 + にもまして ~보다 더

0433 □□□

気品	きひん	명 기품

しゅうとめ　ことばづか　た　ふ　ま　きひん　かん
姑の言葉遣いや立ち振る舞いからは気品が感じられる。
시어머니의 말투나 행동거지에서는 **기품**이 느껴진다.

0434 □□□

寡黙だ ★	かもくだ	な형 과묵하다

かれ　かもく　せいじつ　しごと　どうりょう
彼は寡黙ながらも誠実に仕事をこなすため同僚からの
しんぼう　あつ
信望が厚い。
그는 **과묵하**지만 성실하게 일을 해내기 때문에 동료로부터 신망이 두텁다.

[문형] な형용사 어간 + ながらも ~(하)지만

0435 □□□

淑やかだ	しとやかだ	な형 정숙하다

じょゆう　しと　じょうひん　こんかい　さくひん　やく
あの女優の淑やかで上品なイメージと今回の作品の役
がら　あ
柄がよく合う。
그 여배우의 **정숙하고** 고상한 이미지와 이번 작품의 배역이 잘 어울린다.

0436 □□□

馴れ馴れしい	なれなれしい	い형 스스럼없다

しょたいめん　ひと　な　な　れいぎ　ひと
初対面の人にあまり馴れ馴れしくすると礼儀がない人だと
おも
思われる。 첫 대면인 사람에게 너무 **스스럼없이** 대하면 예의 없는 사람이라고 생각된다.

0437 □□□

自尊心 ★	じそんしん	명 자존심

じしん　じそんしん　ひく　じぶん　そつぎょう
自信をつけ、自尊心が低い自分から卒業したい。
자신감을 붙여, **자존심**이 낮은 나로부터 졸업하고 싶다.

0438 □□□

好奇心	こうきしん	명 호기심

こども　ころ　こうきしん　おうせい　しつもん
子供の頃は好奇心が旺盛だのなんのって、質問ばかりし
ていた。 아이일 적에는 **호기심**이 매우 왕성해서, 질문만 하고 있었다.

[문형] な형용사 보통형 + のなんのって 매우 ~(해)서

0439 □□□

協調性 | きょうちょうせい | 명 협조성

勝手(かって)な行動(こうどう)ばかりとる彼(かれ)は協調性(きょうちょうせい)が足(た)りないのではないか。 제멋대로인 행동만 취하는 그는 **협조성**이 부족한 것이 아닐까?

[문형] い형용사 보통형 + のではないか ~이 아닐까?

0440 □□□

気ままだ ★ | きままだ | な형 내키는 대로 하다

学生(がくせい)の頃(ころ)の私(わたし)は周囲(しゅうい)を気(き)にかけることなく気(き)ままに振(ふ)る舞(ま)っていた。 학생 시절 나는 주위를 신경 쓰지 않고 **내키는 대로** 행동했었다.

[문형] 동사 사전형 + ことなく ~(하)지 않고

0441 □□□

悠長だ ★ | ゆうちょうだ | な형 침착하다, 성미가 느리다, 유장하다

この驚(おどろ)かずにはいられない状況(じょうきょう)で悠長(ゆうちょう)にいられる人(ひと)はどれほどいるか。
이 놀랄 수밖에 없는 상황에서 **침착하게** 있을 수 있는 사람은 얼마나 있을까?

[문형] 동사 ない형 + ずにはいられない ~(할) 수밖에 없다

0442 □□□

慎重だ | しんちょうだ | な형 신중하다

慎重(しんちょう)な性格(せいかく)のゆえ、いつも会議(かいぎ)の準備(じゅんび)は入念(にゅうねん)に行(おこな)います。
신중한 성격 때문에, 항상 회의 준비는 정성 들여 합니다.

[문형] 명사 + のゆえ ~때문에

0443 □□□

細心 ★ | さいしん | 명 세심

何事(なにごと)にも細心(さいしん)の注意(ちゅうい)を払(はら)う上司(じょうし)に感心(かんしん)した。
무슨 일에도 **세심**한 주의를 기울이는 상사에게 감탄했다.

0444 □□□

繊細だ ★ | せんさいだ | な형 섬세하다

人見知(ひとみし)りで繊細(せんさい)な性格(せいかく)の彼女(かのじょ)は他人(たにん)の言動(げんどう)に人一倍(ひといちばい)傷(きず)つきやすい。
낯을 가리고 **섬세한** 성격인 그녀는 타인의 언동에 남보다 갑절 쉽게 상처받는다.

0445 □□□

慎み ★ | **つつしみ** | 명 조심성, 신중함

打ち解けた仲でも互いに慎みのある態度で接するべきだ。
마음을 터놓은 사이여도 서로 **조심성** 있는 태도로 대해야 한다.

[문형] 동사 사전형 + べきだ ~(해)야 한다

관련어 慎む つつしむ 동 삼가다, 조심하다

0446 □□□

臆病 | **おくびょう** | 명 겁이 많음

これくらいのホラー映画も見られないなんて臆病にもほどがある。 이 정도의 호러 영화도 볼 수 없다니 **겁이 많음**에도 정도가 있다.

[문형] 명사 + にもほどがある ~에도 정도가 있다

0447 □□□

愚かだ ★ | **おろかだ** | な형 어리석다

うまい儲け話を信じた愚かな自分を反省した。
그럴싸한 돈벌이 이야기를 믿은 **어리석은** 자신을 반성했다.

0448 □□□

荒っぽい | **あらっぽい** | い형 거칠다

小林さんは行動が荒っぽいばかりに誤解を招くことが多い。
고바야시 씨는 행동이 **거친** 탓에 오해를 부르는 일이 많다.

[문형] い형용사 보통형 + ばかりに ~(인) 탓에

0449 □□□

意地 ★ | **いじ** | 명 고집, 오기

素直に謝りたいのに、つい意地を張ってしまう。
솔직하게 사과하고 싶은데, 그만 **고집**을 부리고 만다.

0450 □□□

粘り強い ★ | **ねばりづよい** | い형 끈질기다

私は勉強においても仕事においても粘り強く努力してきた。
나는 공부에 대해서도 일에 대해서도 **끈질기게** 노력해 왔다.

★ 표시 = 2010년 이후 N1 문자·어휘 기출 단어

0451 □□□

軟弱だ ★	なんじゃくだ	な형 연약하다, (의지가) 약하다

何(なに)もかもすぐ諦(あきら)めてしまう**軟弱(なんじゃく)な**精神(せいしん)を直(なお)したい。
무엇이든 금방 포기해 버리는 **연약한** 정신을 고치고 싶다.

0452 □□□

そっけない	-	い형 쌀쌀맞다, 무정하다

気(き)を悪(わる)くさせたのか友達(ともだち)が**そっけない**態度(たいど)をとってくる。
기분을 상하게 했는지 친구가 **쌀쌀맞은** 태도를 취해 온다.

0453 □□□

卑しい	いやしい	い형 품위 없다, 천하다

人(ひと)に媚(こ)びるような**卑(いや)しい**行為(こうい)をすることは自分(じぶん)の価値(かち)を下(さ)げる。
남에게 아첨하는 것 같은 **품위 없는** 행위를 하는 것은 자신의 가치를 떨어뜨린다.

관련어 卑しむ いやしむ 동 경멸하다, 멸시하다

0454 □□□

冷淡だ	れいたんだ	な형 냉담하다

吉田(よしだ)さんは興味(きょうみ)のないものには**冷淡(れいたん)な**反応(はんのう)をする。
요시다 씨는 흥미가 없는 것에는 **냉담한** 반응을 한다.

0455 □□□

頑固だ	がんこだ	な형 완고하다

祖父(そふ)が**頑固(がんこ)だ**というのは周囲(しゅうい)の人々(ひとびと)もよく知(し)っているようだ。
할아버지가 **완고하다**는 것은 주변 사람들도 잘 알고 있는 것 같다.

0456 □□□

冷酷だ	れいこくだ	な형 냉혹하다

ビジネスの場(ば)では時折(ときお)り、**冷酷(れいこく)な**決断(けつだん)を下(くだ)さざるを得(え)ない。
비즈니스 자리에서는 때때로, **냉혹한** 결단을 내리지 않을 수 없다.

[문형] 동사 ない형 + ざるを得ない ~(하)지 않을 수 없다

*<Day별 단어 퀴즈 PDF>를 활용하여 꼭 복습하세요.

완성 단어

0457 □□□	温厚だ (おんこう)	な형 온후하다, 온화하다
0458 □□□	気が利く (き き)	눈치가 빠르다, 재치있다
0459 □□□	気が回る (き まわ)	세세한 데까지 주의가 미치다
0460 □□□	気さくだ (き)	な형 소탈하다, 싹싹하다
0461 □□□	知的だ (ちてき)	な형 지적이다
0462 □□□	堂々と (どうどう)	당당하게
0463 □□□	軽やかだ (かろ)	な형 발랄하다, 경쾌하다
0464 □□□	真摯だ (しんし)	な형 진지하다
0465 □□□	気丈だ (きじょう)	な형 마음이 굳세다, 다부지다
0466 □□□	誠実だ (せいじつ)	な형 성실하다
0467 □□□	こまめだ	な형 바지런하다
0468 □□□	屈託ない (くったく)	い형 태평하다, 환하고 명랑하다
0469 □□□	呑気だ (のんき)	な형 성격이 느긋하다
0470 □□□	才覚 (さいかく)	명 재치, 기지
0471 □□□	ざっくばらんだ	な형 솔직하고 숨김이 없다
0472 □□□	内気だ (うちき)	な형 내성적이다
0473 □□□	感受性 (かんじゅせい)	명 감수성
0474 □□□	根性 (こんじょう)	명 근성, 타고난 성질
0475 □□□	気性 (きしょう)	명 천성, 기질
0476 □□□	気心 (きごころ)	명 기질, 속마음
0477 □□□	気立て (きだ)	명 마음씨, 심지

0478 □□□	地金 (じがね)	명 본바탕, 본성
0479 □□□	資質 (ししつ)	명 자질, 천성
0480 □□□	下地 (したじ)	명 밑바탕, 소질
0481 □□□	気まぐれだ (き)	な형 변덕스럽다
0482 □□□	せっかちだ	な형 성급하다, 조급하다
0483 □□□	過敏だ (かびん)	な형 과민하다
0484 □□□	けち臭い (くさ)	い형 인색하다, 쩨쩨하다
0485 □□□	生真面目だ (きまじめ)	な형 올곧다, 고지식하다
0486 □□□	陰気 (いんき)	명 음기, 음침한 기운
0487 □□□	貪欲だ (どんよく)	な형 탐욕스럽다
0488 □□□	神経質だ (しんけいしつ)	な형 신경질적이다
0489 □□□	欲深い (よくぶか)	い형 욕심이 많다
0490 □□□	拙劣だ (せつれつ)	な형 졸렬하다
0491 □□□	横着 (おうちゃく)	명 교활함, 게으름
0492 □□□	怠惰だ (たいだ)	な형 나태하다, 게으르다
0493 □□□	えげつない	い형 매정하다, 인정미가 없다
0494 □□□	尊大だ (そんだい)	な형 거만하다, 건방지다
0495 □□□	強情 (ごうじょう)	명 고집이 셈
0496 □□□	腰抜け (こしぬ)	명 겁이 많음, 겁쟁이
0497 □□□	心無い (こころな)	い형 매정하다, 생각이 없다
0498 □□□	無頓着 (むとんじゃく)	명 무심함, 무관심

DAY 07 행동·동작

MP3 바로 듣기

0499 □□□

仕草	しぐさ	명 몸짓, 행동, 동작

踊(おど)りを踊(おど)る娘(むすめ)のかわいらしい仕草(しぐさ)に 姑(しゅうとめ) は微笑(ほほえ)んでいた。
춤을 추는 딸의 귀여운 **몸짓**에 장모님은 미소 짓고 있었다.

0500 □□□

身動き	みうごき	명 (몸을) 움직임

電車(でんしゃ)の中(なか)に人(ひと)が多(おお)すぎて全(まった)く身動(みうご)きが取(と)れない。
전철 안에 사람이 너무 많아서 전혀 **움직일** 수 없다.

0501 □□□

駆けつける ★	かけつける	동 달려가다, 달려서 도착하다

消防士(しょうぼうし)は山(やま)であれ、町(まち)であれ、火災現場(かさいげんば)にすぐさま駆(か)けつけます。 소방관은 산이든, 마을이든, 화재 현장에 즉시 **달려갑**니다.

[문형] 명사 + であれ + 명사 + であれ ~이든 …이든

0502 □□□

赴く	おもむく	동 향하다

彼(かれ)は医学(いがく)を学(まな)ぶために一人(ひとり)でロンドンに赴(おもむ)いた。
그는 의학을 배우기 위해서 혼자서 런던으로 **향했다**.

0503 □□□

さしかかる	-	동 다다르다, 접어들다

山(やま)の中腹(ちゅうふく)にさしかかった時(とき)、雨(あめ)が降(ふ)り出(だ)したが、山頂(さんちょう)まで登(のぼ)り切(き)った。 산 중턱에 **다다랐**을 때, 비가 내리기 시작했지만, 정상까지 다 올랐다.

[문형] 동사 ます형 + 切る 다 ~(하)다

0504 ☐☐☐

折り返す | **おりかえす** | 동 되돌아가다, 접어서 꺾다

買(か)い物(もの)の帰(かえ)り道(みち)で玉(たま)ねぎを買(か)い忘(わす)れたことに気(き)づき折(お)り返(かえ)した。 쇼핑에서 돌아오는 길에 양파를 사는 것을 잊었다는 것을 깨닫고 **되돌아갔다**.

관련어 折り返し おりかえし 명 접힌 부분, 반환점

0505 ☐☐☐

素早い ★ | **すばやい** | い형 재빠르다

苦情(くじょう)に対(たい)する会社(かいしゃ)の素早(すばや)い対応(たいおう)は顧客(こきゃく)の満足(まんぞく)に足(た)るものだった。 민원에 대한 회사의 **재빠른** 대응은 고객이 만족하기에 충분한 것이었다.

[문형] 명사 + に対する ~에 대한 / 명사 + に足る ~에 충분하다

0506 ☐☐☐

弾く ★ | **はじく** | 동 튕기다

ギタリストがギターの弦(げん)を弾(はじ)きながら音程(おんてい)を調整(ちょうせい)していた。
기타리스트가 기타의 현을 **튕기**며 음정을 조정하고 있었다.

0507 ☐☐☐

壊す ★ | **こわす** | 동 부수다, 고장내다

100年前(ねんまえ)からあった古(ふる)い家(いえ)を壊(こわ)して新(あたら)しくビルを建(た)てるつもりだ。 100년 전부터 있던 오래된 집을 **부수고** 새로 빌딩을 지을 예정이다.

0508 ☐☐☐

締める ★ | **しめる** | 동 졸라매다, 죄다

ベルトをぎゅっと締(し)めないことには、ズボンが下(さ)がってくる。
허리띠를 꽉 **졸라매지** 않으면, 바지가 내려온다.

[문형] 동사 ない형 + ないことには ~(하)지 않으면

0509 ☐☐☐

擦る ★ | **する** | 동 (성냥을) 켜다, 문지르다

マッチを擦(す)ってケーキのろうそくに火(ひ)をつけた。
성냥을 **켜서** 케이크의 초에 불을 붙였다.

0510 □□□

乾かす	かわかす	동 말리다

髪(かみ)を乾(かわ)かそうとしていたところに電話(でんわ)がかかってきた。
머리를 **말리**려고 하는 참에 전화가 걸려왔다.

[문형] 동사 た형 + ところに ~(하)는 참에

0511 □□□

絞る	しぼる	동 짜다, 짜내다

ほうれん草(そう)は茹(ゆ)であがったら冷水(れいすい)にとり、水気(みずけ)を絞(しぼ)ってください。
시금치는 다 데쳐지면 찬물에 식히고, 물기를 **짜** 주세요.

0512 □□□

承る	うけたまわる	동 받다, 삼가 받다 (겸양어)

ご注文(ちゅうもん)を 承(うけたまわ) りました。内容(ないよう)が正(ただ)しいか再度(さいど)ご確認(かくにん)ください。
주문을 **받았**습니다. 내용이 맞는지 다시 한번 확인해 주세요.

0513 □□□

しがみつく ★	-	동 매달리다, 달라붙다

映画(えいが)があまりにも怖(こわ)くて、隣(となり)にいる友達(ともだち)にしがみついた。
영화가 너무나도 무서워서, 옆에 있는 친구에게 **매달렸**다.

0514 □□□

うなだれる ★	-	동 (실망, 슬픔으로) 고개를 떨구다

仕事(しごと)でミスしてうなだれていた本井(もとい)さんを慰(なぐさ)めてあげた。
일에서 실수하여 **고개를 떨구고** 있던 모토이 씨를 위로해 주었다.

0515 □□□

こもる	-	동 틀어박히다

天気(てんき)もいいことだし、部屋(へや)にこもっていないで散歩(さんぽ)でもしたらどう?
날씨도 좋으니, 방에 **틀어박혀** 있지 말고 산책이라도 하면 어때?

[문형] い형용사 보통형 + ことだし ~(이)니

0516 □□□

抱える | **かかえる** | 동 안다

にょうぼう　むすこ　かか　むかし　しゃしん　み　なつ
女房が息子を抱えている昔の写真を見つけて懐かしくなった。
아내가 아들을 **안고** 있는 옛 사진을 발견해서 그리워졌다.

0517 □□□

見つめる ★ | **みつめる** | 동 응시하다, 바라보다

ちち　ほ　こうきゅうかんただよ　こっとうひん　み
父はよほど欲しいのか高級感漂う骨董品をしばらく見つめていた。
아버지는 정말 가지고 싶은지 고급스러움이 감도는 골동품을 한동안 **응시하고** 있었다.

0518 □□□

凝視 ★ | **ぎょうし** | 명 응시

おんな　こ　かべ　おお　うみ　しゃしん　ぎょうし
ある女の子が壁にある大きな海の写真をじっと凝視していた。 어떤 여자아이가 벽에 있는 커다란 바다 사진을 지그시 **응시**하고 있었다.

0519 □□□

俯瞰 ★ | **ふかん** | 명 내려다봄, 부감

さんちょう　ふかん　まち　ひぐ　あい
山頂から俯瞰した町は日暮れと相まってとてもきれいだった。
산 정상에서 **내려다본** 마을은 해질녘과 맞물려 정말 예뻤다.

[문형] 명사 + と相まって ~과 맞물려

0520 □□□

逸らす | **そらす** | 동 피하다, 딴 데로 돌리다

かれ　わたし　め　あ　しせん　そ
彼は私と目が合ったとたんすぐに視線を逸らした。
그는 나와 눈이 마주친 순간 바로 시선을 **피했다**.

[문형] 동사 た형 + とたん ~(한) 순간

0521 □□□

手掛ける | **てがける** | 동 돌보다, 직접 하다

わたし　てが　せいと　いしゃ　じつ　ほこ
私が手掛けた生徒が医者になったとは実に誇らしい。
내가 **돌본** 학생이 의사가 되다니 참으로 자랑스럽다.

0522 □□□

焦る ★	あせる	동 서두르다, 안달하다

仕事で焦ったばかりに、ミスを起こしてしまった。
일에서 **서두른** 탓에, 실수를 해 버렸다.

[문형] 동사 た형 + ばかりに ~(한) 탓에

0523 □□□

ぞんざいだ	-	な형 함부로 하다, 소홀하다

人に対して尊大に振る舞ったり、ぞんざいに接してはいけません。 사람에 대해 거만하게 행동하거나, **함부로** 대하면 안 됩니다.

0524 □□□

無造作だ ★	むぞうさだ	な형 아무렇게나 하다

プレゼントするものだからそんなに無造作に包まない方がいい。 선물하는 거라서 그렇게 **아무렇게나** 싸지 않는 편이 좋다.

0525 □□□

ばら撒く	ばらまく	동 퍼뜨리다, 뿌리다

事実でもない他人の噂をばら撒くと、法律に基づいて罰せられうる。 사실도 아닌 타인의 소문을 **퍼뜨리면**, 법률에 근거하여 처벌될 수 있다.

[문형] 명사 + に基づいて ~에 근거하여 / 동사 ます형 + うる ~(할) 수 있다

0526 □□□

暴れる ★	あばれる	동 날뛰다, 난폭하게 굴다

町中で不審者が暴れていると通報を受け警察が出動した。
시가지에서 수상한 사람이 **날뛰고** 있다는 통보를 받고 경찰이 출동했다.

0527 □□□

くぐる	-	동 (자세를 낮춰) 통과하다, 빠져나가다

のれんをくぐって店に入ると、店長が笑顔で迎えてくれた。
노렌을 **통과하여** 가게에 들어가니, 점장이 웃는 얼굴로 맞이해 주었다.
→ 가게 앞에 걸린 막

0528 □□□

絡む	からむ	동 엉키다, 얽히다

髪(かみ)が傷(いた)んでいるせいか、絡(から)んでなかなかくしが通(とお)らない。
머리가 상해 있는 탓인지, **엉켜서** 좀처럼 빗질이 되지 않는다.

0529 □□□

立ち上がる	たちあがる	동 일어나다

聴衆(ちょうしゅう)は演奏(えんそう)が終(お)わるや否(いな)や立(た)ち上(あ)がって拍手(はくしゅ)した。
청중은 연주가 끝나자마자 **일어나** 박수쳤다.

[문형] 동사 사전형 + や否や ~(하)자마자

0530 □□□

包み込む	つつみこむ	동 감싸다, 싸서 안에 넣다

母(はは)に贈(おく)るグラスをエアーキャップでしっかりと包(つつ)み込(こ)んだ。
어머니에게 보내는 유리잔을 에어캡으로 확실히 **감쌌다**.

0531 □□□

こっそり ★	-	부 몰래

姉(あね)のノートパソコンをこっそり使(つか)おうとしたらばれてしまった。
누나의 노트북을 **몰래** 쓰려고 했다가 들켜 버렸다.

0532 □□□

念入りだ ★	ねんいりだ	な형 정성 들이다, 조심스럽다

絵画(かいが)コンクールに出(だ)す水彩画(すいさいが)を念入(ねんい)りに仕上(しあ)げた。
회화 콩쿠르에 낼 수채화를 **정성 들여** 완성했다.

0533 □□□

せかせか ★	-	부 부산스럽게

締(し)め切(き)りが近(ちか)づき、みんなせかせかと仕事(しごと)をしている。
마감이 가까워져, 모두 **부산스럽게** 일을 하고 있다.

DAY 07

해커스 JLPT 기출 단어장 N1

0534 □□□

てきぱき ★	-	부 척척

かのじょ　きよう　ひと　しごと
彼女は器用な人で、どんな仕事でもてきぱきこなす。
그녀는 솜씨가 좋은 사람이라서, 어떤 일이든 **척척** 해낸다.

0535 □□□

わざと ★	-	부 일부러

わたし　じぶん　こうどう　は　おおごえ　わら
私は自分の行動が恥ずかしくなりわざと大声で笑った。
나는 내 행동이 부끄러워져서 **일부러** 큰 소리로 웃었다.

0536 □□□

努めて	つとめて	부 애써, 가능한 한

かのじょ　かな　きも　かく　つと　あか　ふ　ま
彼女は悲しい気持ちを隠して努めて明るく振る舞っているようだ。 그녀는 슬픈 기분을 숨기고 **애써** 밝게 행동하는 것 같다.

0537 □□□

すかさず ★	-	부 즉각, 곧, 빈틈없이

かれ　こうぎ　お　きょうじゅ　しつもん　い
彼は講義が終わるなりすかさず教授に質問をしに行った。
그는 강의가 끝나자마자 **즉각** 교수님에게 질문을 하러 갔다.

[문형] 동사 사전형 + なり ~(하)자마자

0538 □□□

にわかだ ★	-	な형 갑작스럽다

むめい　せんしゅ　ゆうしょう　ちゅうもく　まと
無名の選手が優勝したことでにわかに注目の的になった。
무명의 선수가 우승한 것으로 **갑작스럽게** 주목의 대상이 되었다.

0539 □□□

とっさ	-	명 순간, 눈 깜짝할 사이, 돌연

はんだん　み　な　だ　つか
ゴールキーパーはとっさの判断で身を投げ出しボールを掴んだ。 골키퍼는 **순간**의 판단으로 몸을 내던져 공을 잡았다.

*<Day별 단어 퀴즈 PDF>를 활용하여 꼭 복습하세요.

완성 단어

0540 □□□	後退	こうたい	명 후퇴
0541 □□□	食いつく	く	동 물다, 덤비다
0542 □□□	駆け寄る	か よ	동 (가까이) 달려오다
0543 □□□	どたばた		부 우당탕
0544 □□□	とぼとぼ		부 터덜터덜, 터벅터벅
0545 □□□	抜け出す	ぬ だ	동 빠져나가다
0546 □□□	振り払う	ふ はら	동 뿌리치다
0547 □□□	振り向ける	ふ む	동 (고개 등을) 돌리다
0548 □□□	つねる		동 꼬집다
0549 □□□	摘む	つ	동 (손으로) 집다, 따다
0550 □□□	繰り出す	く だ	동 투입하다, (주먹 등을) 내지르다
0551 □□□	書き取る	か と	동 받아쓰다
0552 □□□	引きずる	ひ	동 질질 끌다
0553 □□□	縦横	じゅうおう	명 종횡
0554 □□□	視線	しせん	명 시선
0555 □□□	睨む	にら	동 노려보다
0556 □□□	舐める	な	동 핥다, 맛보다, 깔보다
0557 □□□	惑わす	まど	동 유혹하다, 혼란시키다
0558 □□□	面食らう	めんく	동 당황하다, 허둥대다
0559 □□□	煽る	あお	동 부채질하다, 부추기다
0560 □□□	避ける	よ	동 피하다, 비키다
0561 □□□	追い込む	お こ	동 몰아넣다
0562 □□□	ぼやく		동 투덜거리다, 불평하다
0563 □□□	やたらと		함부로, 무턱대고
0564 □□□	封じる	ふう	동 밀봉하다, 봉쇄하다
0565 □□□	駆逐	くちく	명 구축, 물리쳐 몰아냄
0566 □□□	稚拙だ	ちせつ	な형 치졸하다, 서툴다
0567 □□□	漏らす	も	동 새게 하다, 누설하다
0568 □□□	丸める	まる	동 말다, 둥글게 하다
0569 □□□	緩める	ゆる	동 느슨하게 하다, 완화하다
0570 □□□	立ち尽くす	た つ	동 가만히 서 있다
0571 □□□	絡める	から	동 휘감다, 관련시키다
0572 □□□	仕掛ける	し か	동 장치하다, 준비하다
0573 □□□	選び取る	えら と	동 골라잡다
0574 □□□	沈める	しず	동 가라앉히다
0575 □□□	瞬発力	しゅんぱつりょく	명 순발력
0576 □□□	即座に	そくざ	즉시, 당장
0577 □□□	奔走	ほんそう	명 분주
0578 □□□	すばしこい		い형 재빠르다
0579 □□□	自在	じざい	명 자재, 자유자재
0580 □□□	ぺこぺこ		부 굽실굽실
0581 □□□	ずるずる		부 질질

DAY 08 태도

MP3 바로 듣기

0582 □□□

快い	こころよい	い형 호의적이다, 상쾌하다

契約成立(けいやくせいりつ)のため努力(どりょく)したすえに、取引先(とりひきさき)から快(こころよ)い反応(はんのう)が得(え)られた。
계약 성사를 위해 노력한 끝에, 거래처로부터 **호의적인** 반응을 얻을 수 있었다.

[문형] 동사 た형 + すえに ~(한) 끝에

0583 □□□

丹念だ ★	たんねんだ	な형 공들이다, 정성스럽다

授業(じゅぎょう)での発表内容(はっぴょうないよう)に間違(まちが)いがないよう、資料(しりょう)を丹念(たんねん)に確認(かくにん)した。 수업에서의 발표 내용에 틀린 것이 없도록, 자료를 **공들여** 확인했다.

0584 □□□

几帳面だ	きちょうめんだ	な형 꼼꼼하고 빈틈이 없다

この細(こま)かい作業(さぎょう)は几帳面(きちょうめん)な人(ひと)に向(む)いている。
이 섬세한 작업은 **꼼꼼하고 빈틈이 없는** 사람에게 적합하다.

0585 □□□

忍耐 ★	にんたい	명 인내

逆境(ぎゃっきょう)に追(お)い込(こ)まれても打(う)ち勝(か)てるように忍耐(にんたい)を養(やしな)おう。
역경에 몰아넣어져도 이겨 낼 수 있도록 **인내**를 기르자.

0586 □□□

意欲 ★	いよく	명 의욕

行(い)きたがっていた会社(かいしゃ)の初出勤日(はつしゅっきんび)、弟(おとうと)は意欲(いよく)に溢(あふ)れていた。
가고 싶어 했던 회사의 첫 출근 날, 남동생은 **의욕**에 넘쳐 있었다.

0587 □□□

意気込む ★ | **いきごむ** | 동 의욕을 보이다, 분발하다

「今度こそ負けるもんか」と姉は次の試合に意気込んでいる。 "이번에야말로 질까 보냐"라며 언니는 다음 시합에 **의욕을 보이고** 있다.

[문형] 동사 사전형 + もんか ~(할)까 보냐

관련어 意気込み いきごみ 명 기세, 패기

0588 □□□

熱狂的だ | **ねっきょうてきだ** | な형 열광적이다

ファンの熱狂的な声援に応えて、木村選手がゴールを決めた。
팬의 **열광적인** 성원에 부응하여, 기무라 선수가 골을 넣었다.

[문형] 명사 + に応えて ~에 부응하여

0589 □□□

精力的だ ★ | **せいりょくてきだ** | な형 활기차다, 힘이 넘치다

父は教育業界一筋で、30年間精力的に働いている。
아버지는 교육 업계에서만 외곬으로, 30년간 **활기차게** 일하고 있다.

0590 □□□

前向き | **まえむき** | 명 발전적, 적극적

何事も前向きに考える姿勢は個人の成長に繋がるだろう。
어떤 것이든 **발전적**으로 생각하는 자세는 개인의 성장으로 이어질 것이다.

0591 □□□

寛大だ | **かんだいだ** | な형 관대하다

彼女は昔から他人に寛大で自分に厳しい人だった。
그녀는 옛날부터 타인에게 **관대하고** 자신에게 엄격한 사람이었다.

0592 □□□

露骨だ ★ | **ろこつだ** | な형 노골적이다

苦手な人だとはいえ、露骨に嫌な顔をするのは止めた方がいい。
불편한 사람이라고는 해도, **노골적으로** 싫은 표정을 짓는 것은 그만두는 편이 좋다.

[문형] 명사 (だ) + とはいえ ~라고는 해도

0593 □□□

厳正だ ★	げんせいだ	な형 엄정하다

正式(せいしき)な大会(たいかい)だからどんな特権(とっけん)も許容(きょよう)せず厳正(げんせい)な審査(しんさ)をするべきだ。 정식 대회이니까 어떤 특권도 허용하지 않고 **엄정한** 심사를 해야 한다.

[문형] 동사 사전형 + べきだ ~(해)야 한다

0594 □□□

たくましい	-	い형 늠름하다

おとなしくて内気(うちき)だった近所(きんじょ)の子(こ)がいつしかたくましく成長(せいちょう)していた。 얌전하고 내성적이었던 이웃집 아이가 어느덧 **늠름하게** 성장해 있었다.

0595 □□□

恥じらう	はじらう	동 부끄러워하다, 수줍어하다

娘(むすめ)は人前(ひとまえ)に立(た)つことを恥(は)じらってあまり前(まえ)に出(で)ようとしない。
딸은 사람 앞에 서는 것을 **부끄러워해서** 그다지 앞에 나서려고 하지 않는다.

0596 □□□

怠る ★	おこたる	동 소홀히 하다, 게으름 피우다

宿題(しゅくだい)をそんなに怠(おこた)ってばかりいると後(あと)で大変(たいへん)なことになるよ。
숙제를 그렇게 **소홀히 하고**만 있으면 나중에 큰일 날 거야.

[문형] 동사 て형 + ばかりいる ~(하)고만 있다

0597 □□□

疎かだ	おろそかだ	な형 소홀하다

どのスポーツでも基礎訓練(きそくんれん)を疎(おろそ)かにしていては上達(じょうたつ)が見込(みこ)めない。
어떤 스포츠라도 기초 훈련을 **소홀히** 해서는 실력 향상을 기대할 수 없다.

0598 □□□

怠慢	たいまん	명 태만

任(まか)された仕事(しごと)をしっかりせず怠(なま)けるのは職務怠慢(しょくむたいまん)ではないか。 맡겨진 일을 제대로 하지 않고 게으름 피우는 것은 직무 **태만**이지 않은가?

[문형] 명사 + ではないか ~이지 않은가

0599 □□□

平然と	へいぜんと	태연하게

いつも平然と嘘をつく彼の態度は、腹立たしいこと極まりない。 항상 **태연하게** 거짓말을 하는 그의 태도는, 괘씸하기 그지없다.

[문형] い형용사 사전형 こと + 極まりない ~(하)기 그지없다

0600 □□□

だらしない ★	-	い형 칠칠치 못하다

今年こそ親によく指摘されるだらしない性格を直してみせる。
올해야말로 부모님에게 자주 지적받는 **칠칠치 못한** 성격을 고치고야 말겠다.

[문형] 동사 て형 + みせる ~(하)고야 말겠다

0601 □□□

不用意だ ★	ふよういだ	な형 조심성 없다, 부주의하다

公の場では不用意な言動を慎みなさい。
공적인 자리에서는 **조심성 없는** 언동을 삼가세요.

0602 □□□

無礼だ	ぶれいだ	な형 무례하다

相手に侮辱した態度をとるなんて、無礼にもほどがある。
상대에게 모욕적인 태도를 취하다니, **무례함**에도 정도가 있다.

[문형] な형용사 어간 + にもほどがある ~에도 정도가 있다

0603 □□□

皮肉 ★	ひにく	명 빈정거림, 야유

人が失敗したのをいいことに皮肉を言うのは、心無い行為だ。
남이 실수한 것을 구실로 **빈정거리**는 것은, 매정한 행위이다.

[문형] 동사 보통형 + のをいいことに ~을 구실로

0604 □□□

頑なだ ★	かたくなだ	な형 완고하다

鈴木さんは会議で自分のアイデアを頑なに押し付けた。
스즈키 씨는 회의에서 자신의 아이디어를 **완고히** 밀어붙였다.

0605 □□□

ひたむきだ ★	-	な형 한결같다, 일편단심이다

森さんは家業を継ぐためにひたむきに努力してきた。
모리 씨는 가업을 잇기 위해 **한결같이** 노력해 왔다.

0606 □□□

しぶとい ★	-	い형 끈질기다

力士は土俵際でしぶとく粘ったが、押し切られた。
스모 선수는 도효 가장자리에서 **끈질기게** 붙어있었지만, 밀려났다.
(도효 → 스모 경기장)

0607 □□□

半端だ	はんぱだ	な형 어중간하다, 불완전하다

優秀な人はたくさんいる。半端な気持ちでは１位になれない。
우수한 사람은 많이 있다. **어중간한** 마음으로는 1위가 될 수 없다.

0608 □□□

軽率だ	けいそつだ	な형 경솔하다

証拠もないのに岡山さんを犯人と疑うなんて、私が軽率だった。 증거도 없으면서 오카야마 씨를 범인으로 의심하다니, 내가 **경솔했다**.

0609 □□□

早急だ	さっきゅうだ/そうきゅうだ	な형 시급하다, 조급하다

医者の早急な処置のおかげで、命を取り留めることができた。
의사의 **시급한** 처치 덕분에, 목숨을 건질 수 있었다.

0610 □□□

恐れる	おそれる	동 두려워하다

失敗を恐れて挑戦しない限り、何も成就できない。
실패를 **두려워**해서 도전하지 않는 한, 아무것도 성취할 수 없다.

[문형] 동사 ない형 + ない限り ~(하)지 않는 한

0611 □□□

やみくもだ	-	な형 느닷없다, 난데없다

準備(じゅんび)もせずやみくもに事業(じぎょう)を始(はじ)めた結果(けっか)、全(すべ)てが台無(だいな)しになった。
준비도 하지 않고 **느닷없이** 사업을 시작한 결과, 모든 것이 엉망이 되었다.

0612 □□□

ゆとり ★	-	명 여유

気持(きも)ちにゆとりがなかったせいで、腹(はら)を立(た)ててしまった。
마음에 **여유**가 없는 나머지, 화를 내 버렸다.

0613 □□□

じっくり ★	-	부 차분히

慎重(しんちょう)な彼女(かのじょ)は万事(ばんじ)、じっくり考(かんが)えてから行動(こうどう)に移(うつ)す。
신중한 그녀는 매사, **차분히** 생각하고 나서 행동에 옮긴다.

0614 □□□

自粛 ★	じしゅく	명 자숙

問題発言(もんだいはつげん)が多(おお)いあの議員(ぎいん)は当面(とうめん)の政治活動(せいじかつどう)を自粛(じしゅく)するらしい。
문제 발언이 많은 그 의원은 당분간의 정치 활동을 **자숙**한다고 한다.

0615 □□□

当てはめる ★	あてはめる	동 적용시키다, 맞추다

自分(じぶん)の基準(きじゅん)を他人(たにん)に当(あ)てはめるようなことはしない方(ほう)がいい。 자신의 기준을 타인에게 **적용시키는** 것은 하지 않는 편이 좋다.

0616 □□□

断じて ★	だんじて	부 반드시, 절대로, 단호히

断(だん)じてプロジェクトを計画通(けいかくどお)りやり遂(と)げてみせる。
반드시 프로젝트를 계획대로 완수해 보이겠다.

0617 □□□

尽くす ★ | つくす | 동 다하다

ちち せいねん とき いま かぎょう はってん ちから つ
父は青年の時から今まで家業の発展に力を**尽くして**きた。
아버지는 청년 때부터 지금까지 가업의 발전에 힘을 **다해** 왔다.

0618 □□□

こだわる ★ | - | 동 구애되다

でんとう あたら はっそう つづ ひつよう
伝統にばかり**こだわる**ことなく、新しい発想を続ける必要がある。
전통에만 **구애되**지 않고, 새로운 발상을 계속할 필요가 있다.

[문형] 동사 사전형 + ことなく ~(하)지 않고

0619 □□□

まなざし | - | 명 시선

ちいき こども じゅうみん あたた む
地域の子供たちに住民の温かい**まなざし**が向けられている。 지역의 아이들에게 주민의 따뜻한 **시선**이 보내지고 있다.

0620 □□□

そぶり | - | 명 기색, 거동

たなか こうどう はんせい み
田中さんの行動は反省の**そぶり**がちっとも見えないものであった。 다나카 씨의 행동은 반성의 **기색**이 조금도 보이지 않는 것이었다.

0621 □□□

とことん | - | 명 끝까지, 철저히

いちど はじ いじょう よ
一度始めた以上は**とことん**やってみるのが良い。
한 번 시작한 이상은 **끝까지** 해보는 것이 좋다.

[문형] 동사 보통형 + 以上は ~(한) 이상은

0622 □□□

強み ★ | つよみ | 명 강점

せんしゅ つよ ふり じょうきょう くっ せいしんりょく
あの選手の**強み**はどんな不利な状況にも屈しない精神力です。 저 선수의 **강점**은 어떤 불리한 상황에도 굴하지 않는 정신력입니다.

*<Day별 단어 퀴즈 PDF>를 활용하여 꼭 복습하세요.

완성 단어

0623 □□□	意気地 (いくじ)	명 기개, 의지
0624 □□□	一途だ (いちず)	な형 외곬이다, 한결같다
0625 □□□	穏便だ (おんびん)	な형 온건하다
0626 □□□	謙虚だ (けんきょ)	な형 겸허하다
0627 □□□	毅然と (きぜん)	의연히
0628 □□□	懇ろだ (ねんご)	な형 공손하다, 정성스럽다
0629 □□□	丁重だ (ていちょう)	な형 정중하다, 공손하다
0630 □□□	重んじる (おも)	동 중요시하다, 존중하다
0631 □□□	遠慮深い (えんりょぶか)	い형 조심성이 많다
0632 □□□	貴重だ (きちょう)	な형 귀중하다
0633 □□□	手厚い (てあつ)	い형 극진하다
0634 □□□	従順 (じゅうじゅん)	명 순종
0635 □□□	はにかむ	동 부끄러워하다, 수줍어하다
0636 □□□	何気ない (なにげ)	い형 아무렇지도 않다, 태연하다
0637 □□□	果敢だ (かかん)	な형 과감하다
0638 □□□	度胸 (どきょう)	명 담력, 배짱
0639 □□□	仰々しい (ぎょうぎょう)	い형 과장되다, 호들갑스럽다
0640 □□□	相応 (そうおう)	명 상응, 알맞음
0641 □□□	気を抜く (き, ぬ)	긴장을 늦추다
0642 □□□	気長だ (きなが)	な형 느긋하다
0643 □□□	賭ける (か)	동 걸다, 내기하다

0644 □□□	利いた風だ (き, ふう)	な형 아는 체하다
0645 □□□	横柄だ (おうへい)	な형 건방지다, 무례하다
0646 □□□	ないがしろだ	な형 업신여기다, 소홀히 하다
0647 □□□	恩着せがましい (おんき)	い형 생색을 내다
0648 □□□	怠け者 (なま, もの)	명 게으름뱅이
0649 □□□	批判的だ (ひはんてき)	な형 비판적이다
0650 □□□	中傷 (ちゅうしょう)	명 중상, 모함
0651 □□□	陰湿だ (いんしつ)	な형 음습하다, 음흉하다
0652 □□□	貪る (むさぼ)	동 탐내다, 욕심 부리다
0653 □□□	無心 (むしん)	명 무심, 사심이 없음
0654 □□□	忌み嫌う (い, きら)	동 피하다, 꺼리다
0655 □□□	回避 (かいひ)	명 회피
0656 □□□	軽々しい (かるがる)	い형 경솔하다, 경박하다
0657 □□□	蔑む (さげす)	동 깔보다, 멸시하다
0658 □□□	蔑視 (べっし)	명 멸시
0659 □□□	投げ出す (な, だ)	동 포기하다, 내던지다
0660 □□□	背ける (そむ)	동 (얼굴, 시선을) 돌리다, 외면하다
0661 □□□	粗野だ (そや)	な형 거칠고 막되다
0662 □□□	がむしゃらだ	な형 앞뒤 생각 없다, 죽을 둥 살 둥 하다
0663 □□□	頭ごなし (あたま)	명 무조건, 불문곡직
0664 □□□	堅苦しい (かたくる)	い형 딱딱하다, 너무 엄격하다

DAY 09 신체·외모

MP3 바로 듣기

0665 □□□

体内	たいない	명 체내

にんげん　たいない　たいじゅう　やく　すいぶん
人間の体内には体重の約65%の水分があるそうだ。
인간의 **체내**에는 체중의 약 65%의 수분이 있다고 한다.

0666 □□□

小腸	しょうちょう	명 소장, 작은창자

しょうちょう　た　もの　えいようぶん　きゅうしゅう　じゅうよう　き かん
小腸は食べ物から栄養分を吸収する重要な器官である。
소장은 음식으로부터 영양분을 흡수하는 중요한 기관이다.

0667 □□□

ふくらはぎ	-	명 장딴지

ひさ　と ざん
久しぶりに登山したせいかふくらはぎがつってしかたない。
오랜만에 등산했던 탓인지 **장딴지**가 너무 땅긴다.

[문형] 동사 て형 + しかたない 너무 ~(하)다

0668 □□□

汗まみれ	あせまみれ	명 땀투성이

わす　もの　えき　いえ　はし　あせ
忘れ物をし、駅から家まで走ったので汗まみれになった。
물건을 놓고 와, 역에서 집까지 달려서 **땀투성이**가 되었다.

0669 □□□

高齢	こうれい	명 고령

こうれい　あしこし　よわ　わか　きんりょく　きた
高齢になると足腰が弱るため、若いうちから筋力を鍛えるべきだ。
고령이 되면 다리와 허리가 약해지기 때문에, 젊을 때부터 근력을 단련해야 한다.

[문형] 동사 사전형 + べきだ ~(해)야 한다

0670 □□□

老化	ろうか	명 노화

てきど　うんどう　せいかつ　と　い　ろうか　おく
適度な運動を生活に取り入れることで、**老化**を遅らせられる。 적당한 운동을 생활에 도입하는 것으로, **노화**를 늦출 수 있다.

0671 □□□

老いる	おいる	동 노쇠하다, 늙다

お　りょうしん　ごろみみ　とお
老いた両親はこの頃耳が遠くなってきた。
노쇠하신 부모님은 요즘 귀가 멀어졌다.

0672 □□□

健在だ	けんざいだ	な형 건재하다

そふ　さい　こ　いま　けんざい
祖父はもう90歳を超えているのですが、今も**健在です**。
할아버지는 벌써 90세를 넘겼지만, 지금도 **건재합니다**.

0673 □□□

鈍る ★	にぶる	동 둔해지다

からだ　きのう　とし　と　にぶ　いま　うんどう
体の機能は年を取るにつれ**鈍る**ものだから、今から運動
おも
しようと思う。
몸의 기능은 나이가 들수록 **둔해지기** 때문에, 지금부터 운동하려고 한다.

[문형] 동사 보통형 + ものだから ~(하)기 때문에

0674 □□□

凝る	こる	동 뻐근하다, 엉기다

まご　も　こ　かた　らく
孫が揉んでくれたおかげで**凝って**いた肩が楽になった。
손주가 주물러준 덕분에 **뻐근했**던 어깨가 편해졌다.

0675 □□□

そぎ落す	そぎおとす	동 떼어내다, 깎아버리다

ぜいにく　お　ゆうさんそうんどう　こうかてき
贅肉を**そぎ落とし**たいなら有酸素運動が効果的だ。
군살을 **떼어내고** 싶다면 유산소 운동이 효과적이다.

0676 □□□

しなやかだ	-	な형 나긋나긋하다, 유연하다

あの踊(おど)り手(て)はしなやかな踊(おど)りで観客(かんきゃく)を魅了(みりょう)した。
그 무용수는 **나긋나긋한** 춤으로 관객을 매료시켰다.

0677 □□□

ごつごつ	-	부 울퉁불퉁

若(わか)い時(とき)から農業(のうぎょう)に専念(せんねん)してきた祖父(そふ)の手(て)はごつごつしていた。 젊을 때부터 농업에 전념해 온 할아버지의 손은 **울퉁불퉁**했다.

0678 □□□

ざらざら	-	부 까칠까칠

手(て)が乾燥(かんそう)してざらざらするからクリームを塗(ぬ)った。
손이 건조해 **까칠까칠**해서 크림을 발랐다.

0679 □□□

すべすべ ★	-	부 매끈매끈

朝(あさ)と夜(よる)、きちんとスキンケアをするとすべすべとした肌(はだ)になれる。 아침과 밤, 제대로 스킨케어를 하면 **매끈매끈**한 피부가 될 수 있다.

0680 □□□

滲む ★	にじむ	동 번지다, 배다

我(わ)が子(こ)も同然(どうぜん)の姪(めい)っ子(こ)が結婚(けっこん)すると聞(き)いて目(め)に涙(なみだ)が滲(にじ)んだ。
내 아이나 다름없는 조카가 결혼한다고 듣고 눈에 눈물이 **번졌다**.

[문형] 명사 + も同然の ~나 다름없는

0681 □□□

ぐっと	-	부 쭉, 확

弟(おとうと)は喉(のど)が渇(かわ)いたといわんばかりに水(みず)をぐっと飲(の)んだ。
남동생은 목이 말랐다는 듯이 물을 **쭉** 마셨다.

[문형] 동사 보통형 + といわんばかりに ~(하)다는 듯이

0682 □□□

潤す ★ | **うるおす** | 동 적시다, 윤택하게 하다

風邪(かぜ)で喉(のど)が痛(いた)かったので、お湯(ゆ)を飲(の)んで喉(のど)を潤(うるお)した。
감기로 목이 아파서, 따뜻한 물을 마셔 목을 **적셨다**.

0683 □□□

がっしり | - | 부 탄탄히, 딱 벌어지게

こちらの洋服(ようふく)はがっしりした体型(たいけい)の方(かた)におすすめの商品(しょうひん)です。
이쪽의 옷은 **탄탄한** 체형인 분들에게 추천하는 상품입니다.

0684 □□□

がっちり | - | 부 단단히, 야무지게, 빈틈없이

体(からだ)ががっちりしてきたのは、日々(ひび)のトレーニングがあってのことだ。 몸이 **단단해**진 것은, 평상시의 트레이닝이 있었기 때문이다.

[문형] 동사 て형 + のこと ~기 때문

0685 □□□

肥満 | **ひまん** | 명 비만

小児肥満(しょうにひまん)は、思春期(ししゅんき)や成人(せいじん)の肥満(ひまん)にまで移行(いこう)する可能性(かのうせい)が高(たか)い。 소아 **비만**은, 사춘기나 성인 **비만**으로까지 이행할 가능성이 높다.

0686 □□□

顔立ち | **かおだち** | 명 용모, 얼굴 생김새

友達(ともだち)はクールな顔立(かおだ)ちながら、温厚(おんこう)な性格(せいかく)の持(も)ち主(ぬし)だ。
친구는 냉정한 **용모**지만, 온화한 성격의 소유자이다.

[문형] 명사 + ながら ~지만

0687 □□□

大柄だ | **おおがらだ** | な형 몸집이 크다, 큼직하다

大柄(おおがら)な人(ひと)には黒(くろ)や青(あお)といった寒色系(かんしょくけい)の服(ふく)が似合(にあ)うそうだ。
몸집이 큰 사람에게는 검정이나 파랑 같은 차가운 색 계열의 옷이 어울린다고 한다.

0688 □□□

げっそり	-	부 홀쭉히

久しく会っていなかった恩師に会ったが、頬がげっそりこけていた。
오래 만나지 않았던 은사님을 만났는데, 볼이 **홀쭉히** 패어 있었다.

0689 □□□

華奢だ	きゃしゃだ	な형 가냘프다, 날씬하다

彼は華奢な見た目に反して、誰よりも勇敢で気丈な人だ。
그는 **가냘픈** 외형과 달리, 누구보다도 용감하고 굳센 사람이다.

0690 □□□

貧弱だ	ひんじゃくだ	な형 빈약하다

貧弱な体格を改善したいのなら筋肉をつけるよりほかないだろう。
빈약한 체격을 개선하고 싶다면 근육을 키우는 수밖에 없을 것이다.

[문형] 동사 사전형 + よりほかない ~(할) 수밖에 없다

0691 □□□

つぶらだ	-	な형 동글동글하다

ハムスターのつぶらな瞳が愛しくてたまらない。
햄스터의 **동글동글한** 눈이 너무 사랑스럽다.

[문형] い형용사 て형 + たまらない 너무 ~(하)다

0692 □□□

老ける	ふける	동 늙다, 나이 들다

買い替えたメガネのデザインのせいか、老けて見える気がする。 새로 바꾼 안경의 디자인 탓인지, **늙어** 보이는 느낌이 든다.

0693 □□□

たるむ	-	동 처지다, 느슨해지다

正しい方法でのマッサージはたるんだ皮膚に弾力を与えます。 올바른 방법으로 하는 마사지는 **처진** 피부에 탄력을 줍니다.

0694 □□□

貫禄	かんろく	명 관록

長年(ながねん)にわたって役者(やくしゃ)として活躍(かつやく)してきた彼女(かのじょ)からは貫禄(かんろく)が感(かん)じられる。 오랜 세월에 걸쳐 배우로서 활약해 온 그녀에게서는 **관록**이 느껴진다.

[문형] 명사 + にわたって ~에 걸쳐

0695 □□□

粋だ	いきだ	な형 멋지다, 세련되다

彼(かれ)は身(み)なりが粋(いき)なだけでなく、気遣(きづか)いもできる人(ひと)だ。
그는 옷차림이 **멋질** 뿐 아니라, 배려도 잘하는 사람이다.

[문형] な형용사 어간 な + だけでなく ~뿐 아니라

0696 □□□

着こなす	きこなす	동 맵시 있게 입다

モデルならスタイルを選(えら)ぶことなく何(なん)でも着(き)こなすことが重要(じゅうよう)だ。 모델이라면 스타일을 가리지 않고 뭐든지 **맵시 있게 입는** 것이 중요하다.

[문형] 동사 사전형 + ことなく ~(하)지 않고

0697 □□□

整う	ととのう	동 정돈되다

面接(めんせつ)での整(ととの)った服装(ふくそう)は面接官(めんせつかん)にいい印象(いんしょう)を与(あた)える。
면접에서의 **정돈된** 복장은 면접관에게 좋은 인상을 준다.

0698 □□□

かわいらしい	-	い형 귀엽다

友達(ともだち)の赤(あか)ちゃんの笑(わら)う顔(かお)がとてもかわいらしかった。
친구 아기의 웃는 얼굴이 정말로 **귀여웠다**.

0699 □□□

きらびやかだ	-	な형 (눈부시게) 아름답다

テレビでアイドルがきらびやかな衣装(いしょう)で踊(おど)っていた。
텔레비전에서 아이돌이 **아름다운** 의상으로 춤추고 있었다.

0700 □□□

みすぼらしい	-	い형 초라하다

あのみすぼらしい格好(かっこう)の男性(だんせい)はなんと大企業(だいきぎょう)の会長(かいちょう)だった。
그 **초라한** 모습의 남성은 놀랍게도 대기업의 회장이었다.

0701 □□□

微笑み ★	ほほえみ	명 미소

寡黙(かもく)な上(うえ)にあまり笑(わら)わない幼馴染(おさななじ)みが珍(めずら)しく微笑(ほほえ)みを浮(う)かべた。
과묵한 데다가 그다지 웃지 않는 소꿉친구가 드물게 **미소**를 지었다.

[문형] な형용사 어간 な + 上に ~(한) 데다가

0702 □□□

微笑	びしょう	명 미소, 빙긋 웃음

接客(せっきゃく)をする時(とき)は微笑(びしょう)を絶(た)やさないようにしている。
접객을 할 때는 **미소**가 끊기지 않도록 하고 있다.

0703 □□□

垂れる	たれる	동 처지다, 늘어지다

弟(おとうと)は、私(わたし)にひきかえ、目尻(めじり)が垂(た)れている。
남동생은, 나와 반대로, 눈꼬리가 **처져**있다.

[문형] 명사 + にひきかえ ~와 반대로

0704 □□□

ちらっと	-	부 흘끗

ずっと妹(いもうと)の後(うし)ろに隠(かく)れていた甥(おい)が、ちらっと顔(かお)を見(み)せてくれた。 계속 여동생 뒤에 숨어 있던 조카가, **흘끗** 얼굴을 보여 주었다.

0705 □□□

断然	だんぜん	부 단연

見(み)た目(め)よりも人間性(にんげんせい)のいい人(ひと)の方(ほう)が断然好(だんぜんこの)ましい。
겉모습보다도 인간성이 좋은 사람 쪽이 **단연** 호감이 간다.

*<Day별 단어 퀴즈 PDF>를 활용하여 꼭 복습하세요.

완성 단어

0706 □□□	胴 (どう)	명 몸통, 동체
0707 □□□	内臓 (ないぞう)	명 내장
0708 □□□	腸壁 (ちょうへき)	명 장벽, 창자의 내벽
0709 □□□	聴覚 (ちょうかく)	명 청각
0710 □□□	左利き (ひだり き)	명 왼손잡이
0711 □□□	だくだく	부 줄줄
0712 □□□	なよなよ	부 나긋나긋, 하늘하늘
0713 □□□	見目よい (み め)	い형 잘생기다
0714 □□□	老衰 (ろうすい)	명 노쇠
0715 □□□	敬老 (けいろう)	명 경로, 노인을 공경함
0716 □□□	還暦 (かんれき)	명 환갑
0717 □□□	酷使 (こくし)	명 혹사
0718 □□□	弾力 (だんりょく)	명 탄력
0719 □□□	引き締まる (ひ し)	동 팽팽해지다, 바짝 긴장하다
0720 □□□	垂らす (た)	동 늘어뜨리다
0721 □□□	汗だくだ (あせ)	な형 땀투성이이다
0722 □□□	垣間見る (かいま み)	동 틈 사이로 보다
0723 □□□	目鼻 (め はな)	명 용모, 이목구비, 윤곽, 대강
0724 □□□	口元 (くちもと)	명 입가
0725 □□□	身なり (み)	명 옷차림, 복장
0726 □□□	見た目 (み め)	명 외형, 겉모습
0727 □□□	恰幅 (かっぷく)	명 몸매, 풍채
0728 □□□	細長い (ほそなが)	い형 가늘고 길다, 갸름하다
0729 □□□	肥やす (こ)	동 살찌우다
0730 □□□	頑健だ (がんけん)	な형 강건하다, 튼튼하고 건강하다
0731 □□□	軽装 (けいそう)	명 가벼운 차림
0732 □□□	しゃれる	동 세련되다
0733 □□□	着飾る (き かざ)	동 치장하다
0734 □□□	艶やかだ (あで)	な형 화려하고 아리땁다
0735 □□□	清純だ (せいじゅん)	な형 청순하다, 맑고 깨끗하다
0736 □□□	浮かぬ顔 (う かお)	우울한 얼굴
0737 □□□	でかい	い형 크다, 방대하다
0738 □□□	瓜二つ (うりふた)	아주 꼭 닮음
0739 □□□	似通う (に かよ)	동 서로 닮다, 서로 비슷하다
0740 □□□	丸っきり (まる)	부 도무지, 전혀
0741 □□□	ふさふさ	부 주렁주렁, 치렁치렁
0742 □□□	尋常だ (じんじょう)	な형 보통이다, 평범하다
0743 □□□	つぶる	동 (눈을) 감다
0744 □□□	はめる	동 끼다, 끼워 넣다
0745 □□□	生やす (は)	동 기르다
0746 □□□	見分ける (み わ)	동 분별하다, 감별하다
0747 □□□	きょろきょろ	부 두리번두리번, 힐끔힐끔

DAY 10 상태·모습

MP3 바로 듣기

0748 □□□

有様	ありさま	명 상태, 모양

ぎじゅつ　かがく　はったつ　よ　なか　ありさま　おお　へんか
技術や科学の発達により、世の中の有様は大きく変化している。 기술이나 과학의 발달에 의해, 세상의 **상태**는 크게 변화하고 있다.

0749 □□□

円滑だ ★	えんかつだ	な형 원활하다

しょうさい　けいかく　た　えんかつ　すす
詳細に計画を立てたプロジェクトは円滑に進んでいる。
상세하게 계획을 세운 프로젝트는 **원활히** 진행되고 있다.

0750 □□□

順調だ	じゅんちょうだ	な형 순조롭다

ことし　さくねん　う　あ　じゅんちょう　の
今年は昨年にもましてエアコンの売り上げが順調に伸びている。 올해는 작년보다 더 에어컨 매상이 **순조롭게** 늘고 있다.

[문형] 명사 + にもまして ~보다 더

0751 □□□

滑らかだ	なめらかだ	な형 매끄럽다

なめ　こうたく　はな　こうきゅうかん
このシルクスカーフは滑らかな光沢を放ち、高級感がある。
이 실크 스카프는 **매끄러운** 광택을 발해서, 고급스러움이 있다.

0752 □□□

和やかだ	なごやかだ	な형 온화하다, 부드럽다

なご　りゅうがくせいこうりゅうかい　おこな
和やかなムードのもとで留学生交流会が行われた。
온화한 분위기 아래에서 유학생 교류회가 실시되었다.

[문형] 명사 + のもとで ~아래에서

0753 □□□

閑静だ ★ | **かんせいだ** | **な형** 한적하다, 고요하다

この閑静(かんせい)な町(まち)は雰囲気(ふんいき)もさることながら生活(せいかつ)インフラもいい。 이 **한적한** 마을은 분위기도 그렇지만 생활 인프라도 좋다.

[문형] 명사 + もさることながら ~도 그렇지만

0754 □□□

ほっと ★ | - | **부** 안심하는

先方(せんぽう)に急(いそ)ぎの頼(たの)みをしたが、早急(さっきゅう)に対応(たいおう)してくれてほっとした。 상대편에 급한 부탁을 했는데, 시급히 대응해 주어서 **안심했**다.

0755 □□□

安泰だ ★ | **あんたいだ** | **な형** 평안하다, 태평하다

大企業(だいきぎょう)に入(はい)ったからといって将来(しょうらい)が安泰(あんたい)だとは限(かぎ)らない。
대기업에 들어갔다고 해서 장래가 꼭 **평안하다**고는 할 수 없다.

[문형] 동사 보통형 + からといって ~(하)다고 해서 /
な형용사 어간 (だ) + とは限らない 꼭 ~(하)다고는 할 수 없다

0756 □□□

釣り合う | **つりあう** | **동** 균형을 이루다, 조화되다

天秤(てんびん)が釣(つ)り合(あ)っていることからして左右(さゆう)の重(おも)さは同(おな)じだ。
천칭이 **균형을 이루고 있는** 것으로 볼 때 좌우의 무게는 같다.

[문형] 명사 + からして ~으로 볼 때

0757 □□□

幸運だ ★ | **こううんだ** | **な형** 운이 좋다, 행운이다

この頃雨(ごろあめ)の日(ひ)が続(つづ)いていたが、幸運(こううん)なことに、遠足(えんそく)の日(ひ)は晴(は)れだった。 요즈음 비 오는 날이 계속되고 있었는데, **운이 좋**게도, 소풍 날은 맑았다.

[문형] な형용사 어간 な + ことに ~(하)게도

0758 □□□

あやふやだ | - | **な형** 모호하다, 애매하다

大阪(おおさか)に住(す)んでいたのは4歳(さい)までだったので記憶(きおく)があやふやだ。 오사카에 살고 있던 것은 4살까지였기 때문에 기억이 **모호하다**.

DAY 10

해커스 JLPT 기출 단어장 N1

0759 □□□

ありきたりだ ★	-	な형 평범하다, 흔히 있다

き たい　　　しんさくしょうせつ　てんかい
期待していた新作小説の展開がありきたりでがっかりした。
기대하고 있었던 신작 소설의 전개가 **평범해서** 실망했다.

0760 □□□

ありふれる ★	-	동 흔하다, 넘쳐흐르다

め ざ　　　ゆめ　ないよう　おぼ
目覚めると夢の内容を覚えていないということはありふ
はなし
れた話だ。 눈을 뜨니 꿈의 내용이 기억나지 않는다는 것은 **흔한** 이야기다.

0761 □□□

偏る ★	かたよる	동 치우치다

い しゃ　　えいよう　　　　かたよ　　　　い
医者から栄養バランスが偏っていると言われた。
의사에게 영양 밸런스가 **치우쳐** 있다고 들었다.

0762 □□□

顕著だ ★	けんちょだ	な형 현저하다

ち ほう　　と し　　い どう　　わかもの　けんちょ　ふ
地方から都市へと移動する若者が顕著に増えている。
지방에서 도시로 이동하는 젊은이가 **현저하게** 늘고 있다.

0763 □□□

極める ★	きわめる	동 다다르다, 다하다

やく　じ かん　と ざん　すえ　　　さんちょう　きわ
約８時間の登山の末にやっと山頂を極めた。
약 8시간의 등산 끝에 드디어 산꼭대기에 **다다랐다**.

[문형] 명사 の + 末に ~끝에

관련어 極めて きわめて 부 극히, 더없이

0764 □□□

ひしひし ★	-	부 강하게, 바싹바싹

ちゅうねん　　　　　き そ たいりょく　じゅうようせい　　かん
中年にさしかかって基礎体力の重要性をひしひし感じて
いる。
중년에 접어들고 기초 체력의 중요성을 **강하게** 느끼고 있다.

0765 □□□

大まかだ	おおまかだ	な형 대략적이다

目次(もくじ)は、その本(ほん)の中身(なかみ)を大(おお)まかに表(あらわ)している。
목차는, 그 책의 내용을 **대략적으로** 나타내고 있다.

0766 □□□

あっけない ★	-	い형 싱겁다, 맥없다

この劇(げき)は有名(ゆうめい)で人気(にんき)があるわりに、結末(けつまつ)があっけなかった。
이 연극은 유명하고 인기가 있는 것에 비해, 결말이 **싱거웠다**.

0767 □□□

お手上げ ★	おてあげ	명 두 손 듦, 속수무책

彼(かれ)の横柄(おうへい)な性格(せいかく)にはまったくお手上(てあ)げだよ。
그의 건방진 성격에는 정말로 **두 손 들었어**.

0768 □□□

余力	よりょく	명 여력

余力(よりょく)が残(のこ)っているうちに、さっさと資料(しりょう)をまとめてしまおう。
여력이 남아 있는 사이에, 빨리 자료를 정리해 버리자.

[문형] 동사 사전형 + うちに ~(하)는 사이에

0769 □□□

起伏 ★	きふく	명 기복

ストレスがたまると感情(かんじょう)の起伏(きふく)が激(はげ)しくなるものだ。
스트레스가 쌓이면 감정의 **기복**이 격해지는 법이다.

[문형] 동사 보통형 + ものだ ~(인) 법이다

0770 □□□

砕ける ★	くだける	동 부서지다, 깨지다

岩(いわ)に波(なみ)が打(う)ち寄(よ)せて砕(くだ)ける様子(ようす)をずっと眺(なが)めていた。
바위에 파도가 밀려와 **부서지는** 모습을 계속 바라보고 있었다.

0771 □□□

こじれる ★	-	동 꼬이다, 악화되다

部長(ぶちょう)が取引先(とりひきさき)にぞんざいな対応(たいおう)をしたせいで交渉(こうしょう)がこじれた。
부장이 거래처에 소홀한 대응을 한 탓에 교섭이 **꼬였다**.

0772 □□□

うやむやだ ★	-	な형 흐지부지하다, 유야무야하다

丹念(たんねん)に準備(じゅんび)した企画(きかく)だったが、実行(じっこう)するかうやむやになった。
정성스럽게 준비한 기획이었지만, 실행할지 **흐지부지하게** 되었다.

0773 □□□

ねじれる	-	동 뒤틀리다, 비틀어지다

この桜(さくら)の木(き)は幹(みき)が大(おお)きくねじれている。
이 벚나무는 나무줄기가 크게 **뒤틀려** 있다.

0774 □□□

張り切る	はりきる	동 긴장하다, 당기다, 기운이 넘치다

久(ひさ)しぶりの運動(うんどう)で張(は)り切(き)った筋肉(きんにく)をほぐそうとストレッチをした。 오랜만의 운동으로 **긴장한** 근육을 풀려고 스트레칭을 했다.

0775 □□□

露出	ろしゅつ	명 노출

テレビ広告(こうこく)で商品(しょうひん)の露出量(ろしゅつりょう)を増(ふ)やした結果(けっか)、売(う)り上(あ)げが伸(の)びた。 텔레비전 광고에서 상품의 **노출**량을 늘린 결과, 매상이 늘었다.

0776 □□□

へとへとだ ★	-	な형 기진맥진하다

一日中営業(いちにちじゅうえいぎょう)に奔走(ほんそう)していたものだからもうへとへとだ。
하루 종일 영업으로 분주했기 때문에 이젠 **기진맥진하다**.

[문형] 동사 보통형 + ものだから ~(하)기 때문에

0777 □□□

一筋だ | **ひとすじだ** | **な형** 외곬이다

この20年間(ねんかん)、私(わたし)は古代史(こだいし)一筋(ひとすじ)に研究(けんきゅう)を続(つづ)けてきた。
이 20년간, 나는 고대사 **외곬으로** 연구를 계속해 왔다.

0778 □□□

総じて ★ | **そうじて** | **부** 일반적으로, 대개

総(そう)じて、季節(きせつ)が春(はる)めいてくるのは３月頃(がつごろ)だ。
일반적으로, 계절이 봄다워지는 것은 3월쯤이다.

[문형] 명사 + めく ~다워지다

0779 □□□

急遽 ★ | **きゅうきょ** | **부** 갑작스럽게, 급히

幼稚園(ようちえん)の運動会(うんどうかい)が大雨(おおあめ)で急遽(きゅうきょ)中止(ちゅうし)になった。
유치원의 운동회가 큰비로 **갑작스럽게** 중지되었다.

0780 □□□

今更 ★ | **いまさら** | **부** 이제 와서

今日(きょう)が締(し)め切(き)りの報告書(ほうこくしょ)の様式(ようしき)を今更(いまさら)変(か)えろと言(い)われるとは。
오늘이 마감날인 보고서의 양식을 **이제 와서** 바꾸라고 들을 줄이야.

0781 □□□

自ずから | **おのずから** | **부** 저절로, 자연히

彼(かれ)の誤解(ごかい)は時間(じかん)が経(た)って、自(おの)ずから解(と)けた。
그의 오해는 시간이 지나서, **저절로** 풀렸다.

0782 □□□

自体 | **じたい** | **명** 자체

この水晶(すいしょう)は透明感(とうめいかん)が抜群(ばつぐん)で、原石(げんせき)自体(じたい)もとても美(うつく)しい。
이 수정은 투명함이 뛰어나서, 원석 **자체**도 매우 아름답다.

0783 □□□

姿	すがた	명 모습

カモノハシは哺乳類(ほにゅうるい)ながらくちばしがある独特(どくとく)な姿(すがた)をしている。 오리너구리는 포유류지만 부리가 있는 독특한 **모습**을 하고 있다.

[문형] 명사 + ながら ~지만

0784 □□□

帯びる ★	おびる	동 띠다

この白(しろ)い焼(や)き物(もの)は青(あお)みを帯(お)びていて神秘的(しんぴてき)な印象(いんしょう)を与(あた)える。 이 하얀 도자기는 푸른빛을 **띠고** 있어서 신비로운 인상을 준다.

0785 □□□

ありあり ★	-	부 생생하게, 역력히

娘(むすめ)は好奇心旺盛(こうきしんおうせい)で、不思議(ふしぎ)なものを見(み)るとありありと目(め)が輝(かがや)く。 딸은 호기심 왕성해서, 불가사의한 것을 보면 **생생하게** 눈이 반짝인다.

0786 □□□

ありのまま ★	-	명 있는 그대로

体裁(ていさい)ばかり気(き)にして、ありのままの自分(じぶん)を失(うしな)うのは残念(ざんねん)なことだ。 체면만 신경 써서, **있는 그대로**의 자신을 잃는 것은 안타까운 일이다.

0787 □□□

裏腹だ ★	うらはらだ	な형 정반대이다

兄(あに)は穏(おだ)やかそうな見(み)た目(め)と裏腹(うらはら)に神経質(しんけいしつ)なところがある。 오빠는 온화할 것 같은 겉보기와 **정반대로** 신경질적인 부분이 있다.

0788 □□□

かえって	-	부 오히려

祖父(そふ)の10年前(ねんまえ)の写真(しゃしん)を見(み)たが、今(いま)の方(ほう)がかえって若(わか)く見(み)える。 할아버지의 10년 전 사진을 봤는데, 지금 쪽이 **오히려** 젊어 보인다.

*<Day별 단어 퀴즈 PDF>를 활용하여 꼭 복습하세요.

완성 단어

0789 □□□	そぼく 素朴だ	な형 소박하다
0790 □□□	なまなま 生々しい	い형 생생하다
0791 □□□	しっくり	부 잘, 꼭, 딱
0792 □□□	かんまん 緩慢だ	な형 느릿느릿하다, 너그럽다
0793 □□□	あおむ 仰向け	명 위를 향한 상태
0794 □□□	ひっきりなしだ	な형 끊임없다, 쉴 새 없다
0795 □□□	まんまと	부 감쪽같이, 보기 좋게
0796 □□□	うつらうつら	부 꾸벅꾸벅, 깜박깜박
0797 □□□	ちょろちょろ	부 졸졸, 조르르
0798 □□□	つるつる	부 매끈매끈, 미끈미끈
0799 □□□	ばたばた	부 동동, 픽픽
0800 □□□	こうこう 煌々と	번쩍번쩍
0801 □□□	じっしつ 実質	명 실질
0802 □□□	おおかた 大方	부 대부분
0803 □□□	いいかげん	부 꽤, 상당히
0804 □□□	いっこう 一向に	전혀, 조금도, 매우
0805 □□□	むちゃくちゃだ	な형 엉망이다
0806 □□□	なまぬる 生温い	い형 미적지근하다
0807 □□□	か 欠く	동 빠지다, 결여되다
0808 □□□	おちい 陥る	동 빠지다, 헤어나지 못하다
0809 □□□	ぶっそう 物騒だ	な형 뒤숭숭하다
0810 □□□	きはく 希薄だ	な형 희박하다
0811 □□□	せっぱつ 切羽詰まる	동 궁지에 몰리다
0812 □□□	おざなりだ	な형 건성이다, 임시방편이다
0813 □□□	うつ 空ろ	명 텅 빔, 공허함
0814 □□□	さ 裂ける	동 찢어지다
0815 □□□	ふ 振るう	동 휘두르다, 떨치다
0816 □□□	しんぼう 辛抱	명 견딤, 참음
0817 □□□	くねくね	부 구불구불
0818 □□□	こぢんまり	부 아담하게, 조촐하게
0819 □□□	ぼける	동 흐릿하다, 멍청해지다
0820 □□□	ぼやける	동 희미해지다
0821 □□□	うっとり	부 황홀히, 넋을 잃고
0822 □□□	き　き 気が気でない	(걱정이 되어) 안절부절 못하다
0823 □□□	かす 霞む	동 안개가 끼다, 희미해지다
0824 □□□	しなびる	동 시들다, 쭈그러들다
0825 □□□	うぬぼれる	동 자부하다, 자만하다
0826 □□□	いま 未だに	부 아직도
0827 □□□	おどおど	부 주뼛주뼛, 주저주저
0828 □□□	ぼうぜん 茫然と	망연히, 하염없이
0829 □□□	ひたひた	부 물밀듯이, 찰싹찰싹
0830 □□□	ふく 膨れる	동 부풀다, 불룩해지다

DAY 11 가정·육아

MP3 바로 듣기

0831 □□□

既婚	きこん	명 기혼

30代半(だいなか)ばにさしかかったとたん、友達(ともだち)の中(なか)にも既婚者(きこんしゃ)が増(ふ)えてきた。 30대 중반에 접어들자마자, 친구들 중에도 **기혼**자가 늘고 있다.

[문형] 동사 た형 + とたん ~(하)자마자

0832 □□□

扶養	ふよう	명 부양

彼(かれ)は故郷(こきょう)で高齢(こうれい)の両親(りょうしん)を扶養(ふよう)しながら暮(く)らしている。
그는 고향에서 고령의 부모님을 **부양**하며 지내고 있다.

0833 □□□

同居	どうきょ	명 동거

上京(じょうきょう)してからというもの、東京(とうきょう)でいとこと同居(どうきょ)している。
상경하고부터는, 도쿄에서 사촌과 **동거**하고 있다.

[문형] 동사 て형 + からというもの ~(하)고부터는

0834 □□□

繕う	つくろう	동 수선하다, 고치다

父(ちち)が破(やぶ)けたズボンをきれいに繕(つくろ)ってくれた。
아버지가 찢어진 바지를 깨끗하게 **수선해** 주었다.

0835 □□□

綻びる	ほころびる	동 (실밥, 꿰맨 자리가) 터지다, 풀리다

袖(そで)の縫(ぬ)い目(め)が綻(ほころ)びて、腕(うで)の部分(ぶぶん)に穴(あな)が開(あ)いたようになった。
소매의 실밥이 **터져서**, 팔 부분에 구멍이 난 것처럼 되었다.

0836 □□□

擦れる	すれる	동 닳다, 스치다

底が擦れてしまった革靴の補修をプロに頼んだ。
밑창이 **닳아** 버린 가죽 구두 수선을 전문가에게 부탁했다.

0837 □□□

ぼつぼつ	-	부 여기저기, 슬슬

お気に入りのセーターだったのに虫食い穴がぼつぼつ空いた。 좋아하는 스웨터였는데 벌레 먹은 구멍이 **여기저기** 났다.

0838 □□□

手近だ	てぢかだ	な형 가깝다, 흔하다

収納の時はよく使うものを手近に置くことを意識するといい。 수납 때는 자주 사용하는 것을 **가까이** 두는 것을 의식하면 좋다.

0839 □□□

整理	せいり	명 정리

机の上がごちゃごちゃしていたから、きれいに整理した。
책상 위가 너저분했기 때문에, 깨끗하게 **정리**했다.

0840 □□□

割り振る	わりふる	동 할당하다

年末の大掃除を始めるにあたって担当を割り振った。
연말 대청소를 시작할 때 담당을 **할당했다**.

[문형] 동사 사전형 + にあたって ~(할) 때

0841 □□□

手分け ★	てわけ	명 분담

育児であれ家事であれ、夫婦で手分けするようにしている。
육아든 집안일이든, 부부끼리 **분담**하도록 하고 있다.

[문형] 명사 + であれ + 명사 + であれ ~(이)든 …(이)든

0842 □□□

洗剤	せんざい	명 세제

洗剤を購入する時は、環境に優しいかにこだわって選んでいる。
세제를 구입할 때는, 친환경적인지를 신경 써서 고르고 있다.

0843 □□□

退治	たいじ	명 퇴치

虫の侵入を防ごうと家の中に虫退治のスプレーを撒いた。
벌레의 침입을 방지하려고 집안에 벌레 **퇴치** 스프레이를 뿌렸다.

0844 □□□

漏れる	もれる	동 새다, 누설되다

安全のためにガスが漏れていないか、月に一回必ず確認している。
안전을 위해서 가스가 **새고** 있지 않은지, 달에 한 번 반드시 확인하고 있다.

0845 □□□

軒並み	のきなみ	명 모두, 똑같이, 집집마다

家族で夏祭りに行こうとしていたが台風で軒並み中止になった。
가족이서 여름 축제에 가려고 하고 있었는데 태풍으로 **모두** 중지되었다.

0846 □□□

首輪	くびわ	명 (개, 고양이의) 목줄, 목걸이

愛犬のために軽くて柔らかい素材で作られた首輪を買った。
애견을 위해서 가볍고 부드러운 소재로 만들어진 **목줄**을 샀다.

0847 □□□

鳥かご	とりかご	명 새장

扉を開けるが早いかインコは鳥かごの外へ飛び出した。
문을 열기가 무섭게 잉꼬는 **새장** 밖으로 튀어나왔다.

[문형] 동사 사전형 + が早いか ~(하)기가 무섭게

0848 □□□

懐く ★	なつく	동 따르다

祖父(そふ)が飼(か)っている犬(いぬ)は人懐(ひとなつ)こい性格(せいかく)のゆえに誰(だれ)にでも懐(なつ)く。 할아버지가 키우고 있는 개는 사람을 잘 따르는 성격이기 때문에 누구나 **따른다**.

[문형] 명사 + のゆえに ~때문에

0849 □□□

なじむ ★	-	동 익숙해지다

母(はは)の転勤(てんきん)で福岡(ふくおか)に越(こ)してきて３か月(げつ)なのだが、未(いま)だになじめない。 어머니의 전근으로 후쿠오카에 이사 오고 3개월인데, 아직도 **익숙해지지** 못했다.

0850 □□□

生計	せいけい	명 생계

私(わたし)の家族(かぞく)は海辺(うみべ)の町(まち)で暮(く)らしながら漁業(ぎょぎょう)で生計(せいけい)を立(た)てている。 나의 가족은 바닷가 마을에서 살며 어업으로 **생계**를 꾸리고 있다.

0851 □□□

倹約	けんやく	명 검약

倹約家(けんやくか)である妻(つま)が無駄遣(むだづか)いするところを見(み)たことがない。
검약가인 아내가 낭비하는 것을 본 적이 없다.

0852 □□□

光熱費	こうねつひ	명 광열비

先月(せんげつ)は暖房(だんぼう)を多(おお)く使(つか)ったので、例月(れいげつ)に比(くら)べて光熱費(こうねつひ)が顕著(けんちょ)に高(たか)い。 지난달은 난방을 많이 사용해서, 여느 달에 비해 **광열비**가 현저하게 높다.

0853 □□□

かさばる ★	-	동 부피가 크다, 부피가 커지다

圧縮袋(あっしゅくぶくろ)を利用(りよう)すると冬服(ふゆふく)などのかさばるものを楽(らく)に収納(しゅうのう)できる。 압축팩을 이용하면 겨울옷 등의 **부피가 큰** 것을 편하게 수납할 수 있다.

0854 □□□

漂う ★ | **ただよう** | 동 감돌다, 표류하다

父がキッチンで夕飯の支度をする匂いが家中に漂っていた。
아버지가 부엌에서 저녁 식사 준비를 하는 냄새가 집안을 **감돌고** 있었다.

0855 □□□

出産 | **しゅっさん** | 명 출산

姉は自分と瓜二つの元気な女の子を出産した。
누나는 자신과 아주 꼭 닮은 건강한 여자아이를 **출산**했다.

0856 □□□

よそ ★ | - | 명 남의 집, 딴 곳

自分の子のみならずよその子の成長も見守る社会になってほしい。
자신의 아이뿐 아니라 **남의 집** 아이의 성장도 보살피는 사회가 되었으면 좋겠다.

[문형] 명사 + のみならず ~뿐 아니라

관련어 よそ見 よそみ 명 곁눈질, 한눈팖

0857 □□□

養う | **やしなう** | 동 기르다, 양육하다

私を小学生になるまで養ってくれたのは祖父母だった。
나를 초등학생이 될 때까지 **길러** 준 것은 조부모님이었다.

0858 □□□

育む ★ | **はぐくむ** | 동 키우다, 기르다

親子で料理をすることは子供の協調性を育むのに役立つ。
부모와 자식이 요리를 하는 것은 아이의 협조성을 **키우는** 데에 도움이 된다.

0859 □□□

親心 | **おやごころ** | 명 부모의 마음

子供が何不自由なく生きてほしいと思うのが親心というものだ。
아이가 어떤 부자유 없이 살았으면 좋겠다고 생각하는 것이 **부모의 마음**이라는 것이다.

[문형] 명사 + というものだ ~이라는 것이다

0860 □□□

生い立ち ★ | **おいたち** | 명 성장, 자라 온 내력

祖父から初めて母の生い立ちの話を詳しく聞いた。
할아버지에게서 처음으로 어머니의 **성장** 이야기를 자세하게 들었다.

0861 □□□

自立 | **じりつ** | 명 자립

子供が何かをしようとするそばから親が助けると子供は自立できない。
아이가 무언가를 하려고 하는 족족 부모가 도와주면 아이는 **자립**할 수 없다.

[문형] 동사 사전형 + そばから ~(하)는 족족

0862 □□□

過程 | **かてい** | 명 과정

子供は思春期という成長過程を経て大人になる。
아이는 사춘기라는 성장 **과정**을 거쳐 어른이 된다.

[문형] 명사 + を経て ~을 거쳐

0863 □□□

健やかだ ★ | **すこやかだ** | な형 건강하다

うちの子には健やかで感受性豊かな人に育ってほしい。
우리 아이는 **건강하고** 감수성 풍부한 사람으로 자랐으면 한다.

0864 □□□

育児休暇 | **いくじきゅうか** | 명 육아 휴가, 육아 휴직

妻の出産予定日を一か月後に控えて、育児休暇を取る準備を始めた。
아내의 출산 예정일을 한 달 뒤로 앞두고, **육아 휴가**를 취득할 준비를 시작했다.

[문형] 명사 + を + 명사 + に控えて ~을 …로 앞두고

0865 □□□

なだめる ★ | - | 동 달래다

幼稚園に行きたくないと泣きながら暴れる娘をなだめた。
유치원에 가고 싶지 않다고 울며 날뛰는 딸을 **달랬다**.

0866 □□□

しつけ ★ | - | 명 훈육, 예의범절

てきせつ　こども　そだ　むずか
適切なしつけをすることなしに、子供を育てるのは難しい。
적절한 **훈육**을 하지 않고, 아이를 키우는 것은 어렵다.

[문형] 동사 사전형 + ことなしに ~(하)지 않고

0867 □□□

ご褒美 | ごほうび | 명 상, 보상

ねっしん　べんきょう　むすこ　ほうび　つく
熱心に勉強している息子にご褒美としてプリンを作ってあげた。 열심히 공부하고 있는 아들에게 **상**으로 푸딩을 만들어 주었다.

0868 □□□

愛着 ★ | あいちゃく | 명 애착

ほごしゃ　あいちゃくかんけい　こども　せいしんはったつ　じゅうよう
保護者との愛着関係は、子供の精神発達において重要なものだ。 보호자와의 **애착** 관계는, 아이의 정신 발달에 있어서 중요한 법이다.

[문형] な형용사 어간 な + ものだ ~(한) 법이다

0869 □□□

微笑ましい ★ | ほほえましい | い형 흐뭇하다

つか　ぶじ　お　まんぞく　むすめ　すがた　ほほえ
お使いを無事に終えて満足そうな娘の姿が微笑ましかった。
심부름을 무사히 끝내고 만족한 듯한 딸의 모습이 **흐뭇했다**.

0870 □□□

望む ★ | のぞむ | 동 바라다, 바라보다

あい　わ　こ　しあわ　のぞ　おや　とうぜん
愛してやまない我が子の幸せを望むのは親として当然のことだ。
사랑해 마지않는 우리 아이의 행복을 **바라는** 것은 부모로서 당연한 것이다.

[문형] 동사 て형 + やまない ~(해) 마지않다

0871 □□□

家出 | いえで | 명 가출

はんこうき　ころ　いえで　りょうしん　こま
反抗期の頃、家出して両親を困らせたことがある。
반항기 때, **가출**해서 부모님을 곤란하게 한 적이 있다.

*<Day별 단어 퀴즈 PDF>를 활용하여 꼭 복습하세요.

완성 단어

0872 □□□	うちわ	内輪	명 가정 내, 집안
0873 □□□	えんだん	縁談	명 혼담
0874 □□□	よきょう	余興	명 여흥
0875 □□□	てんきょ	転居	명 이사
0876 □□□	おやこうこう	親孝行	명 효도, 효행
0877 □□□	きょうだいあい	兄弟愛	명 형제애
0878 □□□	うちむ	内向き	명 안쪽으로 향해 있음, 집안일
0879 □□□	あとかたづ	後片付け	명 뒷정리
0880 □□□	ゆ とど	行き届く	동 구석구석까지 미치다
0881 □□□		すすぐ	동 헹구다
0882 □□□	ぬ	濡らす	동 적시다
0883 □□□	はいすい	排水	명 배수
0884 □□□	ぐち	はけ口	명 배출구, 판로
0885 □□□	なが だい	流し台	명 싱크대, 개수대
0886 □□□	ととの	調える	동 마련하다, 성립시키다
0887 □□□	て お	手に負えない	감당할 수가 없다, 힘에 부치다
0888 □□□	て や	手を焼く	애를 먹다, 애를 태우다
0889 □□□	ともかせ	共稼ぎ	명 맞벌이
0890 □□□	ひつじゅ	必需	명 필수
0891 □□□	とびら	扉	명 문, 문짝
0892 □□□	ひ でもの	引き出物	명 답례품
0893 □□□	かだん	花壇	명 화단
0894 □□□	かんようしょくぶつ	観葉植物	명 관엽 식물
0895 □□□	かていさいえん	家庭菜園	명 텃밭
0896 □□□	いっこく	一刻	명 일각, 짧은 시간
0897 □□□	ひど	日取り	명 날짜를 잡음, 날짜
0898 □□□	としなみ	年波	명 나이, 연륜
0899 □□□	ばんねん	晩年	명 만년, 늘그막
0900 □□□	せいいく	成育	명 성육, 자람
0901 □□□	にゅうじ	乳児	명 유아, 젖먹이
0902 □□□	ひとなつ	人懐こい	い형 사람을 잘 따르다
0903 □□□		あどけない	い형 천진난만하다
0904 □□□	いと	愛しい	い형 사랑스럽다
0905 □□□	め	愛でる	동 사랑하다, 귀여워하다
0906 □□□	けなげ	健気だ	な형 기특하다, 장하다
0907 □□□	せいじゅく	成熟	명 성숙
0908 □□□	は か	生え変わる	동 (이, 털이) 새로 나다
0909 □□□	しこ	仕込む	동 가르치다, 장치하다
0910 □□□	は	這う	동 기다
0911 □□□	なづ	名付ける	동 이름 짓다, 명명하다
0912 □□□		ねだる	동 조르다, 치근거리다
0913 □□□		おむつ	명 기저귀

DAY 12 운동·경기

MP3 바로 듣기

0914 □□□

目指す	めざす	동 목표로 하다

ひまん　かいぜん　めざ　にっか　ゆうさんそうんどう　と　い
肥満の改善を目指して日課に有酸素運動を取り入れた。
비만 개선을 **목표로 하여** 일과에 유산소 운동을 넣었다.

0915 □□□

一歩	いっぽ	명 한 걸음, 한 단계

けんこう　せいかつ　いっぽ　かる　うんどう　はじ
健康な生活への一歩として軽い運動を始めた。
건강한 생활로의 **한 걸음**으로 가벼운 운동을 시작했다.

0916 □□□

増やす	ふやす	동 늘리다

い　かいすう　ふ　うんどうじかん　の
ジムに行く回数を増やしつつ、運動時間も伸ばしている。
체육관에 가는 횟수를 **늘리**면서, 운동 시간도 늘리고 있다.

[문형] 동사 ます형 + つつ ~(하)면서

0917 □□□

筋肉	きんにく	명 근육

たいけい　きんにく　はげ
がっしりした体型になりたくて、筋肉トレーニングに励んでいる。 탄탄한 체형이 되고 싶어서, **근육** 트레이닝에 힘쓰고 있다.

0918 □□□

柔軟だ	じゅうなんだ	な형 유연하다

けんこうこつ　じゅうなん
これは肩甲骨を柔軟にするストレッチです。
이것은 견갑골을 **유연하게** 하는 스트레칭입니다.

0919 □□□

無茶	むちゃ	명 무리(함), 터무니없음

むちゃ　うんどう　からだ　わる
無茶をしてまで運動するのはかえって体に悪い。
무리를 해서까지 운동하는 것은 오히려 몸에 나쁘다.

[문형] 동사 て형 + まで ~(해)서까지

0920 □□□

潜る	もぐる	동 잠수하다, 파고들다

さんそ　つか　うみ　もぐ
フリーダイビングは酸素ボンベを使わず海に潜るスポーツである。
프리 다이빙은 산소통을 사용하지 않고 바다에 **잠수하는** 스포츠이다.

0921 □□□

体操	たいそう	명 체조

まいあさ　としよ　こうえん　あつ　たいそう
毎朝、お年寄りが公園に集まってラジオ体操をしている。
매일 아침, 어르신들이 공원에 모여 라디오 **체조**를 하고 있다.

0922 □□□

鉄棒	てつぼう	명 철봉

てつぼううんどう　あくりょく　わんりょく　きょうか　やくだ
鉄棒運動は握力だけでなく腕力の強化にも役立つ。
철봉 운동은 악력뿐 아니라 완력 강화에도 도움이 된다.

0923 □□□

乗馬	じょうば	명 승마

じょうば　うま　きしゅ　こきゅう　あ　ひじょう　じゅうよう
乗馬では、馬と騎手が呼吸を合わせることが非常に重要だ。
승마에서는, 말과 기수가 호흡을 맞추는 것이 매우 중요하다.

0924 □□□

陸上	りくじょう	명 육상

りくじょうきょうぎ　はし　と　にんげん　きほんてき　どうさ　もと
陸上競技は「走る」、「跳ぶ」といった人間の基本的な動作を基にしている。
육상 경기는 '달리기', '뛰기'와 같은 인간의 기본적인 동작을 토대로 하고 있다.

0925 □□□

打者 | だしゃ | 명 타자

打者は球を打ち返すが早いかバットを投げ出し、一塁へ走った。 타자는 공을 되받아 치자마자 배트를 던지고, 1루로 달렸다.

[문형] 동사 사전형 + が早いか ~(하)자마자

0926 □□□

球団 | きゅうだん | 명 구단

1935年創立のこの球団は歴史が長く、その分ファンも多い。
1935년 창립인 이 구단은 역사가 길고, 그만큼 팬도 많다.

0927 □□□

運営 | うんえい | 명 운영

この剣道大会の主催及び運営は我が大学が務めている。
이 검도 대회의 주최 및 운영은 우리 대학이 맡고 있다.

0928 □□□

挑む | いどむ | 동 도전하다

水泳選手としての実力を磨き、世界記録に挑みたい。
수영 선수로서의 실력을 갈고닦아, 세계 기록에 도전하고 싶다.

0929 □□□

張り合う ★ | はりあう | 동 겨루다

あの新人選手なら前回のチャンピオンとも張り合えそうだ。
그 신인 선수라면 지난번 챔피언과도 겨룰 수 있을 것 같다.

0930 □□□

競い合う ★ | きそいあう | 동 경쟁하다

砲丸投げは、砲丸を誰が一番遠くまで投げられるかを競い合う。
투포환은, 포환을 누가 제일 멀리까지 던질 수 있는지를 경쟁한다.

0931 □□□

制する	せいする	동 휘어잡다, 지배하다

ぼこう　ぶ　ししゅさい　たいかい　せい
母校のバレーボール部が市主催の大会を**制した**という。
모교 배구부가 시 주최 대회를 **휘어잡았다**고 한다.

0932 □□□

率いる	ひきいる	동 통솔하다, 인솔하다

だれ　ひき　せんしゅ ひとり ひとり　どりょく
誰がチームを**率い**ようが、選手一人一人の努力なしでは
ゆうしょう
優勝できない。
누가 팀을 **통솔하**든, 선수 한 명 한 명의 노력 없이는 우승할 수 없다.

[문형] 동사 의지형 + が ~(하)든 / 명사 + なしでは…ない ~없이는 …없다

0933 □□□

選抜	せんばつ	명 선발

せんしゅ　じつりょく　いよく　あふ
どの選手も実力があって意欲にも溢れているからメンバーの
せんばつ　なや
選抜に悩む。 어느 선수도 실력이 있고 의욕도 넘치니까 멤버 **선발**이 고민스럽다.

0934 □□□

戦略	せんりゃく	명 전략

こんかい　しあい　か　いな　せんりゃくしだい
今回の試合で勝つか否かは**戦略**次第だ。
이번 시합에서 이길지 아닐지는 **전략**에 달렸다.

[문형] 동사 사전형 + か否か ~(할)지 아닐지 / 명사 + 次第だ ~에 달렸다

0935 □□□

守備	しゅび	명 수비

らいしゅう しあい　しゅび　かた　こうげき　て
来週試合をするチームは**守備**が堅いから攻撃に手こずり
そうだ。 다음 주에 시합을 할 팀은 **수비**가 견고해서 공격에 애를 먹을 것 같다.

0936 □□□

連携 ★	れんけい	명 연계

ぜんいん　れんけい　わ
メンバー全員の**連携**がとれていることが我がチームの
つよ
強みだ。 멤버 전원의 **연계**가 잘 되는 것이 우리 팀의 강점이다.

0937 □□□

組み合わせ | **くみあわせ** | 명 조합

かくしゅしょう　ひ　よせん　く　あ　き
各主将がくじを引き、予選ラウンドの**組み合わせ**が決まった。
각 주장이 제비를 뽑아, 예선 라운드의 **조합**이 정해졌다.

0938 □□□

互角 ★ | **ごかく** | 명 호각

せんしゅ　こうこうせい　おとな　ごかく　たたか
あの選手は高校生にもかかわらず大人と**互角**に戦った。
저 선수는 고등학생임에도 불구하고 어른과 **호각**으로 싸웠다.

[문형] 명사 + にもかかわらず ~임에도 불구하고

0939 □□□

特化 | **とっか** | 명 특화

かれ　こうげき　とっか　しゅび
彼は攻撃に**特化**しているが、守備もそれなりにこなす。
그는 공격에 **특화**되어 있지만, 수비도 그런대로 해낸다.

0940 □□□

抜群 ★ | **ばつぐん** | 명 뛰어남, 출중함

はやしせんしゅ　ばつぐん　しゅんぱつりょく　き
林選手は**抜群**の瞬発力でいいスタートを切った。
하야시 선수는 **뛰어난** 순발력으로 좋은 스타트를 끊었다.

0941 □□□

猛烈だ ★ | **もうれつだ** | な형 맹렬하다

たんきょりそうせんしゅ　もうれつ　お　ぬ
あの短距離走選手は**猛烈な**スピードでライバルを追い抜いた。
그 단거리 달리기 선수는 **맹렬한** 속도로 라이벌을 제쳤다.

0942 □□□

凄まじい ★ | **すさまじい** | い형 무섭다, 정도가 심하다

すさ　と　はじ
凄まじいスピードで飛んでくるボールをゴールキーパーが弾いた。
무서운 속도로 날아오는 공을 골키퍼가 튕겨냈다.

0943 □□□

攻撃力 | **こうげきりょく** | 명 공격력

このサッカーチームは守備力(しゅびりょく)のみならず攻撃力(こうげきりょく)も優(すぐ)れている。 이 축구 팀은 수비력뿐만 아니라 **공격력**도 뛰어나다.

[문형] 명사 + のみならず ~뿐만 아니라

0944 □□□

華々しい ★ | **はなばなしい** | い형 화려하다, 뛰어나다

田中選手(たなかせんしゅ)は精力的(せいりょくてき)なパフォーマンスで華々(はなばな)しい成績(せいせき)を収(おさ)めた。 다나카 선수는 정력적인 퍼포먼스로 **화려한** 성적을 거두었다.

0945 □□□

目覚ましい ★ | **めざましい** | い형 눈부시다

新人選手(しんじんせんしゅ)は初(はつ)の国際試合(こくさいじあい)で目覚(めざ)ましい活躍(かつやく)を見(み)せた。
신인 선수는 첫 국제 시합에서 **눈부신** 활약을 보였다.

0946 □□□

優位 ★ | **ゆうい** | 명 우위

前半戦(ぜんはんせん)で高(たか)い点数(てんすう)を稼(かせ)ぎ、優位(ゆうい)に立(た)ったまま後半戦(こうはんせん)に突入(とつにゅう)した。 전반전에서 높은 점수를 벌어, **우위**에 선 채로 후반전에 돌입했다.

0947 □□□

せいぜい | - | 부 겨우, 기껏

頑張(がんば)ったとしても決勝進出(けっしょうしんしゅつ)はおろか、せいぜい予選止(よせんど)まりだろう。 노력한다고 할지라도 결승 진출은커녕, **겨우** 예선에서 멈출 것이다.

[문형] 동사 보통형 + としても ~(라)고 할지라도 / 명사 + はおろか ~은커녕

0948 □□□

阻む ★ | **はばむ** | 동 저지하다, 방해하다

あのアーチェリー選手(せんしゅ)はライバルに5連勝(れんしょう)を阻(はば)まれた。
그 양궁 선수는 라이벌에게 5연승을 **저지당했다**.

0949 □□□

敗北 | **はいぼく** | 명 패배

せんげつ　しあい　はいぼく　さかい　もうれんしゅう　はげ
先月の試合での**敗北**を境に猛練習に励んでいる。
지난달 시합에서의 **패배**를 계기로 맹연습에 힘쓰고 있다.

[문형] 명사 + を境に ~를 계기로

0950 □□□

降参 | **こうさん** | 명 항복, 손듦

かれ　あいて　はげ　だげき　こうさん　さいご
彼は相手からの激しい打撃にも**降参**することなく最後まで
たたか
戦った。 그는 상대로부터의 격렬한 타격에도 **항복**하지 않고 끝까지 싸웠다.

[문형] 동사 사전형 + ことなく ~(하)지 않고

0951 □□□

無効だ | **むこうだ** | な형 무효이다

はし　はばと　ふみきりばん　ふ　こ　とくてん　むこう
走り幅跳びで、踏切板を踏み越すと得点が**無効**になる。
멀리뛰기에서, 발구름판을 넘겨 밟으면 득점이 **무효**로 된다.

0952 □□□

不服 ★ | **ふふく** | 명 불복

あいて　しんぱん　はんてい　ふこうせい　ふふく　もう　た
相手チームは審判の判定が不公正だと**不服**を申し立てた。
상대 팀은 심판의 판정이 불공정하다고 **불복**을 주장했다.

0953 □□□

受け止める | **うけとめる** | 동 받아들이다, (공격을) 막아내다

ま　けっか　まえむ　う　と　せいちょう　かて
負けという結果を前向きに**受け止め**、成長の糧にしよう。
패배라는 결과를 적극적으로 **받아들이고**, 성장의 근원으로 삼자.

0954 □□□

引退 | **いんたい** | 명 은퇴

ぼうおおものせんしゅ　きゅう　いんたい　せけん　さわ
某大物選手の急な**引退**は世間を騒がせた。
모 거물 선수의 갑작스러운 **은퇴**는 세간을 시끄럽게 했다.

*<Day별 단어 퀴즈 PDF>를 활용하여 꼭 복습하세요.

완성 단어

0955 □□□	ほぐす	동 풀다
0956 □□□	頻度 (ひんど)	명 빈도
0957 □□□	跳ね返る (は かえ)	동 튀어 오르다, 되돌아오다
0958 □□□	跳躍 (ちょうやく)	명 도약
0959 □□□	宙返り (ちゅうがえ)	명 공중 회전, 공중제비
0960 □□□	名手 (めいしゅ)	명 명인, 묘수
0961 □□□	頭が下がる (あたま さ)	머리가 수그러지다, 감복하다
0962 □□□	的 (まと)	명 과녁, 대상
0963 □□□	命中 (めいちゅう)	명 명중
0964 □□□	威力 (いりょく)	명 위력
0965 □□□	顔負け (かおま)	명 (상대의 훌륭함에) 압도됨
0966 □□□	競る (せ)	동 경쟁하다, 경매하다
0967 □□□	決勝 (けっしょう)	명 결승
0968 □□□	敵う (かな)	동 필적하다, 대적하다
0969 □□□	対抗 (たいこう)	명 대항
0970 □□□	不調だ (ふちょう)	な형 상태가 나쁘다
0971 □□□	精神統一 (せいしんとういつ)	명 정신 통일
0972 □□□	健闘 (けんとう)	명 건투
0973 □□□	広げる (ひろ)	동 넓히다, 펼치다
0974 □□□	戦術 (せんじゅつ)	명 전술
0975 □□□	保持 (ほじ)	명 보유, 유지

0976 □□□	形勢 (けいせい)	명 형세
0977 □□□	復活 (ふっかつ)	명 부활
0978 □□□	反撃 (はんげき)	명 반격
0979 □□□	受け流す (う なが)	동 받아넘기다
0980 □□□	入れ替わる (い か)	동 교대하다, 교체하다
0981 □□□	判定 (はんてい)	명 판정
0982 □□□	得点 (とくてん)	명 득점
0983 □□□	減点 (げんてん)	명 감점
0984 □□□	失格 (しっかく)	명 실격
0985 □□□	苦戦 (くせん)	명 고전, 힘들게 싸움
0986 □□□	打数 (だすう)	명 타수
0987 □□□	技 (わざ)	명 기술, 솜씨
0988 □□□	優劣 (ゆうれつ)	명 우열
0989 □□□	劣勢 (れっせい)	명 열세
0990 □□□	決め手 (き て)	명 결정적 수단
0991 □□□	負かす (ま)	동 지게 하다, 이기다
0992 □□□	最下位 (さいかい)	명 최하위
0993 □□□	自滅 (じめつ)	명 자멸
0994 □□□	転落 (てんらく)	명 전락
0995 □□□	敗因 (はいいん)	명 패인
0996 □□□	宿命 (しゅくめい)	명 숙명

DAY 13

교통·여행

MP3 바로 듣기

0997 □□□

電鉄 | でんてつ | 명 전철, 전기 철도

にほん ぜんこく さまざま でんてつがいしゃ
日本全国に様々な電鉄会社があります。

일본 전국에 여러 **전철** 회사가 있습니다.

0998 □□□

滞る ★ | とどこおる | 동 정체되다, 막히다

こうさてん じこ はっせい しゅうへん こうつう とどこお
交差点で事故が発生し、周辺の交通が 滞っています。

교차로에서 사고가 발생하여, 주변의 교통이 **정체되고** 있습니다.

0999 □□□

運転操作 | うんてんそうさ | 명 운전 조작

うんてんそうさ な うんてんちゅう いっしゅん き ぬ
運転操作に慣れていなくて、運転中は一瞬たりとも気が抜けない。 **운전 조작**이 익숙하지 않아서, 운전 중에는 한순간도 긴장을 늦출 수 없다.

[문형] 명사 + たりとも ~도

1000 □□□

歩行者 | ほこうしゃ | 명 보행자

ほこうしゃ こうつうほうき じゅんしゅ
歩行者であれ、ドライバーであれ、交通法規を遵守するべきだ。 **보행자**든, 운전자든, 교통 법규를 준수해야 한다.

[문형] 명사 + であれ + 명사 + であれ ~든 …든 / 동사 사전형 + べきだ ~(해)야 한다

1001 □□□

精算 | せいさん | 명 정산

の こ ぶん さがく こうしゃえき せいさんき しはら
乗り越した分の差額は、降車駅の精算機で支払ってください。

내릴 곳을 지나 더 탄 만큼의 차액은, 하차한 역의 **정산**기에서 지불해 주세요.

1002 □□□

余裕 ★	よゆう	명 여유

じかんたい　ほうめん　ざせき　よゆう
時間帯にかかわらず、この方面のバスはいつも座席に余裕がある。 시간대에 관계 없이, 이 방면의 버스는 언제나 좌석에 **여유**가 있다.

[문형] 명사 + にかかわらず ~에 관계 없이

1003 □□□

憩い ★	いこい	명 휴식

おんせん　りょこうしゃ　ちいきじゅうみん　いこ　ば
この温泉は旅行者はもちろん地域住民の憩いの場になっている。 이 온천은 여행자는 물론 지역 주민의 **휴식**의 장이 되고 있다.

1004 □□□

満喫 ★	まんきつ	명 만끽

おきなわ　き　おきなわ　きょうどりょうり　まんきつ
沖縄に来たからには、沖縄の郷土料理を満喫したい。
오키나와에 온 이상에는, 오키나와의 향토 요리를 **만끽**하고 싶다.

[문형] 동사 보통형 + からには ~(한) 이상에는

1005 □□□

たしなむ	-	동 즐기다, 애호하다

げんち　りょうり　べっかく　あじ
イタリア現地でたしなんだ料理は別格の味だった。
이탈리아 현지에서 **즐긴** 요리는 특별한 맛이었다.

1006 □□□

つかの間 ★	つかのま	명 잠깐, 순간

いちにち　ふつか　ま　たび　い
一日、二日のつかの間の旅でもいいので、どこかに行きたい。
하루, 이틀의 **잠깐**의 여행이라도 좋으니, 어딘가에 가고 싶다.

1007 □□□

割く	さく	동 할애하다, 내어주다

いそが　じかん　さ　とうきょうきんこう　りょこう　い
忙しい時間を割いて、東京近郊に旅行に行くことにした。
바쁜 시간을 **할애하여**, 도쿄 근교에 여행을 가기로 했다.

1008 □□□

取り消す ★	とりけす	동 취소하다

もっと早(はや)く航空券(こうくうけん)を**取(と)り消(け)し**ていたら手数料(てすうりょう)がかからなかったものを。 더 빨리 항공권을 **취소했**으면 수수료가 들지 않았을 텐데.

[문형] い형용사 보통형 + ものを ~일 텐데

1009 □□□

達する	たっする	동 달하다

夏休(なつやす)みを迎(むか)え、ホテルの予約率(よやくりつ)が100%近(ちか)くにまで**達(たっ)して**いる。 여름휴가를 맞이하여, 호텔의 예약률이 100% 가까이까지 **달하고** 있다.

1010 □□□

下調べ	したしらべ	명 사전 조사, 예습

彼女(かのじょ)が丁寧(ていねい)に**下調(したしら)べ**をしてくれたおかげで迷(まよ)わず目的地(もくてきち)に着(つ)いた。

그녀가 정성스럽게 **사전 조사**를 해 준 덕분에 헤매지 않고 목적지에 도착했다.

1011 □□□

巡り ★	めぐり	명 순회, 순환, 순례

神社(じんじゃ)**巡(めぐ)り**に参加(さんか)した人々(ひとびと)はひどい暑(あつ)さで汗(あせ)まみれになった。

신사 **순회**에 참가한 사람들은 심한 더위로 땀투성이가 되었다.

1012 □□□

探検	たんけん	명 탐험

今度(こんど)**探検(たんけん)**が好(す)きな娘(むすめ)を洞窟(どうくつ)に連(つ)れて行(い)ってあげるつもりだ。

이 다음에 **탐험**을 좋아하는 딸을 동굴에 데려가 줄 생각이다.

1013 □□□

辿る ★	たどる	동 더듬어 가다, (줄거리를) 더듬다

江戸時代(えどじだい)から現代(げんだい)までの歴史(れきし)を**辿(たど)る**ツアーに参加(さんか)した。

에도 시대부터 현대까지의 역사를 **더듬어 가는** 투어에 참가했다.

1014 □□□

本場 ★	ほんば	명 본고장

フランスで**本場**ならではの深いワインの味を楽しんだ。
프랑스에서 **본고장**다운 깊은 와인의 맛을 즐겼다.

[문형] 명사 + ならでは ~다운

1015 □□□

あちこち	-	명 이곳저곳

運動かたがた旅館の周辺を**あちこち**歩き回った。
운동을 겸해서 여관의 주변을 **이곳저곳** 돌아다녔다.

[문형] 명사 + かたがた ~을 겸해서

1016 □□□

まのあたり	-	명 눈앞, 목전

あの絶景を**まのあたり**にして、驚きを禁じ得なかった。
그 절경을 **눈앞**에 두고, 놀라움을 금할 수 없었다.

[문형] 명사 + を禁じ得ない ~을 금할 수 없다

1017 □□□

異国	いこく	명 이국

横浜の中華街は**異国**情緒が溢れ、粋な店が多い観光名所だ。
요코하마의 중화 거리는 **이국**정서가 넘쳐흐르고, 멋있는 가게가 많은 관광 명소이다.

1018 □□□

人出 ★	ひとで	명 인파, 군중

ゴールデンウイークとあって、池袋駅は**人出**が多かった。
골든 위크라서, 이케부쿠로 역에는 **인파**가 많았다.

골든 위크: 일본에서 4월 말에서 5월 초에 걸쳐 휴일이 이어지는 기간

[문형] 명사 + とあって ~라서

1019 □□□

人込み ★	ひとごみ	명 붐빔, 인파

休日の遊園地の**人込み**ときたら、入場すら難しいほどだ。
휴일의 유원지의 **붐빔**으로 말할 것 같으면, 입장조차 어려울 정도이다.

[문형] 명사 + ときたら ~으로 말할 것 같으면

1020 □□□

とぎれる	-	동 끊이다, 끊어지다

や　きゃく　にんきてん　じょうれん　おお
あのそば屋は客がとぎれない人気店で、常連も多いそうだ。
그 메밀국수집은 손님이 **끊이지 않는** 인기 있는 가게이고, 단골손님도 많다고 한다.

1021 □□□

紛れる ★	まぎれる	동 뒤섞이다

はんかがい　ひとなみ　まぎ　ともだち
繁華街の人波に紛れて友達とはぐれてしまった。
번화가의 인파에 **뒤섞여** 친구와 떨어져 버렸다.

1022 □□□

見失う ★	みうしなう	동 놓치다, 잃다

どうぶつえん　おや　みうしな　こども　まいご　つ　い
動物園で親を見失った子供を迷子センターに連れて行ってあげた。 동물원에서 부모를 **놓친** 아이를 미아 센터에 데려다 주었다.

1023 □□□

真ん前	まんまえ	명 바로 앞, 직전

みせ　かんこうめいしょ　ま　まえ
あの店は観光名所の真ん前にあるがゆえひっきりなしに
きゃく　く
客が来る。 그 가게는 관광 명소 **바로 앞**에 있기 때문에 끊임없이 손님이 온다.

[문형] 동사 보통형 + がゆえ ~때문에

1024 □□□

大概	たいがい	부 대개

わたし　そぼく　ふうけい　す　りょこう　たいがいちい　まち　い
私は素朴な風景が好きで旅行は大概小さな町に行く。
나는 소박한 풍경이 좋아서 여행은 **대개** 작은 마을로 간다.

1025 □□□

特産	とくさん	명 특산

りょこうさき　とくさんひん　か　にもつ
旅行先で特産品を買いすぎたばかりに荷物がかさばった。
여행지에서 **특산**품을 너무 산 바람에 짐의 부피가 커졌다.

[문형] 동사 た형 + ばかりに ~(한) 바람에

1026 □□□

雪像 | せつぞう | 명 설상

札幌(さっぽろ)というと、大小(だいしょう)の雪像(せつぞう)などが見(み)られる雪(ゆき)まつりが有名(ゆうめい)だ。
샷포로라고 하면, 크고 작은 **설상** 등을 볼 수 있는 눈 축제가 유명하다.

[문형] 명사 + というと ~라고 하면

1027 □□□

利点 | りてん | 명 이점

旅行(りょこう)の費用面(ひようめん)からいうと、国内(こくない)は海外(かいがい)より安(やす)いという利点(りてん)がある。 여행 비용 면에서 보면, 국내는 해외보다 싸다는 **이점**이 있다.

[문형] 명사 + からいうと ~에서 보면

1028 □□□

はまる | - | 동 빠지다, 꼭 들어맞다

去年(きょねん)の家族旅行(かぞくりょこう)を境(さかい)に、旅行(りょこう)にはまってしまいました。
작년의 가족 여행을 계기로, 여행에 **빠져** 버렸습니다.

[문형] 명사 + を境に ~을 계기로

1029 □□□

魅了 | みりょう | 명 매료

盆踊(ぼんおど)りを見(み)に来(き)た人々(ひとびと)は、煌(きら)びやかな衣装(いしょう)を着(き)た踊(おど)り子(こ)に魅了(みりょう)されていた。
본오도리를 보러 온 사람들은, 아름다운 의상을 입은 무용수에게 **매료**되었다.
(본오도리: 영혼을 위로하기 위해 추는 일본의 전통 춤)

1030 □□□

醍醐味 | だいごみ | 명 묘미, 참다운 즐거움

知(し)らない場所(ばしょ)で知(し)らない人(ひと)に会(あ)うのもまた旅行(りょこう)の醍醐味(だいごみ)なのだ。 모르는 장소에서 모르는 사람과 만나는 것도 또 여행의 **묘미**인 것이다.

1031 □□□

浮かれる | うかれる | 동 들뜨다, 신이 나다

彼(かれ)は一週間後(いっしゅうかんご)ヨーロッパに行(い)くので気分(きぶん)が浮(う)かれているようだ。 그는 일주일 후 유럽에 가기 때문에 기분이 **들떠** 있는 것 같다.

1032 □□□

興じる	きょうじる	동 재미를 붙이다, 흥겨워하다

かのじょ　さいきんぜんこく　び じゅつかんめぐ　きょう
彼女は最近全国の美術館巡りに興じています。
그녀는 최근 전국의 미술관 순례에 **재미를 붙이고** 있습니다.

1033 □□□

丸々	まるまる	부 전체, 전부, 온통

まるまるいっ　げつ　めぐ　りょこう　い
丸々一か月かけてオセアニアを巡るクルーズ旅行に行ってみたい。
전체 1개월에 걸쳐 오세아니아를 도는 크루즈 여행에 가 보고 싶다.

1034 □□□

真っ先 ★	まっさき	명 가장 먼저

つ　いな　ま　さき　む
リゾートホテルに着くや否や真っ先にプールに向かった。
리조트 호텔에 도착하자마자 **가장 먼저** 수영장으로 향했다.

[문형] 동사 사전형 + や否や ~(하)자마자

1035 □□□

実に ★	じつに	부 참으로, 실로

おおさか　はん か がい　どうとんぼり　や　や　じつ　おお
大阪の繁華街である道頓堀にはたこ焼き屋が実に多かった。
오사카의 번화가인 도톤보리에는 다코야키 가게가 **참으로** 많았다.

1036 □□□

切実だ	せつじつだ	な형 절실하다

とお で　は　せつじつ　いの
せっかくの遠出なので晴れることを切実に祈っている。
모처럼 멀리 나가기 때문에 맑기를 **절실히** 바라고 있다.

1037 □□□

費やす ★	ついやす	동 소비하다, 쓰다

おお　じ かん　つい　おやこうこうりょこう　た
多くの時間を費やして親孝行旅行のプランを立てた。
많은 시간을 **소비해서** 효도 여행의 플랜을 세웠다.

*<Day별 단어 퀴즈 PDF>를 활용하여 꼭 복습하세요.

완성 단어

1038 □□□	船舶 (せんぱく)	명 선박
1039 □□□	舵 (かじ)	명 키, 배의 조종 장비
1040 □□□	羅針盤 (らしんばん)	명 나침반
1041 □□□	搭乗 (とうじょう)	명 탑승
1042 □□□	乗り込む (の こ)	동 올라타다
1043 □□□	時速 (じそく)	명 시속
1044 □□□	離着陸 (りちゃくりく)	명 이착륙
1045 □□□	駐輪 (ちゅうりん)	명 자전거를 세워 둠
1046 □□□	停泊 (ていはく)	명 정박
1047 □□□	道端 (みちばた)	명 길가, 도로변
1048 □□□	曲がり角 (ま かど)	명 길모퉁이, 전환점, 분기점
1049 □□□	四つ角 (よ かど)	명 사거리, 네 모퉁이
1050 □□□	矢印 (やじるし)	명 화살표
1051 □□□	転覆 (てんぷく)	명 (열차·배 등의) 전복
1052 □□□	遠出 (とおで)	명 멀리 나감, 여행함
1053 □□□	行楽 (こうらく)	명 행락
1054 □□□	潜水 (せんすい)	명 잠수
1055 □□□	ときめく	동 두근거리다, 설레다
1056 □□□	静的だ (せいてき)	な형 정적이다
1057 □□□	うきうき	부 들뜬, 룰루랄라
1058 □□□	手ごたえ (て)	명 반응, 보람
1059 □□□	道順 (みちじゅん)	명 순서, 코스, 절차
1060 □□□	まごつく	동 당황하다, 갈팡질팡하다
1061 □□□	さまよう	동 방황하다
1062 □□□	足止め (あしど)	명 발이 묶임, 못 가게 말림
1063 □□□	はるばる	부 멀리
1064 □□□	民宿 (みんしゅく)	명 민박
1065 □□□	大入り (おおい)	명 입장객이 많음
1066 □□□	人波 (ひとなみ)	명 인파
1067 □□□	どさくさ	명 혼잡한 상태, 혼잡
1068 □□□	だらだら	부 줄줄, 질질
1069 □□□	解き放つ (と はな)	동 풀어주다, 해방하다
1070 □□□	手引き (てび)	명 안내, 안내인
1071 □□□	見惚れる (み と)	동 넋을 잃고 보다
1072 □□□	眩い (まばゆ)	い형 눈부시다, 눈부시게 아름답다
1073 □□□	名産 (めいさん)	명 명산, 명물
1074 □□□	盛況 (せいきょう)	명 성황
1075 □□□	引き寄せる (ひ よ)	동 끌어당기다, 유인하다
1076 □□□	余地 (よち)	명 여지
1077 □□□	掛け値 (か ね)	명 값을 더 부름, 과장
1078 □□□	足が出る (あし で)	(지출이) 예산을 넘다, 탄로나다
1079 □□□	あえぐ	동 헐떡이다, 숨차하다

DAY 14 장소·지역

MP3 바로 듣기

1080 □□□

商店街	しょうてんがい	명 상점가

成人の日、商店街はきれいに着飾った人々でごった返していた。 성년의 날, **상점가**는 예쁘게 차려입은 사람들로 붐볐다.

1081 □□□

町並み	まちなみ	명 시가지

歴史的な資料に基づいて昔の町並みを再現しました。
역사적인 자료에 근거해서 옛날의 **시가지**를 재현했습니다.

[문형] 명사 + に基づいて ~에 근거해서

1082 □□□

境内	けいだい	명 (신사의) 경내

神社の境内にある木の枝におみくじが結んであった。
신사의 **경내**에 있는 나뭇가지에 오미쿠지가 묶여 있었다.
오미쿠지: 길흉을 점치기 위해 뽑는 제비

1083 □□□

職場	しょくば	명 직장

職場まで片道2時間かかるので、行き来するだけでへとへとになる。 **직장**까지 편도 2시간 걸리기 때문에, 왕래하는 것만으로 녹초가 된다.

1084 □□□

進学塾	しんがくじゅく	명 진학 학원

進学塾に通うとしたって、自ら進んで勉強しなければ意味がない。 **진학 학원**에 다녀 봤자, 스스로 적극적으로 공부하지 않으면 의미가 없다.

[문형] 동사 보통형 + としたって ~(해) 봤자

1085 □□□

小児科 | **しょうにか** | 명 소아과

この小児科は高校生でも受診することができます。
이 **소아과**는 고등학생이라도 진찰을 받을 수 있습니다.

1086 □□□

休憩室 | **きゅうけいしつ** | 명 휴게실

業務中、休憩室で軽くストレッチして肩をほぐした。
업무 중, **휴게실**에서 가볍게 스트레칭해서 어깨를 풀었다.

1087 □□□

溜まり | **たまり** | 명 웅덩이, 고인 곳, 모이는 곳

道端にできた水溜まりで長靴を履いた子供たちが遊んでいた。 길가에 생긴 물**웅덩이**에서 장화를 신은 아이들이 놀고 있었다.

1088 □□□

丘陵 ★ | **きゅうりょう** | 명 구릉

この建物は丘陵地にあるだけあって、遠いところまで一望できる。 이 건물은 **구릉**지에 있는 만큼, 먼 곳까지 한눈에 바라볼 수 있다.

[문형] 동사 보통형 + だけあって ~(인) 만큼

1089 □□□

崖 | **がけ** | 명 절벽, 낭떠러지, 벼랑

崖から海に飛び込むなんて危険極まりない行為だ。
절벽에서 바다에 뛰어들다니 위험하기 그지없는 행위이다.

[문형] な형용사 어간 + 極まりない ~(하)기 그지없다

1090 □□□

沼 ★ | **ぬま** | 명 늪, 습지

沼は多様な生物の命を育む上に、水も浄化する。
늪은 다양한 생물의 생명을 키우는 데다가, 물도 정화한다.

[문형] 동사 보통형 + 上に ~(한) 데다가

1091 □□□

松原	まつばら	명 솔밭

海に近い松原には風による被害を防ぐ防風林の機能がある。 바다에 가까운 **솔밭**에는 바람에 의한 피해를 막는 방풍림의 기능이 있다.

1092 □□□

立ち寄る	たちよる	동 들르다, 가까이 가다

食料品を買うため、仕事の帰り道にスーパーへ立ち寄った。
식료품을 사기 위해, 퇴근길에 슈퍼에 들렀다.

1093 □□□

華やかだ ★	はなやかだ	な형 화려하다

照明を変えただけで部屋が華やかになった気がする。
조명을 바꾼 것만으로 방이 **화려해**진 느낌이 든다.

1094 □□□

名高い	なだかい	い형 유명하다

この町はしゃれた住宅が集まっていることで名高い。
이 마을은 세련된 주택이 모여 있는 것으로 **유명하다**.

1095 □□□

広大だ ★	こうだいだ	な형 광대하다

あのホテルはカートで移動するほど広大な敷地に建てられている。
그 호텔은 카트로 이동할 정도로 **광대한** 부지에 세워져 있다.

1096 □□□

繁盛 ★	はんじょう	명 번성, 번창

この店は繁盛どころかどんどん客が減って経営が難しい状況だ。 이 가게는 **번성**은커녕 점점 손님이 줄어 경영이 어려운 상황이다.

[문형] 명사 + どころか ~은커녕

1097 □□□

傍ら	かたわら	명 옆, 곁

裏庭(うらにわ)にある花壇(かだん)の傍(かたわ)らで家庭菜園(かていさいえん)を始(はじ)めた。
뒤뜰에 있는 화단 옆에서 텃밭을 시작했다.

1098 □□□

廃墟	はいきょ	명 폐허

あの遊園地(ゆうえんち)の廃墟(はいきょ)で幽霊(ゆうれい)が出(で)るという噂(うわさ)を聞(き)いたことがある。 그 유원지의 **폐허**에서 유령이 나온다는 소문을 들은 적이 있다.

1099 □□□

くまなく ★	-	부 구석구석

久(ひさ)しぶりに晴(は)れたことだし、窓(まど)を開(あ)けて家(いえ)をくまなく掃除(そうじ)しよう。 오랜만에 날씨가 갰으니, 창문을 열고 집을 **구석구석** 청소하자.

[문형] 동사 보통형 + ことだし ~(하)니

1100 □□□

空き	あき	명 빈 공간

このくらい空(あ)きがあるならベッドを置(お)くのに十分(じゅうぶん)だとみえる。 이 정도 **빈 공간**이 있다면 침대를 두는데 충분한 것 같다.

[문형] な형용사 어간 だ + とみえる ~인 것 같다

관련어 空き巣 あきす 명 빈 둥지, 빈집

1101 □□□

仰ぐ	あおぐ	동 우러러보다

屋根裏部屋(やねうらべや)の天窓(てんまど)から夜空(よぞら)を仰(あお)ぐと、煌々(こうこう)と輝(かがや)く星(ほし)が見(み)える。 다락방의 천창에서 밤하늘을 **우러러보**면, 반짝반짝 빛나는 별이 보인다.

1102 □□□

群衆 ★	ぐんしゅう	명 군중

野球場(やきゅうじょう)に集(あつ)まった群衆(ぐんしゅう)は木村選手(きむらせんしゅ)の活躍(かつやく)に歓声(かんせい)を上(あ)げた。
야구장에 모인 **군중**은 기무라 선수의 활약에 환성을 높였다.

1103 □□□

雑踏 ★	ざっとう	명 혼잡, 붐빔

と かい　ざっとう　つか　とき　しず　もり　なか　さん ぽ
都会の雑踏に疲れた時は静かな森の中を散歩するに
かぎ
限る。 도시의 **혼잡**에 지쳤을 때에는 조용한 숲속을 산책하는 것이 최고다.

[문형] 동사 사전형 + に限る ~이 최고다

1104 □□□

賑わう ★	にぎわう	동 북적거리다

とうきょう　だいひょう　かんこう ち　あさくさ　かんこうきゃく　にぎ
東京を代表する観光地、浅草はいつも観光客で賑わって
いる。 도쿄를 대표하는 관광지, 아사쿠사는 언제나 관광객으로 **북적거리고** 있다.

1105 □□□

密集 ★	みっしゅう	명 밀집

こうそう　みっしゅう　ち いきぜんたい　き おん　あ
高層ビルが密集するとその地域全体の気温が上がるお
それがある。 고층 빌딩이 **밀집**하면 그 지역 전체의 기온이 올라갈 우려가 있다.

[문형] 동사 사전형 + おそれがある ~(할) 우려가 있다

1106 □□□

街道	かいどう	명 가도, 큰 길거리

かいどう　そ　う　さくらなみ き　むら
街道に沿って植えられているきれいな桜並木はこの村の
めいしょ
名所である。 **가도**를 따라 심어져 있는 예쁜 벚꽃길은 이 마을의 명소이다.

[문형] 명사 + に沿って ~를 따라

1107 □□□

遠方	えんぽう	명 먼 곳

けっこん　いわ　えんぽう　しんせき　あし　はこ
結婚を祝うために、遠方から親戚が足を運んでくれた。
결혼을 축하하기 위해서, **먼 곳**에서 친척이 방문해 주었다.

1108 □□□

遠ざかる	とおざかる	동 멀어지다

つき　まいとしすこ　ち きゅう　とお
月は毎年少しずつではあるが地球から遠ざかっていると
いう。 달은 매년 조금씩이기는 하지만 지구로부터 **멀어지고** 있다고 한다.

1109 □□□

背景 ★	はいけい	명 배경

小説「雪国」は、筆者が経験した温泉街での出会いが背景にある。 소설 '설국'은, 필자가 경험한 온천 마을에서의 만남이 **배경**으로 있다.

1110 □□□

拠点 ★	きょてん	명 거점

A社は今年から来年にかけて製造拠点をアジアに移す予定だ。 A 사는 올해부터 내년에 걸쳐 제조 **거점**을 아시아로 옮길 예정이다.

[문형] 명사 + から + 명사 + にかけて ~부터 …에 걸쳐

1111 □□□

分割	ぶんかつ	명 분할

祖父は所有していた土地を分割し、遺産として家族に分け与えた。
할아버지는 소유하고 있던 토지를 **분할**해, 유산으로서 가족에게 나누어 주었다.

1112 □□□

傾斜 ★	けいしゃ	명 경사

雪がたくさん降る地域は総じて屋根の傾斜が急である。
눈이 많이 내리는 지역은 대체로 지붕의 **경사**가 급하다.

1113 □□□

壮大だ ★	そうだいだ	な형 장대하다

グランドキャニオンの壮大な景色に興奮を禁じ得なかった。
그랜드 캐니언의 **장대한** 경치에 흥분을 금할 수 없었다.

[문형] 명사 + を禁じ得ない ~을 금할 수 없다

1114 □□□

空中 ★	くうちゅう	명 공중

夕日に輝く山が空中を漂う雲と相まって、とても神秘的だった。 석양에 빛나는 산이 **공중**을 떠도는 구름과 어우러져, 매우 신비로웠다.

[문형] 명사 + と相まって ~과 어우러져

1115 □□□

最大 | **さいだい** | 명 최대

上海は世界最大の人口を持つ都市で、2500万人もの人が住んでいる。
상하이는 세계 **최대**의 인구를 갖는 도시로, 2500만명이나 되는 사람이 살고 있다.

1116 □□□

人影 | **ひとかげ** | 명 사람의 자취, 인영

賑やかな表通りにひきかえ裏通りは人影がなく閑静だった。
떠들썩한 큰길에 비해 뒷골목은 **사람의 자취**가 없고 조용했다.

[문형] 명사 + にひきかえ ~에 비해

1117 □□□

平原 | **へいげん** | 명 평원

いつか馬に乗って平原を疾走してみたいという夢がある。
언젠가 말을 타고 **평원**을 질주해 보고 싶다는 꿈이 있다.

1118 □□□

高地 | **こうち** | 명 고지, 높은 땅

高地で冷涼な気候のA村はレタスの生産に適している。
고지여서 차갑고 서늘한 기후의 A 마을은 양상추의 생산에 적합하다.

1119 □□□

島国 | **しまぐに** | 명 섬나라

日本は四方が海に囲まれた島国であるだけに海洋資源が豊富だ。 일본은 사방이 바다에 둘러싸인 **섬나라**인 만큼 해양 자원이 풍부하다.

1120 □□□

都市部 | **としぶ** | 명 도시 지역, 도시권

政府は都市部と農村部におけるインフラ格差の解消に努めている。 정부는 **도시 지역**과 농촌 지역의 인프라 격차 해소에 힘쓰고 있다.

[문형] 명사 + における ~의

*<Day별 단어 퀴즈 PDF>를 활용하여 꼭 복습하세요.

완성 단어

1121 □□□	墓地 (ぼち)	명 묘지
1122 □□□	街頭 (がいとう)	명 가두, 길거리
1123 □□□	路地 (ろじ)	명 골목(길)
1124 □□□	袋小路 (ふくろこうじ)	명 막다른 골목(길)
1125 □□□	岐路 (きろ)	명 기로, 갈림길
1126 □□□	歯科 (しか)	명 치과
1127 □□□	法廷 (ほうてい)	명 법정
1128 □□□	土手 (どて)	명 둑, 제방
1129 □□□	堤防 (ていぼう)	명 제방
1130 □□□	てっぺん	명 꼭대기
1131 □□□	頂 (いただき)	명 (산)꼭대기, 정상
1132 □□□	峰 (みね)	명 봉우리
1133 □□□	洞 (ほら)	명 동굴, 굴
1134 □□□	鉱山 (こうざん)	명 광산
1135 □□□	海峡 (かいきょう)	명 해협
1136 □□□	干潟 (ひがた)	명 간석지, 갯벌
1137 □□□	地中 (ちちゅう)	명 지하, 땅속
1138 □□□	農地 (のうち)	명 농지
1139 □□□	仕切る (しきる)	동 칸막이하다
1140 □□□	斜め (なな)	명 경사짐, 경사
1141 □□□	斜面 (しゃめん)	명 경사면

1142 □□□	当地 (とうち)	명 이 지방, 현지
1143 □□□	片隅 (かたすみ)	명 한쪽 구석
1144 □□□	圏内 (けんない)	명 권내
1145 □□□	所在 (しょざい)	명 소재
1146 □□□	隣接 (りんせつ)	명 인접, 이웃함
1147 □□□	畔 (ほとり)	명 부근, 근처, 가장자리
1148 □□□	見晴らし (みは)	명 전망, 조망
1149 □□□	連ねる (つら)	동 늘어놓다, 동반하다
1150 □□□	ざわざわ	부 웅성웅성, 술렁술렁
1151 □□□	地主 (じぬし)	명 지주, 땅 주인
1152 □□□	満場 (まんじょう)	명 만장, 회장 전체
1153 □□□	物々しい (ものもの)	い형 위엄이 있다, 삼엄하다
1154 □□□	大地 (だいち)	명 대지
1155 □□□	荒れ地 (あ ち)	명 황무지, 거친 땅
1156 □□□	高原 (こうげん)	명 고원
1157 □□□	海原 (うなばら)	명 넓은 바다, 창해
1158 □□□	郷土 (きょうど)	명 향토
1159 □□□	郷里 (きょうり)	명 고향, 향리
1160 □□□	欧州 (おうしゅう)	명 유럽
1161 □□□	高低 (こうてい)	명 고저, 높낮이
1162 □□□	随所 (ずいしょ)	명 도처, 여기저기

DAY 15

학교생활

MP3 바로 듣기

1163 □□□

教訓 ★ | **きょうくん** | 명 교훈

今回(こんかい)の失敗(しっぱい)から得(え)た教訓(きょうくん)を生(い)かして、次(つぎ)の試験(しけん)は絶対(ぜったい)に受(う)かりたい。 이번의 실패로부터 얻은 **교훈**을 살려서, 다음 시험은 반드시 붙고 싶다.

1164 □□□

熟知 ★ | **じゅくち** | 명 숙지

基礎的(きそてき)な英文法(えいぶんぽう)の熟知(じゅくち)なしに、この授業(じゅぎょう)を理解(りかい)することは難(むずか)しい。 기초적인 영문법의 **숙지** 없이, 이 수업을 이해하는 것은 어렵다.

[문형] 명사 + なしに ~없이

1165 □□□

群がる | **むらがる** | 동 떼 지어 모이다, 군집하다

体育館(たいいくかん)にはバレー部(ぶ)の試合(しあい)を見(み)にきた学生(がくせい)が群(むら)がっていた。 체육관에는 배구부의 시합을 보러 온 학생이 **떼 지어 모여** 있었다.

1166 □□□

受け持つ | **うけもつ** | 동 맡다, 담임하다

うちの娘(むすめ)のクラスを受(う)け持(も)つのは体育(たいいく)の太田先生(おおたせんせい)だ。
우리 딸의 반을 **맡는** 것은 체육의 오타 선생님이다.

1167 □□□

励む ★ | **はげむ** | 동 힘쓰다

高校(こうこう)3年生(ねんせい)になったので、以前(いぜん)にもまして勉強(べんきょう)に励(はげ)むつもりです。 고등학교 3학년이 되었기 때문에, 이전보다 더 공부에 **힘쓸** 생각입니다.

[문형] 명사 + にもまして ~보다 더

1168 □□□

打ち込む ★	うちこむ	동 열중하다, 전념하다

部活の練習に打ち込みすぎて、日が暮れるのも忘れていた。
동아리 활동 연습에 너무 **열중해**서, 해가 지는 것도 잊고 있었다.

1169 □□□

取り組む	とりくむ	동 매진하다, 몰두하다

教員として生徒が良い学校生活が送れるよう指導に取り組んでいる。
교원으로서 학생이 좋은 학교생활을 보낼 수 있도록 지도에 **매진하고** 있다.

1170 □□□

懸命に	けんめいに	열심히, 애써

留学することを決めてからというもの、懸命に英語を勉強している。 유학하는 것을 결정하고부터는, **열심히** 영어를 공부하고 있다.

[문형] 동사 て형 + からというもの ~(하)고부터는

1171 □□□

めきめき ★	-	부 부쩍, 무럭무럭

息子は進学塾に通い始めてから、成績がめきめき伸びてきた。 아들은 진학 학원에 다니기 시작하고 나서, 성적이 **부쩍** 늘었다.

1172 □□□

糧	かて	명 양식, 식량, 원천

高校生活で学んだことを糧にし、今後も精進していきたい。
고교 생활에서 배운 것을 **양식** 삼아, 앞으로도 정진해 가고 싶다.

1173 □□□

秘める ★	ひめる	동 지니다, 간직하다, 숨기다

無限の可能性を秘めている学生たちを良い方向に導く先生になりたい。
무한한 가능성을 **지니고** 있는 학생들을 좋은 방향으로 인도하는 선생님이 되고 싶다.

1174 □□□

良好だ	りょうこうだ	な형 양호하다, 좋다

かのじょ　りょうこう　せいせき　いがくぶ　めざ
彼女の良好な成績であれば、医学部を目指せないものでもない。 그녀의 **양호한** 성적이라면, 의학부를 목표로 하지 못할 것도 없다.

[문형] 동사 ない형 + ないものでもない ~못할 것도 없다

1175 □□□

劣る ★	おとる	동 (실력, 능력이) 뒤떨어지다

わたし　かれ　せいせき　うんどうのうりょく　かん　わたし　ほう
私は彼より成績がいいが、運動能力に関しては私の方が
おと
劣る。 나는 그보다 성적이 좋지만, 운동 능력에 관해서는 내 쪽이 **뒤떨어진다**.

1176 □□□

不振	ふしん	명 부진

せんもんか　い　がくぎょう　ふしん　ふとうこう　げんいん
専門家に言わせれば、学業の不振も不登校の原因になるらしい。 전문가가 말하기로는, 학업 **부진**도 등교 거부의 원인이 된다고 한다.

[문형] 명사 + に言わせれば ~가 말하기로는

1177 □□□

抱負 ★	ほうふ	명 포부

さくぶん　こうこうせいかつ　ほうふ　いきご
作文のテーマは高校生活への抱負と意気込みです。
작문의 테마는 고등학교 생활에 대한 **포부**와 열정입니다.

1178 □□□

みっしり ★	-	부 가득, 충실히

きょうじゅ　けんきゅうしつ　ほんだな　せんもんしょ　すきま
教授の研究室にある本棚には専門書が隙間なくみっしり
なら
並んでいた。
교수님의 연구실에 있는 책장에는 전문서가 빈틈없이 **가득** 꽂혀져 있었다.

1179 □□□

何とか ★	なんとか	부 어떻게든, 간신히

れんしゅう　たいいくさい　なん　さいかい　まぬが
練習したおかげか、体育祭のリレーで何とか最下位を免れた。
연습한 덕인지, 운동회의 이어달리기에서 **어떻게든** 최하위를 면했다.

1180 □□□

断念 ★	だんねん	명 단념

彼(かれ)は経済的(けいざいてき)に苦(くる)しく、生計(せいけい)を立(た)てるために進学(しんがく)を断念(だんねん)したそうだ。 그는 경제적으로 힘들어서, 생계를 꾸리기 위해 진학을 **단념**했다고 한다.

1181 □□□

没収	ぼっしゅう	명 몰수

校則上(こうそくじょう)、生徒(せいと)が授業中(じゅぎょうちゅう)にスマホを使(つか)ったら、没収(ぼっしゅう)せざるを得(え)ない。 교칙상, 학생이 수업 중에 스마트폰을 사용하면, **몰수**하지 않을 수 없다.

[문형] 동사 ない형 + ざるを得ない ~하지 않을 수 없다
★ 예외 する → せざるを得ない

1182 □□□

無断	むだん	명 무단

事情(じじょう)があるといえども、学校(がっこう)を無断(むだん)で欠席(けっせき)してはいけません。 사정이 있다고 할지라도, 학교를 **무단**으로 결석해서는 안 됩니다.

[문형] 동사 보통형 + といえども ~(라)고 할지라도

1183 □□□

ややこしい	-	い형 까다롭다, 복잡하다

ややこしい数学(すうがく)の問題(もんだい)も彼女(かのじょ)は分(わ)かりやすく教(おし)えてくれる。
까다로운 수학 문제도 그녀는 알기 쉽게 가르쳐 준다.

1184 □□□

逸脱 ★	いつだつ	명 일탈, 벗어남

規範(きはん)から逸脱(いつだつ)した行動(こうどう)を取(と)る生徒(せいと)が多(おお)くて先生(せんせい)は手(て)を焼(や)いている。 규범에서 **일탈**한 행동을 하는 학생이 많아서 선생님은 애를 먹고 있다.

1185 □□□

結束 ★	けっそく	명 결속

学園祭(がくえんさい)を境(さかい)にクラスの結束(けっそく)が固(かた)くなった気(き)がする。
학교 축제를 계기로 학급의 **결속**이 단단해진 느낌이 든다.

[문형] 명사 + を境に ~를 계기로

1186 □□□

名簿	めいぼ	명 명부

きょうじゅ　じゅこうせい　めいぼ　み　しゅっせき　と
教授は受講生の名簿を見ながら出席を取った。
교수는 수강생 **명부**를 보면서 출석을 불렀다.

1187 □□□

記述	きじゅつ	명 기술, 글로 쓰는 것

きじゅつもんだい　してい　もじすういない　こた
記述問題は、指定された文字数以内で答えなければいけない。 **기술** 문제는, 지정된 글자 수 이내로 작성해야 한다.

1188 □□□

諦める ★	あきらめる	동 포기하다, 단념하다

しぼうこう　もくひょう　けんめい　べんきょう　いまさらあきら　き
志望校を目標に懸命に勉強してきたから、今更諦める気はない。
지망 학교를 목표로 열심히 공부해 왔기 때문에, 이제 와서 **포기할** 마음은 없다.

1189 □□□

ひとまず ★	-	부 일단

しけん　けっか　がんば　やす　おも
試験の結果はさておき、頑張ったからひとまず休みたいと思う。 시험의 결과는 제쳐두고, 열심히 했기 때문에 **일단** 쉬고 싶다고 생각한다.

[문형] 명사 + はさておき ~는 제쳐두고

1190 □□□

どうやら	-	부 아무래도

きょう　しんがっき　みんな　う
今日から新学期だからかどうやら皆浮かれているようだ。
오늘부터 새 학기여서인지 **아무래도** 모두 들떠 있는 것 같다.

1191 □□□

随時 ★	ずいじ	부 수시로, 때때로

がっこう　しつ　ずいじそうだん　う　つ
学校のカウンセリング室で随時相談を受け付けています。
학교의 상담실에서 **수시로** 상담을 접수하고 있습니다.

1192 □□□

憧れ	あこがれ	명 동경

あこが　せんぱい　そつぎょう　いわ　ことば　つた
憧れの先輩が卒業したのに、お祝いの言葉も伝えずじまいだった。 **동경**하는 선배가 졸업했는데, 축하의 말도 전하지 못하고 끝났다.

[문형] 동사 ない형 + ずじまいだ ~(하)지 못하고 끝나다

1193 □□□

選考	せんこう	명 전형, 선고

めんせつ　しょうろんぶん　せんこう　たいがい　がつ　はじ
面接や小論文などの選考は大概７月に始まる。
면접이나 소논문 등의 **전형**은 대개 7월에 시작된다.

1194 □□□

入学金	にゅうがくきん	명 입학금

だいがく　にゅうがく　がくひ　べつ　にゅうがくきん　はら
大学に入学するには学費とは別に入学金を払わなければならない。 학교에 입학하려면 학비와는 별개로 **입학금**을 지불해야 한다.

1195 □□□

受験生	じゅけんせい	명 수험생

じゅけんせい　あいだ　せいえい　こうしじん　そろ　なだか　じゅく
受験生の間で精鋭の講師陣が揃っていると名高い塾に
かよ　はじ
通い始めた。
수험생 사이에서 정예 강사진이 모여 있다고 유명한 학원에 다니기 시작했다.

1196 □□□

しくじる ★	-	동 실패하다, 실수하다

ぜんかい　せいせき　こんかい　ぜったい
前回のテストの成績がよくなかったので、今回は絶対しくじれない。 저번 시험 성적이 좋지 않았기 때문에, 이번엔 절대 **실패할** 수 없다.

1197 □□□

部内	ぶない	명 부내

かれ　たこう　しあい　ぶない　れんしゅう
エースの彼が他校との試合ならいざしらず部内の練習
じあい　ま
試合で負けるとは。
에이스인 그가 타교와의 시합이면 몰라도 **부내** 연습 시합에서 질 줄이야.

[문형] 명사 + ならいざしらず ~이면 몰라도

DAY 15

해커스 JLPT 기출 단어장 N1

1198 □□□

付属/附属 ★ | **ふぞく** | 명 부속

だいがく　ふ ぞく　こうこう　きょういくじっしゅう　う
大学に付属する高校で教育実習を受けることになりました。 대학에 **부속**하는 고등학교에서 교육 실습을 받게 되었습니다.

1199 □□□

教養講座 | **きょうようこうざ** | 명 교양 강좌

きょうようこう ざ　ざいがくせい　かぎ　しゃかいじん　ちょうこう
この教養講座は在学生に限らず、社会人も聴講できる。
이 **교양 강좌**는 재학생뿐 아니라, 사회인도 청강할 수 있다.

[문형] 명사 + に限らず ~뿐 아니라

1200 □□□

落書き | **らくがき** | 명 낙서

とうこう　こくばん　だれ　か　わ　らく が
登校したら、黒板に誰が書いたか分からない落書きがあった。
등교했더니, 칠판에 누가 썼는지 모르는 **낙서**가 있었다.

1201 □□□

教材 | **きょうざい** | 명 교재

じゅく　きょうざい　か　ともだち　か
塾の教材を買いそびれて、友達に借りるしかなかった。
학원 **교재**를 사지 못해서, 친구에게 빌릴 수밖에 없었다.

[문형] 동사 ます형 + そびれる ~(하)지 못하다

1202 □□□

文具 | **ぶんぐ** | 명 문구

しんがっ き　あした　ひか　あたら　ぶん ぐ
新学期を明日に控えて新しいノートやペンなどの文具を
か
買った。 새 학기를 내일로 앞두고 새 노트나 펜 등의 **문구**를 샀다.

[문형] 명사 + を + 명사 + に控えて ~를 …로 앞두고

1203 □□□

推薦状 | **すいせんじょう** | 명 추천장

だいがくいん　しゅつがん　きょうじゅ　すいせんじょう　か
アメリカの大学院に出願するべく、教授に推薦状を書いてもらった。 미국의 대학원에 원서를 내기 위해, 교수님께서 **추천장**을 써 주셨다.

[문형] 동사 사전형 + べく ~(하)기 위해

*<Day별 단어 퀴즈 PDF>를 활용하여 꼭 복습하세요.

완성 단어

1204 □□□	ほんこう	本校	명 본교
1205 □□□	てんこう	転校	명 전학
1206 □□□	しんにん	新任	명 신임
1207 □□□	おさ	修める	동 수양하다, 수학하다
1208 □□□	ど わす	度忘れ	명 깜빡 잊음
1209 □□□	おぼ	うろ覚え	명 어슴푸레한 기억
1210 □□□	あとまわ	後回し	명 뒤로 미룸, 보류
1211 □□□	あんざん	暗算	명 암산
1212 □□□	ぶん ぼ	分母	명 분모
1213 □□□	じゅけんべんきょう	受験勉強	명 수험 공부
1214 □□□	くうはく	空白	명 공백
1215 □□□	すす	進んで	부 자진해서, 기꺼이
1216 □□□	はら	腹をくくる	마음을 굳게 먹다, 각오하고 결심하다
1217 □□□	つ すす	突き進む	동 돌진하다
1218 □□□	きんべん	勤勉だ	な형 근면하다
1219 □□□	き ち	気が散る	마음이 흐트러지다, 산만해지다
1220 □□□	けっせい	結成	명 결성
1221 □□□	まじ	交わる	동 사귀다, 교제하다
1222 □□□	ぜん と	前途	명 전도, 장래
1223 □□□	こ	懲らしめる	동 징계하다, 응징하다
1224 □□□	いんそつ	引率	명 인솔
1225 □□□	たんどく	単独	명 단독
1226 □□□	か げん	下限	명 하한, 최저한도
1227 □□□	しょくん	諸君	명 제군, 여러분
1228 □□□	にゅうがく し けん	入学試験	명 입학시험
1229 □□□	ごうかく き がん	合格祈願	명 합격 기원
1230 □□□	がく し	学士	명 학사
1231 □□□	ふくせんこう	副専攻	명 부전공
1232 □□□	だいがくさい	大学祭	명 대학 축제
1233 □□□	しゃおんかい	謝恩会	명 사은회
1234 □□□	がっしょう	合唱	명 합창
1235 □□□	す さ	過ぎ去る	동 지나가 버리다
1236 □□□	ぜっこう	絶好	명 절호
1237 □□□	へいきん か	平均化	명 평균화
1238 □□□	ぞうきょう	増強	명 증강
1239 □□□	なん	難なく	부 어려움 없이
1240 □□□	に つぎ	二の次	명 나중 문제, 뒷전
1241 □□□	ういうい	初々しい	い형 앳되다, 싱싱하다
1242 □□□	ふ せん	付箋	명 부전, 쪽지, 접착식 메모지
1243 □□□	しょうじょう	賞状	명 상장
1244 □□□	さいゆうしゅうしょう	最優秀賞	명 최우수상
1245 □□□	いちよう	一様だ	な형 똑같다

DAY 16 교육·학문

MP3 바로 듣기

1246 □□□

自主	じしゅ	명 자주

生徒の成績向上はもちろん自主的な学習態度の形成も目指しています。
학생의 성적 향상은 물론 **자주**적인 학습 태도 형성도 목표로 하고 있습니다.

1247 □□□

自発性	じはつせい	명 자발성

社員の自発性を高めるために様々な教育プログラムを行っている。 사원의 **자발성**을 높이기 위해 여러 교육 프로그램을 시행하고 있다.

1248 □□□

適性	てきせい	명 적성

この検査は教員として適性がある人を選抜するためのものです。 이 검사는 교원으로서 **적성**이 있는 사람을 선발하기 위한 것입니다.

1249 □□□

潜在力	せんざいりょく	명 잠재력

本校では、学生の潜在力を引き出す体験活動を充実させています。 본교에서는, 학생의 **잠재력**을 이끌어내는 체험 활동을 충실히 하고 있습니다.

1250 □□□

健全だ	けんぜんだ	な형 건전하다

教育委員会は青少年の健全な育成のために設立されました。 교육 위원회는 청소년의 **건전한** 육성을 위해 설립되었습니다.

1251 □□□

画一的だ ★ | **かくいつてきだ** | **な형** 획일적이다

かくいつてき　こじん　せいちょう　あ　きょういく
画一的ではなく個人の成長に合わせた教育をすべきではないか。 **획일적이지** 않고 개인의 성장에 맞춘 교육을 해야 하지 않을까?

[문형] 동사 사전형 + べきだ ~(해)야 한다 ★예외 する → すべきだ / 동사 보통형 + ではないか ~(하)지 않을까?

1252 □□□

悩ましい | **なやましい** | **い형** 고민스럽다, (고민이 있어) 괴롭다

こども　かんが　きょういくかんきょう　よ　ちいき　てんきょ　なや
子供を考え、教育環境の良い地域に転居すべきか悩ましい。
아이를 생각해, 교육 환경이 좋은 지역으로 이사해야 할지 **고민스럽다**.

1253 □□□

紛らわしい ★ | **まぎらわしい** | **い형** 헷갈리다

ほん　よ　かた　まぎ　たんご　おお　じしょ
この本には読み方が紛らわしい単語が多く、辞書なくしては
よ
読めない。 이 책에는 읽는 법이 **헷갈리는** 단어가 많아서, 사전 없이는 읽지 못한다.

[문형] 명사 + なくしては ~없이는

1254 □□□

停滞 | **ていたい** | **명** 정체

がくしゅう　ていたいき　あたら　まな　ふくしゅう　ほう
学習の停滞期には新しいことを学ぶより復習した方がいいという。 학습 **정체**기에는 새로운 것을 배우기보다 복습하는 편이 좋다고 한다.

1255 □□□

熱意 | **ねつい** | **명** 열의

ねつい　あふ　は　き　べんきょう　こ
このクラスには、熱意に溢れていて張り切って勉強する子が
おお
多い。 이 학급에는, **열의**가 넘쳐서 힘을 내서 공부하는 아이가 많다.

1256 □□□

概論 | **がいろん** | **명** 개론

だいがく　きょうようこうざ　しゃかいがくがいろん　べんきょう
大学の教養講座で社会学概論を勉強したことがあります。
대학의 교양 강좌에서 사회학 **개론**을 공부한 적이 있습니다.

1257 □□□

概説	がいせつ	명 (간략한) 설명, 개설

ほんかくてき　こうぎ　はい　まえ　にほんし　なが　かんたん　がいせつ
本格的に講義に入る前に、日本史の流れを簡単に概説します。
본격적으로 강의에 들어가기 전에, 일본사의 흐름을 간단하게 **설명**하겠습니다.

1258 □□□

概要	がいよう	명 개요

ほんがっか　きょういくかてい　がいよう　の
本学科の教育課程の概要はホームページに載っています。
본 학과의 교육 과정의 **개요**는 홈페이지에 실려 있습니다.

1259 □□□

概念	がいねん	명 개념

ほん　おうしゅう　きょうさんしゅぎ　がいねん　なん　りかい
この本のおかげで欧州の共産主義の概念が難なく理解できた。 이 책 덕분에 유럽의 공산주의 **개념**을 어려움 없이 이해할 수 있었다.

1260 □□□

観念	かんねん	명 관념

がくせい　こていかんねん　うたが　おし
学生たちには固定観念にとらわれず、まず疑ってみろと教えている。
학생들에게는 고정 **관념**에 사로잡히지 말고, 우선 의심해 보라고 가르치고 있다.

1261 □□□

観点	かんてん	명 관점

ゆうれつ　かんてん　がくせい　ひょうか　この　おも
優劣の観点だけで学生を評価するのは好ましくないと思う。
우열의 **관점**만으로 학생을 평가하는 것은 바람직하지 않다고 생각한다.

1262 □□□

推移 ★	すいい	명 추이

しゃかいがく　ろんぶん　か　とし　じんこうすいい　しら
社会学の論文を書くために都市の人口推移を調べた。
사회학의 논문을 쓰기 위해서 도시의 인구 **추이**를 조사했다.

1263 □□□

目安 ★	めやす	명 목표, 기준

こども　ひつよう　きょういくひ　めやす　こうりょ　ともばたら
子供に必要な教育費の目安を考慮すると、共働きは
ふかけつ
不可欠だ。 아이에게 필요한 교육비의 **목표**를 고려하면, 맞벌이는 불가결하다.

1264 □□□

臨む ★	のぞむ	동 임하다, 당면하다

きょういくじっしゅう　のぞ　う　も　じゅぎょう　じゅんび
教育実習に臨むにあたり、受け持つ授業の準備をした。
교육 실습에 **임하기**에 앞서, 담당할 수업의 준비를 했다.

[문형] 동사 사전형 + にあたり ~에 앞서

1265 □□□

施す ★	ほどこす	동 행하다, 베풀다

きょういくかくさ　せいふ　ていしょとくそう　む　しえん
教育格差をなくすべく、政府は低所得層向けの支援を
ほどこ
施している。 교육 격차를 없애기 위해, 정부는 저소득층 대상의 지원을 **행하고** 있다.

[문형] 동사 사전형 + べく ~(하)기 위해 ★예외 する → すべく

1266 □□□

奨励	しょうれい	명 장려

し　じもと　だいがくせい　べんがく　しょうれい　もくてき　しょうがくきん　きゅう
市は地元の大学生の勉学を奨励する目的で奨学金を給
ふ
付している。
시는 지역 대학생의 면학을 **장려**하는 목적으로 장학금을 지급하고 있다.

1267 □□□

成就	じょうじゅ	명 성취

じんじゃ　おお　じゅけんせい　がくぎょうじょうじゅ　いの　おとず
この神社は多くの受験生が学業成就を祈るために訪れる。
이 신사는 많은 수험생이 학업 **성취**를 기도하기 위해 방문한다.

1268 □□□

飲み込む	のみこむ	동 이해하다, 납득하다, 삼키다

かのじょ　あたま　なに　まな　の　こ　はや
彼女は頭がよくて、何を学んでも飲み込むのが早いです。
그녀는 머리가 좋아서, 무엇을 배워도 **이해하는** 것이 빠릅니다.

1269 □□□

歩む ★ | **あゆむ** | 동 걷다, 전진하다

言語学(げんごがく)の博士号(はくしごう)を取(と)った彼(かれ)は教育者(きょういくしゃ)の道(みち)を歩(あゆ)むことにしたという。 언어학 박사 학위를 딴 그는 교육자의 길을 **걷기**로 했다고 한다.

1270 □□□

例 | **れい** | 명 예, 예시

難(むずか)しい概念(がいねん)でも生徒(せいと)が理解(りかい)するまで例(れい)を挙(あ)げて説明(せつめい)するまでだ。
어려운 개념이라도 학생이 이해할 때까지 **예**를 들어서 설명하면 그만이다.

[문형] 동사 사전형 + までだ ~(하)면 그만이다

1271 □□□

無知 | **むち** | 명 무지

ある学者(がくしゃ)は自分(じぶん)の無知(むち)を知(し)ってから学(まな)びが始(はじ)まると言(い)った。
어느 학자는 자신의 **무지**를 알고 나서 배움이 시작된다고 말했다.

1272 □□□

難解だ | **なんかいだ** | な형 난해하다

この専門書(せんもんしょ)ときたら、難解(なんかい)すぎて全(まった)く理解(りかい)できない。
이 전문서로 말할 것 같으면, 너무 **난해**해서 전혀 이해하지 못하겠다.

[문형] 명사 + ときたら ~로 말할 것 같으면

1273 □□□

勝る | **まさる** | 동 (다른 것보다) 훌륭하다, 낫다

学問(がくもん)において、努力(どりょく)に勝(まさ)るものはない。
학문에 있어서, 노력보다 **훌륭한** 것은 없다.

1274 □□□

遂げる ★ | **とげる** | 동 이루다

医学(いがく)は人類(じんるい)の歴史(れきし)とともに目覚(めざ)ましい進歩(しんぽ)を遂(と)げてきた。
의학은 인류의 역사와 함께 눈부신 진보를 **이루어** 왔다.

[문형] 명사 + とともに ~와 함께

1275 □□□

論理	ろんり	명 논리

数学の勉強は論理的な思考力を育てることにも役立つそうだ。 수학 공부는 **논리**적인 사고력을 키우는 것에도 도움이 된다고 한다.

(読み: すうがく べんきょう ろんりてき しこうりょく そだ やくだ)

1276 □□□

哲学	てつがく	명 철학

哲学は思想の内容もさることながら、深い歴史を持つ点も魅力的だ。 **철학**은 사상의 내용도 그러하지만, 깊은 역사를 지니는 점도 매력적이다.

(読み: てつがく しそう ないよう ふか れきし も てん みりょくてき)

[문형] 명사 + もさることながら ~도 그러하지만

관련어 哲学者 てつがくしゃ 명 철학자

1277 □□□

多岐 ★	たき	명 여러 갈래

考古学といわず、統計学といわず、父の関心分野は多岐に渡る。 고고학이며, 통계학이며 할 것 없이, 아버지의 관심 분야는 **여러 갈래**에 걸친다.

(読み: こうこがく とうけいがく ちち かんしんぶんや たき わた)

[문형] 명사 + といわず、 + 명사 + といわず ~이며, …이며 할 것 없이

1278 □□□

多角的だ ★	たかくてきだ	な형 다각적이다

世界史を研究する過程で物事を多角的に見る力がついた。
세계사를 연구하는 과정에서 사물을 **다각적으로** 보는 힘이 생겼다.

(読み: せかいし けんきゅう かてい ものごと たかくてき み ちから)

1279 □□□

究明 ★	きゅうめい	명 구명, 사물의 본질을 연구하여 밝힘

あの研究者は認知症とビタミンDの関係を究明した。
그 연구자는 치매와 비타민 D의 관계를 **구명**했다.

(読み: けんきゅうしゃ にんちしょう かんけい きゅうめい)

1280 □□□

繋がり ★	つながり	명 연관

教育社会学は教育と社会の繋がりについて研究する学問だ。
교육 사회학은 교육과 사회의 **연관**에 대해 연구하는 학문이다.

(読み: きょういくしゃかいがく きょういく しゃかい つな けんきゅう がくもん)

DAY 16

해커스 JLPT 기출 단어장 N1

1281 □□□

覆す ★	くつがえす	동 뒤집다

相対性理論(そうたいせいりろん)には人々(ひとびと)の常識(じょうしき)を **覆(くつがえ)す** 内容(ないよう)がたくさんある。
상대성 이론에는 사람들의 상식을 **뒤집는** 내용이 많이 있다.

1282 □□□

音声	おんせい	명 음성, 말소리

APIという記号(きごう)を用(もち)いると、どんな**音声(おんせい)**でも精密(せいみつ)に表記(ひょうき)できる。 API라는 기호를 이용하면, 어떤 **음성**이라도 정밀하게 표기할 수 있다.

1283 □□□

耐える ★	たえる	동 견디다, 참다

日本(にほん)の建築学(けんちくがく)では地震(じしん)に**耐(た)え**うる構造(こうぞう)が重要(じゅうよう)なトピックだ。
일본의 건축학에서는 지진에 **견딜** 수 있는 구조가 중요한 토픽이다.

[문형] 동사 ます형 + うる ~(할) 수 있다

1284 □□□

自ずと ★	おのずと	부 저절로

目標(もくひょう)に向(む)かって一歩一歩(いっぽいっぽ)努力(どりょく)すると、**自(おの)ずと**成長(せいちょう)するものだ。 목표를 향해서 한 발 한 발 노력하면, **저절로** 성장하는 법이다.

[문형] 동사 보통형 + ものだ ~(하)는 법이다

1285 □□□

没頭 ★	ぼっとう	명 몰두

研究(けんきゅう)に**没頭(ぼっとう)**できるように、研究室(けんきゅうしつ)の防音(ぼうおん)が必要(ひつよう)だと思(おも)います。 연구에 **몰두**할 수 있도록, 연구실의 방음이 필요하다고 생각합니다.

1286 □□□

ふける	-	동 빠지다, 골몰하다

あの学者(がくしゃ)は幼(おさな)いころ、空想(くうそう)に**ふけて**ばかりいたという。
그 학자는 어렸을 때, 공상에 **빠져**만 있었다고 한다.

[문형] 동사 て형 + ばかりいる ~(하)고만 있다

*<Day별 단어 퀴즈 PDF>를 활용하여 꼭 복습하세요.

완성 단어

1287 □□□	じかんさ 時間差	명 시간차
1288 □□□	てきかく 的確だ	な형 적확하다, 정확하다
1289 □□□	おいおい	부 차차, 차츰
1290 □□□	こうじゅつ 口述	명 구술
1291 □□□	しゅりょく 主力	명 주력
1292 □□□	てはじ 手始め	명 시작, 초보, 입문
1293 □□□	こべつせい 個別性	명 개별성
1294 □□□	たんきゅうしん 探求心	명 탐구심
1295 □□□	たんきりゅうがく 短期留学	명 단기 유학
1296 □□□	そうききょういく 早期教育	명 조기 교육
1297 □□□	きょういくかくさ 教育格差	명 교육 격차
1298 □□□	こうがくれきか 高学歴化	명 고학력화
1299 □□□	しきょういく 私教育	명 사교육
1300 □□□	けいはつ 啓発	명 계발
1301 □□□	けいもう 啓蒙	명 계몽
1302 □□□	きょうしゅう 教習	명 교습
1303 □□□	げっしゃ 月謝	명 월 수업료
1304 □□□	じゅく 塾	명 학원
1305 □□□	さんこうしょ 参考書	명 참고서
1306 □□□	しゅとくしゃ 取得者	명 취득자
1307 □□□	いっぱんきょうよう 一般教養	명 일반 교양
1308 □□□	はいけいちしき 背景知識	명 배경 지식
1309 □□□	りろん 理論	명 이론
1310 □□□	みじゅく 未熟だ	な형 미숙하다
1311 □□□	げんろん 原論	명 원론
1312 □□□	えいようがく 栄養学	명 영양학
1313 □□□	しんりがく 心理学	명 심리학
1314 □□□	せいぶつがく 生物学	명 생물학
1315 □□□	こうこがく 考古学	명 고고학
1316 □□□	こんげん 根源	명 근원
1317 □□□	もくひょうち 目標値	명 목표치
1318 □□□	けんい 権威	명 권위
1319 □□□	しょうじん 精進	명 정진
1320 □□□	ごさ 誤差	명 오차
1321 □□□	しんそう 深層	명 심층
1322 □□□	ぞうしん 増進	명 증진, 증대
1323 □□□	つ かさ 積み重なる	동 겹겹이 쌓이다
1324 □□□	てんき 転機	명 전기, 전환점, 계기
1325 □□□	ほんもう 本望	명 본망, 숙원
1326 □□□	てっ 徹する	동 관통하다, 일관하다
1327 □□□	そよう 素養	명 소양
1328 □□□	ひらめく	동 순간 번뜩이다, 번쩍하다

DAY 17 공지·안내

MP3 바로 듣기

1329 □□□

事柄	**ことがら**	명 사항, 일

しんじぎょう　かか　ことがら　しゃがい　こうひょう
新事業に関わる**事柄**はまだ社外に公表していません。
신사업과 관련된 **사항**은 아직 회사 외부에 공표하지 않았습니다.

[문형] 명사 + に関わる ~과 관련된

1330 □□□

改善	**かいぜん**	명 개선

こんばん　あした　せつび　かいぜん
今晩から明日にかけて設備の**改善**のため、メンテナンスを
おこな
行います。 오늘 밤부터 내일에 걸쳐 설비 **개선**을 위해, 유지 보수를 하겠습니다.

[문형] 명사 + から + 명사 + にかけて ~부터 …에 걸쳐

1331 □□□

改定	**かいてい**	명 개정

ぶっか　じょうしょう　しょうひん　かかく　かいてい
物価の上昇にともない、商品の価格を**改定**いたします。
물가 상승에 따라, 상품 가격을 **개정**합니다.

[문형] 명사 + にともない ~에 따라

1332 □□□

催す ★	**もよおす**	동 개최하다

だいがく　そうりつ　しゅうねん　きねん　おんがくかい　もよお
A大学の創立50周年を記念して音楽会を**催**します。
A 대학의 창립 50주년을 기념하여 음악회를 **개최합**니다.

1333 □□□

一切 ★	**いっさい**	부 일절, 일체, 전혀

みかいふう　みしよう　わりびきひん　へんぴん　いっさいう　つ
未開封、未使用といえども割引品の返品は**一切**受け付けま
せん。 미개봉, 미사용이라고 할지라도 할인 제품의 반품은 **일절** 접수하지 않습니다.

[문형] 명사 + といえども ~이라고 할지라도

1334 □□□

対象	たいしょう	명 대상

来月から60歳以上の方を対象としたパソコン講習会を開きます。 다음 달부터 60세 이상인 분을 **대상**으로 한 컴퓨터 강습회를 엽니다.

1335 □□□

一律だ ★	いちりつだ	な형 일률적이다

子育て世帯の支援として児童一人当たり一律に５万円を給付します。 육아 세대의 지원으로써 아동 1명당 **일률적으로** 5만 엔을 지급합니다.

1336 □□□

見なす	みなす	동 간주하다

メールの返信がない場合は、イベント不参加と見なします。
이메일 답장이 없는 경우에는, 이벤트 불참으로 **간주합**니다.

1337 □□□

準ずる	じゅんずる	동 준하다

学生割引を受けるには、学生証やそれに準ずる書類の提示が必要です。
학생 할인을 받으려면, 학생증이나 그에 **준하는** 서류의 제시가 필요합니다.

1338 □□□

破棄	はき	명 파기

情報漏えいが発生しないよう機密文書は適切に破棄してください。 정보 누설이 발생하지 않도록 기밀문서는 적절히 **파기**해 주세요.

1339 □□□

中断	ちゅうだん	명 중단

台風の状況いかんによってバスの運行を中断する可能性もあります。 태풍 상황 여하에 따라 버스 운행을 **중단**할 가능성도 있습니다.

[문형] 명사 + いかんによって ~여하에 따라

1340 □□□

見合わせる ★ | みあわせる | 동 보류하다, 미루다, 비교하다

線路(せんろ)に落下物(らっかぶつ)があり、この電車(でんしゃ)は運転(うんてん)を**見合**(みあ)**わせて**います。
선로에 낙하물이 있어, 이 전철은 운전을 **보류하고** 있습니다.

1341 □□□

該当 ★ | がいとう | 명 해당

次(つぎ)のいずれかに**該当**(がいとう)する場合(ばあい)は合格(ごうかく)が無効(むこう)になります。
다음의 어느 것인가에 **해당**하는 경우는 합격이 무효가 됩니다.

1342 □□□

満たない ★ | みたない | 차지 않다, 부족하다

基準価格(きじゅんかかく)に**満**(み)**たない**価格(かかく)で入札(にゅうさつ)した者(もの)は失格(しっかく)となります。
기준 가격에 **차지 않는** 가격으로 입찰한 사람은 실격됩니다.

1343 □□□

要望 ★ | ようぼう | 명 요망

患者(かんじゃ)の皆様(みなさま)から切実(せつじつ)な**要望**(ようぼう)があり、病室(びょうしつ)の設備(せつび)を見直(みなお)すことにしました。
환자 여러분으로부터 절실한 **요망**이 있어, 병실의 설비를 재검토하기로 했습니다.

1344 □□□

方針 | ほうしん | 명 방침

本校(ほんこう)は学生(がくせい)の自発性(じはつせい)を高(たか)めるため、新(あら)たな教育方針(きょういくほうしん)を定(さだ)めました。 본교는 학생의 자발성을 높이기 위해, 새로운 교육 **방침**을 정했습니다.

1345 □□□

常時 | じょうじ | 명 상시

境内(けいだい)は**常時**(じょうじ)開放(かいほう)しており、いつでもご参拝(さんぱい)いただけます。
경내는 **상시** 개방하고 있어, 언제라도 참배하실 수 있습니다.

1346 □□□

抽選 ★	ちゅうせん	명 추첨

街頭(がいとう)アンケートにご協力(きょうりょく)くださった方(かた)は**抽選**(ちゅうせん)イベントに応募(おうぼ)できます。
길거리 설문 조사에 협력해 주신 분은 **추첨** 이벤트에 응모할 수 있습니다.

1347 □□□

兼ねる ★	かねる	동 겸하다

この案内状(あんないじょう)は割引券(わりびきけん)を**兼**(か)**ねて**いますのでぜひご持参(じさん)ください。 이 안내장은 할인권을 **겸하고** 있으므로 꼭 지참해 주세요.

1348 □□□

予め ★	あらかじめ	부 미리

食物(しょくもつ)アレルギーをお持(も)ちのお客様(きゃくさま)は**予め**(あらかじ)お知(し)らせください。 식품 알레르기가 있는 손님은 **미리** 알려 주세요.

1349 □□□

何卒	なにとぞ	부 부디, 아무쪼록

今月(こんげつ)をもって閉店(へいてん)いたします。最終日(さいしゅうび)まで**何卒**(なにとぞ)よろしくお願(ねが)いします。 이번 달로써 폐점합니다. 마지막 날까지 **부디** 잘 부탁드립니다.

[문형] 명사 + をもって ~로써

1350 □□□

問い合わせる ★	といあわせる	동 문의하다

電話(でんわ)が繋(つな)がらない場合(ばあい)はメールでお**問**(と)**い合**(あ)**わせ**ください。
전화가 연결되지 않는 경우에는 이메일로 **문의**해 주세요.

1351 □□□

質疑	しつぎ	명 질의

発表(はっぴょう)が終(お)わり次第(しだい)、**質疑**(しつぎ)応答(おうとう)を行(おこな)います。
발표가 끝나는 대로, **질의**응답을 진행합니다.

[문형] 동사 ます형 + 次第 ~(하)는 대로

DAY 17

1352 □□□

了承 ★ | **りょうしょう** | 명 승낙, 납득

手続きは本人の**了承**があれば、代わりの方でも構いません。 수속은 본인의 **승낙**이 있으면, 대리인이어도 상관없습니다.

1353 □□□

朗報 ★ | **ろうほう** | 명 희소식, 낭보

お客様に**朗報**です！今週はご注文金額にかかわらず送料無料です。
손님에게 **희소식**입니다! 이번 주는 주문 금액에 관계없이 배송료 무료입니다.

[문형] 명사 + にかかわらず ~에 관계없이

1354 □□□

把握 ★ | **はあく** | 명 파악

本アプリは衛星データから道路状況を**把握**し、交通情報を提供します。
본 앱은 위성 데이터로부터 도로 상황을 **파악**하여, 교통 정보를 제공합니다.

1355 □□□

限り | **かぎり** | 명 제한

この商品はお一人様一点**限り**ですので、複数購入はできません。 이 상품은 1인당 1개 **제한**이기 때문에, 복수 구입은 할 수 없습니다.

1356 □□□

手順 | **てじゅん** | 명 수순

当小児科のご予約は**手順**に沿ってホームページにて行ってください。 본 소아과의 예약은 **수순**에 따라 홈페이지에서 해 주세요.

[문형] 명사 + に沿って ~에 따라

1357 □□□

閲覧 ★ | **えつらん** | 명 열람

限られた人のみ、経費精算の内容を**閲覧**できます。
제한된 사람만, 경비 정산의 내용을 **열람**할 수 있습니다.

1358 □□□

殺到 ★	さっとう	명 쇄도, 밀려듦

テレビで紹介されたことを機に、注文が殺到しています。
텔레비전에서 소개된 것을 계기로, 주문이 **쇄도**하고 있습니다.

[문형] 명사 + を機に ~을 계기로

1359 □□□

めいめい ★	-	명 각기, 각자

名簿で名前が確認でき次第、めいめいに記念品を差し上げます。 명부에서 이름이 확인되는 대로, **각기** 기념품을 드리겠습니다.

1360 □□□

照会 ★	しょうかい	명 조회

予約内容の照会には予約番号とパスワードの入力が必要です。 예약 내용의 **조회**에는 예약 번호와 패스워드 입력이 필요합니다.

1361 □□□

交付 ★	こうふ	명 교부

代理人が証明書の発行を申請した場合、即日交付は致しかねます。
대리인이 증명서의 발행을 신청한 경우, 당일 **교부**는 드리기 어렵습니다.

[문형] 동사 ます형 + かねる ~(하)기 어렵다

1362 □□□

おそらく	-	부 아마, 분명

連休なので、その荷物はおそらく来週届くと思います。
연휴이므로, 그 짐은 **아마** 다음 주에 도착할 거라고 생각합니다.

1363 □□□

もしくは	-	접 혹은, 또는

商品に対するお問い合わせは電話もしくはメールでお願いします。 상품에 대한 문의는 전화 **혹은** 이메일로 부탁드립니다.

1364 □□□

無論	むろん	부 물론

とうてん　むろん　ほか　してん　へんぴん　こうかん　かのう
当店は無論、他の支店でも返品・交換が可能です。
당점은 **물론**, 다른 지점에서도 반품·교환이 가능합니다.

1365 □□□

殊に	ことに	부 특히

さぎ　ふ　こと　ちゅうい
フィッシング詐欺が増えているので殊に注意してください。
피싱 사기가 늘고 있으므로 **특히** 주의해 주세요.

1366 □□□

目下	もっか	명 지금, 현재

もっか　せいぶつがく　じゅぎょう　ていいん　たっ
目下のところ、生物学の授業は定員に達しています。
지금으로서는, 생물학 수업은 정원이 다 차 있습니다.

1367 □□□

添付 ★	てんぷ	명 첨부

おんせい　しりょう　てんぷ　おく
メールに音声ファイルと資料を添付して送ってください。
이메일에 음성 파일과 자료를 **첨부**해서 보내 주세요.

1368 □□□

配布 ★	はいふ	명 배포

みせ　えきまえ　はいふ　よてい
店のオープンにあたり、駅前でチラシを配布する予定です。
가게 오픈을 앞두고, 역 앞에서 전단지를 **배포**할 예정입니다.

[문형] 명사 + にあたり ~을 앞두고

1369 □□□

検討 ★	けんとう	명 검토

にってい　さ　つか　ていあんないよう　けんとう
この日程でも差し支えなければご提案内容を検討させていただきます。
이 일정이어도 괜찮다면 제안 내용을 **검토**하겠습니다.

[문형] 명사 + でも差し支えない ~이어도 괜찮다

*<Day별 단어 퀴즈 PDF>를 활용하여 꼭 복습하세요.

완성 단어

1370 □□□	せいしゅく 静粛だ	な형 정숙하다
1371 □□□	かくてい 確定	명 확정
1372 □□□	みてい 未定	명 미정
1373 □□□	しょじ 所持	명 소지
1374 □□□	ぜんめんてき 全面的だ	な형 전면적이다
1375 □□□	さ ひか 差し控える	동 보류하다, 삼가다
1376 □□□	しゃぜつ 謝絶	명 사절
1377 □□□	ようしき 様式	명 양식
1378 □□□	ないし	접 내지, 또는, 혹은
1379 □□□	よう 要する	동 요하다
1380 □□□	りゅうい 留意	명 유의
1381 □□□	かいぎょう 開業	명 개업
1382 □□□	ひら お開き	명 끝냄, 폐회
1383 □□□	にゅうかん 入館	명 입관, 입장
1384 □□□	じゅんぐ 順繰りに	순서대로, 차례대로
1385 □□□	く あ 繰り上げる	동 앞당기다
1386 □□□	く の 繰り延べる	동 미루다, 연기하다
1387 □□□	せいき 正規	명 정규
1388 □□□	そぐわない	적합하지 않다
1389 □□□	ひ か 引き換え	명 교환
1390 □□□	ゆえ 故に	접 따라서, 그러므로
1391 □□□	かつ	접 게다가, 또
1392 □□□	それゆえ	접 그러므로
1393 □□□	いかなる	어떠한
1394 □□□	とうがい 当該	명 당해, 해당
1395 □□□	とうきょく 当局	명 당국
1396 □□□	なにぶん 何分	부 부디, 아무쪼록
1397 □□□	なるたけ	부 되도록, 가능한 한
1398 □□□	へいしゃ 弊社	명 저희 회사
1399 □□□	おんしゃ 御社	명 귀사
1400 □□□	いにん 委任	명 위임
1401 □□□	きょくげん 局限	명 국한
1402 □□□	ひいては	부 나아가서는
1403 □□□	かいこうび 開講日	명 개강일
1404 □□□	きじつ 期日	명 기일
1405 □□□	さい 際する	동 즈음하다
1406 □□□	はいけい 拝啓	명 배계(편지 첫머리의 인사말)
1407 □□□	きた 来る	오는, 다가오는
1408 □□□	しもはんき 下半期	명 하반기
1409 □□□	こうほう 広報	명 홍보
1410 □□□	こだい 誇大だ	な형 과대하다
1411 □□□	は がみ 張り紙	명 벽보

DAY 18 의사소통

MP3 바로 듣기

1412 □□□

討論	とうろん	명 토론

こうえん　ちゅうりん しせつ　せっち　けん　しぎかい　とうろん
公園に駐輪施設を設置する件について市議会で**討論**を
おこな
行った。 공원에 자전거 주차 시설을 설치하는 건에 대해 시의회에서 **토론**을 했다.

1413 □□□

言及 ★	げんきゅう	명 언급

しちょう　れきしてき　まちな　のこ　と　く　げんきゅう
市長は歴史的な町並みを残す取り組みについて**言及**した。
시장은 역사적인 시가지를 남기는 조치에 대해 **언급**했다.

1414 □□□

表明 ★	ひょうめい	명 표명

いいんかい　こくせき　と　いいん　にんめい　ひょうめい
委員会は国籍のいかんを問わず、委員を任命すると**表明**
した。 위원회는 국적 여하를 불문하고, 위원을 임명하겠다고 **표명**했다.

[문형] 명사 の + いかんを問わず ~여하를 불문하고

1415 □□□

反論	はんろん	명 반론

かのじょ　かいぎ　ぶちょう　いけん　はんろん
彼女は会議で部長の意見に**反論**した。
그녀는 회의에서 부장의 의견에 **반론**했다.

1416 □□□

一致	いっち	명 일치

さいていちんぎんかいてい　めやす　しんぎかい　いけん
最低賃金改定の目安について、審議会はようやく意見の
いっち　み
一致を見た。 최저 임금 개정의 기준에 대해, 심의회는 겨우 의견의 **일치**를 보았다.

1417 □□□

追及	ついきゅう	명 추궁

警察(けいさつ)が根気強(こんきづよ)く追及(ついきゅう)したすえに、容疑者(ようぎしゃ)は自分(じぶん)の罪(つみ)を認(みと)めた。 경찰이 끈질기게 **추궁**한 끝에, 용의자는 자신의 죄를 인정했다.

[문형] 동사 た형 + すえに ~끝에

1418 □□□

捉える	とらえる	동 파악하다

コミュニケーションでは相手(あいて)の話(はなし)の要点(ようてん)を捉(とら)えることが重要(じゅうよう)だ。 커뮤니케이션에서는 상대의 이야기의 요점을 **파악하는** 것이 중요하다.

1419 □□□

交える ★	まじえる	동 섞다

あの先生(せんせい)はユーモアを交(まじ)えて面白(おもしろ)く話(はな)すので学生(がくせい)に人気(にんき)がある。 저 선생님은 유머를 **섞어서** 재미있게 말하기 때문에 학생에게 인기가 있다.

1420 □□□

使い分ける	つかいわける	동 구분하여 쓰다

外国人(がいこくじん)のこととて、敬語(けいご)が使(つか)い分(わ)けられなくても理解(りかい)してください。 외국인이라서, 경어를 **구분하여 쓰지** 못해도 이해해 주세요.

[문형] 명사 の + こととて ~이라서

1421 □□□

切り出す ★	きりだす	동 (말을) 꺼내다

上司(じょうし)に退職(たいしょく)の話(はなし)をどう切(き)り出(だ)すか悩(なや)ましい。
상사에게 퇴직 이야기를 어떻게 **꺼낼지** 고민스럽다.

1422 □□□

呟く ★	つぶやく	동 중얼거리다

いくら緊張(きんちょう)するとはいえ、呟(つぶや)くような声(こえ)で話(はな)しては何(なに)も聞(き)こえません。
아무리 긴장된다고는 해도, **중얼거리는** 듯한 목소리로 이야기하면 아무것도 안 들립니다.

[문형] 동사 보통형 + とはいえ ~(하)다고는 해도

1423 □□□

唱える ★	となえる	동 주장하다, 외치다

ほうてい　べんごにん　けんじ　しゅちょう　いぎ　とな
法廷で弁護人は検事の主張に異議を唱えた。
법정에서 변호인은 검사의 주장에 이의를 **주장했다**.

1424 □□□

申し出る	もうしでる	동 (스스로) 말하다, 자청하다, 신청하다

しんしょうひん　こうほう　じょうし　ていあん　もう　で
新商品の広報について上司に提案を申し出た。
신상품의 홍보에 대해 상사에게 제안을 **말했다**.

1425 □□□

諮る	はかる	동 상의하다, 의견을 묻다

しんきじぎょう　さんにゅう　かん　やくいんかいぎ　はか　き
新規事業への参入に関しては役員会議に諮って決める。
신규 사업에의 진출에 관해서는 임원 회의에서 **상의해서** 결정한다.

1426 □□□

共有	きょうゆう	명 공유

しごと　こうりつ　すす　じょうほう　せっきょくてき　きょうゆう
仕事を効率よく進めるため、情報を積極的に共有してください。 일을 효율 좋게 진행하기 위해, 정보를 적극적으로 **공유**해 주세요.

1427 □□□

助言 ★	じょげん	명 조언

しぼうだいがく　ごうかく　せんぱい　じゅけんべんきょう　たい　じょげん　う
志望大学に合格した先輩から受験勉強に対する助言を受けた。 지망 대학에 합격한 선배로부터 수험 공부에 대한 **조언**을 받았다.

[문형] 명사 + に対する ~에 대한

1428 □□□

絶賛 ★	ぜっさん	명 절찬

ひょうろんか　ぜっさん　あ　よやく　でんわ　さっとう
評論家から絶賛を浴びたレストランに予約の電話が殺到した。 평론가로부터 **절찬**을 받은 레스토랑에 예약 전화가 쇄도했다.

1429 □□□

掛け合う | かけあう | 동 서로 건네다, 어울리다

気軽に声を掛け合えることがチームワークの向上に繋がると思う。 부담 없이 말을 **서로 건넬 수 있는** 것이 팀워크 향상으로 이어진다고 생각한다.

1430 □□□

応える | こたえる | 동 부응하다, 응하다

主任として周りの期待に応えるべく、人一倍頑張っている。
주임으로서 주위의 기대에 **부응하**기 위해, 남보다 더 노력하고 있다.

[문형] 동사 사전형 + べく ~(하)기 위해

1431 □□□

速やかだ ★ | すみやかだ | な형 신속하다, 빠르다

問題が生じたら上司に速やかに報告するべきだ。
문제가 생기면 상사에게 **신속하게** 보고해야 한다.

[문형] 동사 사전형 + べきだ ~(해)야 한다

1432 □□□

詫びる ★ | わびる | 동 사과하다, 사죄하다

娘は私に嘘をついたことについて素直に詫びた。
딸은 나에게 거짓말을 한 것에 대해 솔직하게 **사과했다**.

1433 □□□

言い張る ★ | いいはる | 동 우겨대다

彼は話し合いの間、自分の考えを頑固に言い張ってばかりいた。 그는 의논하는 동안, 자신의 생각을 완고하게 **우겨대고**만 있었다.

[문형] 동사 て형 + ばかりいる ~(하)고만 있다

1434 □□□

貶す ★ | けなす | 동 헐뜯다, 비방하다

そんなに他人を貶さないで、もっと心に余裕を持ったらどうですか。 그렇게 타인을 **헐뜯지** 말고, 좀 더 마음에 여유를 가지면 어떨까요?

1435 □□□

とがめる	-	동 책망하다, 타박하다

ぶか　いかた
ミスをした部下にとがめるような言い方をしてしまった。
실수를 한 부하에게 **책망하는** 듯한 말투를 해 버렸다.

1436 □□□

なじる	-	동 나무라다, 따지다, 힐난하다

ふじつ　しごと　おこな　じょうし
不実に仕事を行ったことについて、上司になじられた。
불성실하게 일을 한 것에 대해, 상사가 **나무랐다**.

1437 □□□

否む ★	いなむ	동 거절하다

しゃちょう　みずか　しょくじ　さそ　やくそく　いな
社長が自ら食事に誘ってくれたが約束があり否むしかなかった。
사장님이 몸소 식사를 권유해 주었지만 약속이 있어서 **거절하는** 수밖에 없었다.

1438 □□□

口出し ★	くちだし	명 말참견

こども　こうどう　みまも　おも　くちだ
子供の行動を見守ろうと思いながらもつい口出しをしてしまう。 아이의 행동을 지켜보려고 생각하지만 무심코 **말참견**을 해 버린다.

[문형] 동사 ます형 + ながらも ~(하)지만

1439 □□□

小言 ★	こごと	명 잔소리, 불평

こごと　い　じょうし　ぶか　ふまん　おお
いつも小言ばかり言っている上司に部下たちの不満が多い。 언제나 **잔소리**만 하고 있는 상사에게 부하들의 불만이 많다.

1440 □□□

愚痴	ぐち	명 푸념

ぐち　い　じょうきょう　かいぜん
愚痴を言ったからといって状況が改善されるわけではない。 **푸념**을 말한다고 해서 상황이 개선되는 것은 아니다.

[문형] 동사 보통형 + からといって ~(하)다고 해서 /
동사 보통형 + わけではない ~(하)는 것은 아니다

1441 □□□

嫌み ★	いやみ	명 싫은 소리, 비꼬는 말

いや　い　ふだん　こころ
嫌みを言わないように普段から心がけている。
싫은 **소리**를 하지 않도록 평소부터 유념하고 있다.

1442 □□□

弁解 ★	べんかい	명 변명

こうじげんば　あんぜんかくほ　あとまわ　べんかい　よち
工事現場の安全確保を後回しにしたことに弁解の余地はありません。 공사 현장의 안전 확보를 뒤로 미룬 것에 **변명**의 여지는 없습니다.

1443 □□□

暴露 ★	ばくろ	명 폭로

ひと　かいしゃ　ふせい　ばくろ　わだい
ある人が会社の不正について暴露したことが話題になっている。 어떤 사람이 회사의 부정에 대해 **폭로**한 것이 화제가 되고 있다.

1444 □□□

ごまかす	-	동 얼버무리다, 속이다

ともだち　こた　しつもん　わら
友達に答えようがない質問をされたので、笑ってごまかした。
친구에게 대답할 수가 없는 질문을 받았기 때문에, 웃어서 **얼버무렸다**.

[문형] 동사 ます형 + ようがない ~(할) 수가 없다

1445 □□□

とぼける ★	-	동 시치미 떼다, 얼빠지다

かれ　うそ　せきにん　のが　ちが
彼は嘘をついた責任を逃れようととぼけているに違いない。
그는 거짓말을 한 책임을 피하려고 **시치미 떼고** 있음에 틀림없다.

1446 □□□

むしろ	-	부 오히려

けんか　ゆうじん　はな　なかなお　ごかい　ふか
喧嘩した友人と話したが仲直りどころか、むしろ誤解が深まった。 싸움을 한 친구와 이야기했는데 화해는커녕, **오히려** 오해가 깊어졌다.

[문형] 명사 + どころか ~는커녕

1447 □□□

解明 ★	かいめい	명 해명

当局(とうきょく)は徹底的(てっていてき)な事件(じけん)の真相解明(しんそうかいめい)に努(つと)めています。
당국은 철저한 사건의 진상 **해명**에 힘쓰고 있습니다.

1448 □□□

誇張 ★	こちょう	명 과장

多少誇張(たしょうこちょう)がある広告(こうこく)もあるはずなので、盲信(もうしん)しないようにしている。 다소 **과장**이 있는 광고도 있을 것이므로, 맹신하지 않으려고 하고 있다.

1449 □□□

ずばり	-	부 거침없이

ミスをずばり指摘(してき)したばかりに同僚(どうりょう)の気分(きぶん)を損(そこ)ねてしまった。
실수를 **거침없이** 지적한 탓에 동료의 기분을 상하게 해 버렸다.

[문형] 동사 た형 + ばかりに ~(한) 탓에

1450 □□□

すんなり ★	-	부 수월히

森(もり)さんのことだから、話(はな)したらすんなり理解(りかい)してくれると思(おも)うよ。 모리 씨니까, 이야기하면 **수월히** 이해해 줄 거라고 생각해.

[문형] 명사 + のことだから ~니까

1451 □□□

やんわり ★	-	부 부드럽게

上司(じょうし)に忘年会(ぼうねんかい)の幹事(かんじ)をしてほしいと頼(たの)まれたが、やんわりと断(ことわ)った。
상사에게 송년회의 간사를 해 줬으면 좋겠다고 부탁받았지만, **부드럽게** 거절했다.

1452 □□□

婉曲だ	えんきょくだ	な형 완곡하다

ストレートな表現(ひょうげん)より婉曲(えんきょく)な言(い)い回(まわ)しを好(この)む人(ひと)もいる。
직접적인 표현보다 완곡한 말투를 선호하는 사람도 있다.

*<Day별 단어 퀴즈 PDF>를 활용하여 꼭 복습하세요.

완성 단어

1453 □□□	言い回し (い まわ)	명 말주변, 말투
1454 □□□	言い方 (い かた)	명 말투
1455 □□□	言葉遣い (こと ば づか)	명 말씨
1456 □□□	辞令 (じ れい)	명 겉치레 말
1457 □□□	綺麗事 (き れいごと)	명 겉치레, 허울 좋은 말
1458 □□□	公言 (こうげん)	명 공언, 당당하게 말함
1459 □□□	大口/大口 (おおくち おおぐち)	명 호언장담, 큰소리, 큰 입
1460 □□□	達者だ (たっしゃ)	な형 능숙하다, 능란하다
1461 □□□	ちんぷんかんぷん	명 횡설수설, 종잡을 수 없음
1462 □□□	たどたどしい	い형 더듬거리다, 위태롭다
1463 □□□	悲鳴 (ひ めい)	명 비명
1464 □□□	言い放つ (い はな)	동 거리낌 없이 말하다
1465 □□□	はしゃぐ	동 들떠서 떠들다, 재잘거리다
1466 □□□	説く (と)	동 설명하다
1467 □□□	説得 (せっとく)	명 설득
1468 □□□	口を切る (くち き)	말을 꺼내다, 마개를 따다
1469 □□□	沈黙 (ちんもく)	명 침묵
1470 □□□	世間話 (せ けんばなし)	명 세상 이야기, 잡담
1471 □□□	宣言 (せんげん)	명 선언
1472 □□□	回答 (かいとう)	명 회답
1473 □□□	折り合う (お あ)	동 타협하다, 이견을 좁히다
1474 □□□	転じる (てん)	동 (화제를) 바꾸다, 돌리다
1475 □□□	最低限 (さいていげん)	명 최저한
1476 □□□	もしかして	부 혹시
1477 □□□	あしからず	언짢게 생각지 마시기를
1478 □□□	あながち	부 반드시, 꼭
1479 □□□	かしこまる	동 황공하여 삼가다, 정좌하다
1480 □□□	安否 (あん ぴ)	명 안부
1481 □□□	消息 (しょうそく)	명 소식, 연락, 편지
1482 □□□	言い分 (い ぶん)	명 할 말, 주장, 불만
1483 □□□	苦言 (く げん)	명 쓴소리
1484 □□□	要求 (ようきゅう)	명 요구
1485 □□□	論じる (ろん)	동 논하다
1486 □□□	云々 (うんぬん)	명 운운, 왈가왈부함
1487 □□□	見抜く (み ぬ)	동 꿰뚫어 보다
1488 □□□	見破る (み やぶ)	동 간파하다
1489 □□□	聞き流す (き なが)	동 흘려듣다
1490 □□□	口が滑る (くち すべ)	입을 잘못 놀리다
1491 □□□	愚問 (ぐ もん)	명 우문, 어리석은 질문
1492 □□□	そしり	명 비난, 비방
1493 □□□	口論 (こうろん)	명 말다툼
1494 □□□	言い争い (い あらそ)	명 언쟁

DAY 19

생각·의견

MP3 바로 듣기

1495 □□□

思い返す ★	おもいかえす	동 다시 생각하다

いまおも　かえ　わたし　ときせんぱい　あこが　いだ
今思い返すと私はあの時先輩に憧れを抱いていたようだ。
지금 **다시 생각하**면 나는 그때 선배에게 동경을 품고 있었던 것 같다.

1496 □□□

思い詰める ★	おもいつめる	동 골똘히 생각하다

かれ　おも　つ　ひょうじょう　み　しんぱい
彼の思い詰めた表情を見て心配せずにはいられなかった。
그의 **골똘히 생각하는** 표정을 보고 걱정하지 않을 수 없었다.

[문형] 동사 ない형 + ずにはいられない ~(하)지 않을 수 없다

1497 □□□

掘り下げる	ほりさげる	동 (깊이 몰두하여) 생각하다

しんりがく　ほ　さ　ほ　さ　おもしろ　がくもん
心理学は掘り下げれば掘り下げるほどより面白い学問である。 심리학은 **깊이 몰두하여 생각하**면 **생각할**수록 더욱 재미있는 학문이다.

1498 □□□

抱え込む ★	かかえこむ	동 끌어안다

じぶん　ひとり　なや　かか　こ
自分のためにも一人で悩みを抱え込んではならない。
자신을 위해서라도 혼자서 고민을 **끌어안아**서는 안 된다.

[문형] 동사 て형 + はならない ~(해)서는 안 된다

1499 □□□

察する ★	さっする	동 헤아리다, 살피다

あいて　きも　さっ　い　あらそ
相手の気持ちを察してあげたら言い争いにはならなかったものを。 상대방의 기분을 **헤아려** 주었다면 말다툼이 되지는 않았을 텐데.

[문형] い형용사 보통형 + ものを ~(일) 텐데

1500 □□□

考慮 ★ | **こうりょ** | 명 고려

じさ　こうりょ　しゅっちょう　けいかく　た　ほう
時差なども考慮して出張の計画を立てた方がよかろう。
시차 등도 **고려**해서 출장 계획을 세우는 편이 좋을 것이다.

1501 □□□

回想 ★ | **かいそう** | 명 회상

えいが　じんぶつ　かいそう　すば　ひょうか
この映画は人物の回想シーンが素晴らしいと評価されている。 이 영화는 인물의 **회상** 장면이 훌륭하다고 평가받고 있다.

1502 □□□

回顧 ★ | **かいこ** | 명 회고

す　さ　ひび　ふ　かえ　かいころく　か
過ぎ去った日々を振り返りながら回顧録を書くことにした。
지나가 버린 나날을 되돌아보며 **회고**록을 쓰기로 했다.

1503 □□□

値する ★ | **あたいする** | 동 가치가 있다, 상당하다

けんせつ　ちいきかっせいか　かんてん　ちゅうもく　あたい
スタジアムの建設は地域活性化の観点からも注目に値する。
스타디움의 건설은 지역 활성화의 관점에서도 주목할 **가치가 있다**.

1504 □□□

心構え ★ | **こころがまえ** | 명 마음가짐, 각오

ぶちょう　しんにゅうしゃいん　も　こころがま　はな
部長が新入社員として持つべき心構えについて話した。
부장님이 신입 사원으로서 가져야 할 **마음가짐**에 대해 이야기했다.

[문형] 동사 사전형 + べき ~(해)야 할

1505 □□□

戸惑う ★ | **とまどう** | 동 당황하다, 망설이다, 허둥대다

めんせつ　そうぞう　しつもん　とまど
面接で想像もしていなかった質問をされ、戸惑った。
면접에서 상상도 하지 않았던 질문을 받아, **당황했다**.

관련어 戸惑い とまどい 명 갈피를 잡지 못함, 망설임

1506 □□□

ためらう ★	-	동 망설이다

てんきんさき　とお　おっと　てんきん　はなし　き　だ
転勤先が遠くて、夫に転勤の話を切り出すのがためらわれる。
전근지가 멀어서, 남편에게 전근 이야기를 꺼내는 것이 **망설여진다**.

1507 □□□

思いがけない	おもいがけない	い형 뜻밖이다

な　おも　ところ　み　おどろ
失くしていたUSBが思いがけない所から見つかって驚いた。
잃어버렸던 USB가 **뜻밖의** 곳에서 발견되어 놀랐다.

1508 □□□

大して ★	たいして	부 그다지, 별로

でんしゃ　か　じかん　たい　か
バスだろうが、電車だろうが掛かる時間は大して変わらないはずだ。 버스든, 전철이든 걸리는 시간은 **그다지** 다르지 않을 것이다.

[문형] 명사 + だろうが、+ 명사 + だろうが ~(이)든, …(이)든

1509 □□□

若干 ★	じゃっかん	명 약간

しごと　おも　どお　じゃっかん　はがゆ　かん
仕事が思い通りにならなくて若干の歯痒さを感じた。
일이 생각대로 되지 않아서 **약간**의 답답함을 느꼈다.

1510 □□□

危ぶむ ★	あやぶむ	동 걱정하다

まつ　びょうき　おか　こうはい　まつばら　そんぞく　あや
松が病気に侵され荒廃しつつある松原の存続が危ぶまれている。 소나무가 병에 걸려 황폐해지고 있는 솔밭의 존속이 **걱정되고** 있다.

[문형] 동사 ます형 + つつある ~(하)고 있다

1511 □□□

勘違い ★	かんちがい	명 잘못 생각함, 착각

きゅうじつ　ようび　かんちが　しゅっきん
休日なのに曜日を勘違いして出勤するところだった。
휴일인데 요일을 **잘못 생각해**서 출근할 뻔했다.

[문형] 동사 사전형 + ところだった ~(할) 뻔했다

1512 □□□

錯覚 ★	さっかく	명 착각

これは描いてあるものが飛び出ているような錯覚に陥る不思議な絵だ。
이것은 그려져 있는 것이 튀어나와 있는 것 같은 **착각**에 빠지는 신기한 그림이다.

1513 □□□

果たして ★	はたして	부 과연

果たしてどのチームが決勝に進むだろうか。
과연 어느 팀이 결승에 진출할 것인가?

1514 □□□

おおむね ★	-	부 대체로, 대개

防災設備の必要性について彼らの意見はおおむね一致している。 방재 설비의 필요성에 대해 그들의 의견은 **대체로** 일치하고 있다.

1515 □□□

いたって ★	-	부 매우, 극히

業界の大物である彼の意見に逆らえる人はいたって少ないだろう。
업계의 거물인 그의 의견에 거스를 수 있는 사람은 **매우** 적을 것이다.

1516 □□□

案の定 ★	あんのじょう	부 예상대로

オフィス街で食堂を開業したが、案の定休日は閑散としている。 회사가 많은 거리에서 식당을 개업했는데, **예상대로** 휴일은 한산하다.

1517 □□□

いとも ★	-	부 매우

高橋先輩は難しい交渉をいとも簡単に成功させた。
다카하시 선배는 어려운 교섭을 **매우** 간단하게 성공시켰다.

1518 □□□

提起 ★	ていき	명 제기

なん　こんきょ　もんだいてい き
何の根拠もなく問題提起をするわけにはいかない。
아무 근거도 없이 문제 **제기**를 할 수는 없다.

[문형] 동사 사전형 + わけにはいかない ~(할) 수는 없다

1519 □□□

打診 ★	だしん	명 제안, 타진

ほか　き ぎょう　てんしょく　だ しん　う　まえ む　けんとう
他の企業から転職の打診を受け、前向きに検討している。
다른 기업에서 이직 **제안**을 받아, 긍정적으로 검토하고 있다.

1520 □□□

食い違う ★	くいちがう	동 어긋나다

か ちょう　ぶ ちょう　い けん　く　ちが　かい ぎ　なが び
課長と部長の意見が食い違って会議が長引いた。
과장님과 부장님의 의견이 **어긋나서** 회의가 지연되었다.

1521 □□□

拒む ★	こばむ	동 거절하다, 거부하다

ふ とう　ようきゅう　こば　ほう　おも
クレーマーの不当な要求は拒んだ方がいいと思う。
상습적으로 클레임을 거는 손님의 부당한 요구는 **거절하는** 편이 좋다고 생각한다.

1522 □□□

承諾 ★	しょうだく	명 승낙

おお や　しょうだく　え　かぎ　いえ　かいぞう
大家さんの承諾を得ない限り、家の改造はできない。
집주인의 **승낙**을 얻지 않는 한, 집의 개조는 불가능하다.

[문형] 동사 ない형 + ない限り ~(하)지 않는 한

1523 □□□

快諾 ★	かいだく	명 흔쾌한 승낙, 쾌락

ちょさくしゃ　かいだく　え　こうほう し　しゃしん　の
著作者の快諾を得て、広報誌に写真を載せることができました。
저작자의 **흔쾌한 승낙**을 얻어, 홍보지에 사진을 실을 수 있었습니다.

1524 □□□

賛成派 ★ | **さんせいは** | 명 찬성파

しゅうきゅう　かせい　さんせいは　はんたいは　わ　とうろん
週休３日制について**賛成派**と反対派に分かれて討論しましょう。 주 4일제에 대해서 **찬성파**와 반대파로 나뉘어서 토론합시다.

1525 □□□

合致 ★ | **がっち** | 명 일치, 합치

とうじしゃ　あいだ　いし　がっち　けいやく　せいりつ
当事者の間に意思の**合致**がなければ契約は成立しません。
당사자 사이에 의사의 **일치**가 없으면 계약은 성립하지 않습니다.

1526 □□□

ことごとく ★ | - | 부 전부, 모두

きょう　かいぎ　かのじょ　ていあん　きゃっか
今日の会議では彼女の提案が**ことごとく**却下されてしまった。
오늘 회의에서는 그녀의 제안이 **전부** 기각되어 버렸다.

1527 □□□

糸口 ★ | **いとぐち** | 명 실마리, 단서

めいたんてい　むずか　じけん　かいけつ　いとぐち　つか
名探偵ならこの難しい事件もおいおい解決の**糸口**を掴むはずだ。
명탐정이라면 이 어려운 사건도 머지않아 해결의 **실마리**를 잡을 것이다.

1528 □□□

裏づけ ★ | **うらづけ** | 명 증거, 뒷받침, 뒷보증

じょうほう　もうしん　しんらい　じぶん　うら
ネットの情報を盲信せず、信頼できるか自分なりに**裏づけ**をとるべきだ。
인터넷의 정보를 맹신하지 말고, 신뢰할 수 있는지 자기 나름대로 **증거**를 찾아야 한다.

[문형] 명사 + なりに ~나름대로

1529 □□□

心当たり ★ | **こころあたり** | 명 짐작 가는 것

かれ　ふきげん　こころあ
なぜ彼が不機嫌なのか**心当たり**がなくもない。
왜 그가 기분이 좋지 않은지 **짐작 가는 것**이 없지도 않다.

1530 □□□

信憑 ★	しんぴょう	명 신빙, 신뢰

かのじょ　しゅちょう　しんぴょうせい　きゃっかんてき　こんきょ
彼女の主張は信憑性があるものの、客観的な根拠が
た
足りない。 그녀의 주장은 **신빙**성이 있기는 하나, 객관적인 근거가 부족하다.

[문형] 동사 보통형 + ものの ~(하)기는 하나

1531 □□□

総合 ★	そうごう	명 종합

けいれき　ぎょうせき　いよく　そうごうてき　はんだん　き
経歴や業績、意欲などを総合的に判断してリーダーを決めた。
경력이나 업적, 의욕 등을 **종합**적으로 판단해서 리더를 정했다.

1532 □□□

建設的だ	けんせつてきだ	な형 건설적이다

かくぶもん　やくいん　かいしゃ　みらい　かん　けんせつてき　いけん　か
各部門の役員は会社の未来に関して建設的な意見を交わした。
각 부문의 임원은 회사의 미래에 관해서 **건설적인** 의견을 주고받았다.

1533 □□□

肝心だ ★	かんじんだ	な형 중요하다

きょうし　もの　おし　ご　だいじ　おも　きも　かんじん
教師たる者、教え子を大事に思う気持ちが肝心だ。
교사된 자로서, 제자를 소중히 생각하는 마음이 **중요하다**.

[문형] 명사 + たる ~된

1534 □□□

称える ★	たたえる	동 칭찬하다, 기리다

う　あ　こうじょう　こうけん　しゃいん　たた　せいど　はじ
売り上げの向上に貢献した社員を称える制度を始める
つもりだ。 매상 향상에 공헌한 사원을 **칭찬하는** 제도를 시작할 예정이다.

1535 □□□

紛れもない ★	まぎれもない	틀림없다

かがく　はってん　まぎ　じじつ　おも
科学が発展しているということは紛れもない事実だと思う。
과학이 발전하고 있다는 것은 **틀림없는** 사실이라고 생각한다.

*<Day별 단어 퀴즈 PDF>를 활용하여 꼭 복습하세요.

완성 단어

1536 □□□	思惑(おもわく)	명 생각, 평판
1537 □□□	顧(かえり)みる	동 돌이켜보다
1538 □□□	省(かえり)みる	동 반성하다
1539 □□□	心得(こころえ)	명 마음가짐, 소양, 이해
1540 □□□	主観(しゅかん)	명 주관
1541 □□□	断言(だんげん)	명 단언
1542 □□□	途方(とほう)	명 수단, 방법, 조리
1543 □□□	凝(こ)らす	동 한곳에 집중시키다
1544 □□□	なにより	무엇보다도, 가장 좋음
1545 □□□	巧拙(こうせつ)	명 교졸, 잘하고 못함
1546 □□□	さぞ	부 필시
1547 □□□	楽観(らっかん)	명 낙관
1548 □□□	切望(せつぼう)	명 절실히 바람, 갈망
1549 □□□	朝飯前(あさめしまえ)	명 식은 죽 먹기
1550 □□□	見苦(みぐる)しい	い형 보기 흉하다
1551 □□□	無意味(むいみ)だ	な형 무의미하다
1552 □□□	無能(むのう)だ	な형 무능하다
1553 □□□	浅(あさ)はかだ	な형 소견이 얕다
1554 □□□	さほど	부 그다지
1555 □□□	下心(したごころ)	명 속마음, 음모
1556 □□□	分別(ふんべつ)	명 분별, 지각
1557 □□□	土壇場(どたんば)	명 막다른 판, 마지막 순간
1558 □□□	多数決(たすうけつ)	명 다수결
1559 □□□	同等(どうとう)だ	な형 동등하다
1560 □□□	妥結(だけつ)	명 타결
1561 □□□	憶測(おくそく)	명 억측
1562 □□□	ずれ	명 차이, 어긋남
1563 □□□	翻(ひるがえ)す	동 뒤집다, 번복하다
1564 □□□	てっきり	부 영락없이
1565 □□□	必然(ひつぜん)	명 필연
1566 □□□	図星(ずぼし)	명 급소, 핵심, 적중함
1567 □□□	甚(はなは)だ	부 몹시, 매우
1568 □□□	なおさら	부 한층 더
1569 □□□	まして	부 하물며, 더구나
1570 □□□	いっそ	부 차라리
1571 □□□	とかく	부 이것저것, 어쨌든
1572 □□□	ひょっと	부 어쩌면
1573 □□□	遅(おそ)くとも	부 늦어도
1574 □□□	かねて	부 진작부터, 미리, 전부터
1575 □□□	仮(かり)に	부 만약, 임시로
1576 □□□	一概(いちがい)に	부 일괄적으로
1577 □□□	終始(しゅうし)	명 시종, 줄곧

DAY 20 느낌·감각

MP3 바로 듣기

1578 □□□

情緒 | **じょうちょ** | 명 분위기, 정서

しょうてんがい　かっき　したまち　じょうちょ　あふ
この商店街は活気があって下町の**情緒**が溢れている。
이 상점가는 활기가 있어 번화가 **분위기**가 넘치고 있다.

1579 □□□

気配 ★ | **けはい** | 명 기색

あめ　や　けはい　ふ
雨は止む**気配**もなくざあざあと降っていた。
비는 그칠 **기색**도 없이 쏴쏴 내리고 있었다.

1580 □□□

察知 ★ | **さっち** | 명 알아차림

かれ　たにん　きも　さっち　きづか
彼は他人の気持ちをよく**察知**して気遣いをしてくれる。
그는 타인의 마음을 잘 **알아차리**고 배려를 해 준다.

1581 □□□

趣向 ★ | **しゅこう** | 명 취향

しゅこう　こ　うつく　ていえん　ふうけい　こころ　いや
趣向を凝らした美しい庭園の風景に心が癒された。
취향을 한껏 담은 아름다운 정원의 풍경에 마음이 치유되었다.

1582 □□□

半減 | **はんげん** | 명 반감

み　えいが　よ　きょうみ　はんげん
見たかった映画のネタバレを読んでしまって興味が**半減**した。
보고 싶었던 영화의 스포일러를 읽어 버려서 흥미가 **반감**되었다.

1583 □□□

なんとなく ★ | - | 부 왠지 모르게

手書き(てが)きの文字(もじ)を見(み)たらその人(ひと)の性格(せいかく)がなんとなく伝(つた)わってくる。
손으로 쓴 글씨를 보면 그 사람의 성격이 **왠지 모르게** 전해져 온다.

1584 □□□

些細だ ★ | ささいだ | な형 사소하다, 세세하다

些細(ささい)な配慮(はいりょ)や優(やさ)しい言葉遣(ことばづか)いが他人(たにん)に好印象(こういんしょう)を与(あた)える。
사소한 배려나 친절한 말씨가 타인에게 좋은 인상을 준다.

1585 □□□

細やかだ | こまやかだ | な형 상세하다

同僚(どうりょう)が部長(ぶちょう)にプロジェクトの進行状況(しんこうじょうきょう)を細(こま)やかに説明(せつめい)していた。 동료가 부장님께 프로젝트 진행 상황을 **상세하게** 설명하고 있었다.

1586 □□□

目まぐるしい ★ | めまぐるしい | い형 어지럽다, 변화가 매우 빠르다

現代社会(げんだいしゃかい)は何(なに)もかもが早(はや)く変(か)わり、目(め)まぐるしいものがある。 현대 사회는 무엇이든지 빠르게 변해, **어지러운** 데가 있다.

[문형] い형용사 사전형 + ものがある ~(한) 데가 있다

1587 □□□

煩雑だ ★ | はんざつだ | な형 번잡하다

手続(てつづ)きが煩雑(はんざつ)だったがゆえに、補助金(ほじょきん)の申請(しんせい)に時間(じかん)がかかった。 수속이 **번잡했기** 때문에, 보조금 신청에 시간이 걸렸다.

[문형] な형용사 보통형 + がゆえに ~(하)기 때문에

1588 □□□

静寂 | せいじゃく | 명 정적

夜(よる)の学校(がっこう)は昼(ひる)とはがらっと変(か)わって静寂(せいじゃく)に包(つつ)まれていた。
밤의 학교는 낮과는 싹 바뀌어 **정적**에 싸여 있었다.

1589 □□□

たやすい ★ | - | い형 쉽다

これくらいのたやすい課題(かだい)なら、1時間(じかん)で済(す)ませられる。
이 정도의 **쉬운** 과제라면, 1시간으로 끝낼 수 있다.

1590 □□□

気軽だ | **きがるだ** | な형 부담 없다

こちらの雑誌(ざっし)は読(よ)み放題(ほうだい)なのでどうぞ気軽(きがる)にお読(よ)みください。
여기의 잡지는 마음껏 읽을 수 있으므로 아무쪼록 **부담 없이** 읽어 주세요.

1591 □□□

爽やかだ ★ | **さわやかだ** | な형 시원하다, 산뜻하다

旬(しゅん)の果物(くだもの)を使(つか)ったこのかき氷(ごおり)の爽(さわ)やかな味(あじ)が絶品(ぜっぴん)だ。
제철 과일을 사용한 이 빙수의 **시원한** 맛이 일품이다.

1592 □□□

清々しい ★ | **すがすがしい** | い형 상쾌하다, 시원하다

彼(かれ)のあの清々(すがすが)しい表情(ひょうじょう)からいって何(なに)かいいことでもあったようだ。 그의 저 **상쾌한** 표정으로 보아 무언가 좋은 일이라도 있었던 것 같다.

[문형] 명사 + からいって ~으로 보아

1593 □□□

心地よい ★ | **ここちよい** | い형 기분 좋다, 상쾌하다

ようやく春(はる)めいてきて、風(かぜ)が心地(ここち)よい季節(きせつ)になった。
점차 봄다워져 와서, 바람이 **기분 좋은** 계절이 되었다.

[문형] 명사 + めく ~다워지다

1594 □□□

軽快だ ★ | **けいかいだ** | な형 경쾌하다

このCMは軽快(けいかい)な音楽(おんがく)が鮮(あざ)やかな映像(えいぞう)と相(あい)まって見(み)ていて楽(たの)しい。 이 광고는 **경쾌한** 음악이 산뜻한 영상과 어우러져 보고 있으면 즐겁다.

[문형] 명사 + と相まって ~과 어우러져

1595 □□□

清らかだ | **きよらかだ** | **な형** 맑다, 깨끗하다

冬(ふゆ)の清(きよ)らかで冷(つめ)たい空気(くうき)に触(ふ)れ、気分(きぶん)がしゃきっとした。
겨울의 **맑고** 차가운 공기에 닿아, 기분이 산뜻해졌다.

1596 □□□

待ち遠しい | **まちどおしい** | **い형** 몹시 기다려지다

今年(ことし)の秋(あき)から始(はじ)まる短期留学(たんきりゅうがく)が待(ま)ち遠(どお)しくてたまらない。
올해 가을부터 시작되는 단기 유학이 **몹시 기다려져서** 견딜 수 없다.

[문형] い형용사 て형 + たまらない ~(해)서 견딜 수 없다

1597 □□□

増す | **ます** | **동** 커지다, 늘다

出(だ)し物(もの)の準備(じゅんび)が進(すす)むにつれて、大学祭(だいがくさい)への期待(きたい)が増(ま)している。 상연물의 준비가 진행됨에 따라서, 대학 축제에의 기대가 **커지고** 있다.

1598 □□□

情熱 | **じょうねつ** | **명** 정열

彼女(かのじょ)は学生時代(がくせいじだい)の情熱(じょうねつ)を失(うしな)うことなく考古学(こうこがく)の研究(けんきゅう)に励(はげ)んでいる。 그녀는 학생 시절의 **정열**을 잃지 않고 고고학 연구에 힘쓰고 있다.

[문형] 동사 사전형 + ことなく ~(하)지 않고

1599 □□□

心細い ★ | **こころぼそい** | **い형** 불안하다

両親(りょうしん)と離(はな)れて一人暮(ひとりぐ)らしをするのはやっぱり心細(こころぼそ)い。
부모님과 떨어져 혼자 사는 것은 역시 **불안하다**.

1600 □□□

危機感 | **ききかん** | **명** 위기감

年々深刻(ねんねんしんこく)になっていく環境問題(かんきょうもんだい)に危機感(ききかん)を感(かん)じつつある。
해마다 심각해져 가는 환경 문제에 **위기감**을 느끼고 있다.

[문형] 동사 ます형 + つつある ~(하)고 있다

1601 □□□

不愉快だ | ふゆかいだ | な형 유쾌하지 않다

名前(なまえ)を間違(まちが)われると多少不愉快(たしょうふゆかい)な気持(きも)ちになってしまう。
이름을 틀리면 다소 **유쾌하지 않은** 기분이 되고 만다.

1602 □□□

ぎこちない ★ | - | い형 어색하다, 거북하다

ぎこちない表情(ひょうじょう)からして発表者(はっぴょうしゃ)はどうやら緊張(きんちょう)しているようだ。
어색한 표정으로 볼 때 발표자는 아무래도 긴장하고 있는 것 같다.

[문형] 명사 + からして ~으로 볼 때

1603 □□□

甚だしい ★ | はなはだしい | い형 심하다, 대단하다

昔買(むかしか)ったオリンピック記念硬貨(きねんこうか)は劣化(れっか)が甚(はなは)だしく変色(へんしょく)していた。 옛날에 산 올림픽 기념 주화는 열화가 **심하고** 변색되어 있었다.

1604 □□□

大げさだ ★ | おおげさだ | な형 과장스럽다

彼(かれ)の言葉(ことば)は全般的(ぜんぱんてき)に大(おお)げさで、信(しん)じがたいところがある。
그의 말은 전반적으로 **과장스러워서**, 믿기 어려운 구석이 있다.

[문형] 동사 ます형 + がたい ~(하)기 어렵다

1605 □□□

密かだ ★ | ひそかだ | な형 은근하다, 은밀하다

次期会長(じきかいちょう)は森(もり)さんがなるに相違(そうい)ないと密(ひそ)かに思(おも)っていた。
차기 회장은 모리 씨가 될 것임에 틀림없다고 **은근하게** 생각하고 있었다.

[문형] 동사 보통형 + に相違ない ~(함)에 틀림없다

1606 □□□

凌ぐ | しのぐ | 동 견디다, 참다

暖房(だんぼう)が壊(こわ)れ、寒(さむ)さを凌(しの)ぐためにストーブを引(ひ)っ張(ぱ)り出(だ)した。
난방이 고장 나서, 추위를 **견디기** 위해 난로를 꺼냈다.

1607 □□□

漠然と ★	ばくぜんと	막연히

人に助言を求めることで漠然とした不安がある程度解消できる。 남에게 조언을 구하는 것으로 막연한 불안이 어느 정도 해소될 수 있다.

1608 □□□

雑だ	ざつだ	な형 조잡하다

あの本は内容が難しい上に、説明も雑でちんぷんかんぷんだ。 저 책은 내용이 어려운 데다가, 설명도 조잡하고 횡설수설이다.

[문형] い형용사 보통형 + 上に ~(한) 데다가

1609 □□□

無性に ★	むしょうに	부 까닭 없이, 몹시

無性に何かが食べたくなるのは栄養不足のサインかもしれない。
까닭 없이 무언가가 먹고 싶어지는 것은 영양 부족의 신호일 수도 있다.

1610 □□□

がらりと ★	-	싹, 완전히

鈴木さんは親しい人といると雰囲気ががらりと変わるんだね。 스즈키 씨는 친한 사람과 있으면 분위기가 싹 바뀌는구나.

1611 □□□

つくづく	-	부 절실히, 곰곰이

親の介護を始めて、介護支援の必要性をつくづく感じた。
부모님의 간병을 시작하고, 간병 지원의 필요성을 절실히 느꼈다.

1612 □□□

うすうす ★	-	부 어렴풋이, 희미하게

彼の言動から何か隠しているのではないかとうすうす思っていた。 그의 언동에서 무언가 숨기고 있는 것은 아닌지 어렴풋이 생각하고 있었다.

DAY 20

해커스 JLPT 기출 단어장 N1

1613 □□□

うずうず ★	-	부 근질근질

むすめ　にゅうがく し けん　けっ か　はや　し
娘は入学試験の結果が早く知りたくてうずうずしているようだ。 딸은 입학시험 결과를 빨리 알고 싶어서 **근질근질**한 것 같다.

1614 □□□

ねばねば	-	부 끈적끈적

なっとう　にお　む ろん　しょっかん　す
納豆の臭いは無論、ねばねばした食感もあまり好きではない。 낫토의 냄새는 물론, **끈적끈적**한 식감도 별로 좋아하지 않는다.

1615 □□□

ぶかぶかだ	-	な형 헐렁헐렁하다

し ちゃく　ほか　き
試着したシャツがぶかぶかで、他のサイズを着てみることにした。
시험 삼아 입어 본 셔츠가 **헐렁헐렁해서**, 다른 사이즈를 입어 보기로 했다.

1616 □□□

きっちり	-	부 꽉, 빈틈이 없는

びん　し　あ　く ろう
瓶のふたが**きっちり**閉まっていて、開けるのに苦労した。
병뚜껑이 **꽉** 닫혀 있어서, 여는 데에 고생했다.

1617 □□□

ずっしり ★	-	부 묵직이

かる　み　か びん　い がい
軽そうに見える花瓶だったが意外と**ずっしり**していた。
가벼워 보이는 꽃병이었는데 의외로 **묵직**했다.

1618 □□□

刺激 ★	しげき	명 자극

あたら　け しょうすい　ぬ　はだ　し げき　かん　みず　なが
新しい化粧水を塗ったとたん肌に**刺激**を感じてすぐ水で流した。 새 화장수를 바른 순간 피부에 **자극**을 느껴서 바로 물로 씻어 냈다.

*<Day별 단어 퀴즈 PDF>를 활용하여 꼭 복습하세요.

완성 단어

1619 □□□	人気	ひとけ	명 인기척
1620 □□□	何だか	なん	부 어쩐지
1621 □□□	きっかり		부 정확히
1622 □□□	きちっと		부 어김없이, 깔끔히
1623 □□□	迫力	はくりょく	명 박력
1624 □□□	厳かだ	おごそ	な형 엄숙하다
1625 □□□	神々しい	こうごう	い형 성스럽다, 거룩하다
1626 □□□	居心地	いごこち	명 (어떤 곳에 있을 때의) 느낌, 기분
1627 □□□	縁起	えんぎ	명 길흉의 조짐, 재수
1628 □□□	堅い	かた	い형 견실하다, 확실하다
1629 □□□	いやに		부 이상하게, 묘하게
1630 □□□	したたかだ		な형 매우 강하다, 만만치 않다
1631 □□□	急速	きゅうそく	명 급속
1632 □□□	混同	こんどう	명 혼동
1633 □□□	圧迫	あっぱく	명 압박
1634 □□□	過酷だ	かこく	な형 가혹하다
1635 □□□	窮屈だ	きゅうくつ	な형 거북하다, 답답하다
1636 □□□	うさんくさい		い형 수상하다, 미심쩍다
1637 □□□	はしたない		い형 상스럽다, 경박하다
1638 □□□	嫌らしい	いや	い형 불쾌한 느낌이 들다
1639 □□□	思い知らす	おもし	동 본때를 보이다

1640 □□□	歯痒い	はがゆ	い형 조바심이 나다, 답답하다
1641 □□□	訝しい	いぶか	い형 의심스럽다, 수상쩍다
1642 □□□	違和感	いわかん	명 위화감
1643 □□□	痛快だ	つうかい	な형 통쾌하다
1644 □□□	豪奢だ	ごうしゃ	な형 호사스럽다
1645 □□□	凄絶だ	せいぜつ	な형 처절하다
1646 □□□	残酷だ	ざんこく	な형 잔혹하다, 참혹하다
1647 □□□	がっくり		부 맥없이
1648 □□□	散々	さんざん	부 심하게, 몹시, 마음껏
1649 □□□	感触	かんしょく	명 감촉
1650 □□□	勘	かん	명 육감, 직감력
1651 □□□	直感	ちょっかん	명 직감
1652 □□□	一際	ひときわ	부 유달리, 유독
1653 □□□	きしきし		부 삐걱삐걱
1654 □□□	くすぐったい		い형 간지럽다
1655 □□□	煙たい	けむ	い형 (연기가) 맵다
1656 □□□	かしましい		い형 시끄럽다, 떠들썩하다
1657 □□□	冴える	さ	동 맑아지다, 선명해지다
1658 □□□	かする		동 스치다
1659 □□□	さっと		부 휙
1660 □□□	ぞっと		부 오싹

DAY 21 기분·감정

MP3 바로 듣기

1661 □□□

安堵 ★	あんど	명 안심, 안도

じしん　お　しんぱい　かぞくぜんいん　れんらく　と　あんど
地震が起きて心配したが、家族全員と連絡が取れて安堵した。
지진이 일어나 걱정했지만, 가족 모두와 연락이 되어 **안심**했다.

1662 □□□

会心 ★	かいしん	명 회심, 마음에 듦

う　だしゃ　かいしん　え　う
ホームランを打った打者が会心の笑みを浮かべた。
홈런을 친 타자가 **회심**의 미소를 지었다.

1663 □□□

弾む ★	はずむ	동 들뜨다, 튀다

おとうと　はじ　おきなわ　い　こころ　はず
弟は初めて沖縄に行くことに心を弾ませていた。
남동생은 처음으로 오키나와에 가는 것에 마음이 **들떠** 있었다

1664 □□□

抱く	いだく	동 품다, 안다

ぶんがくしょうじゅしょう　うれ　かんじょう　いだ
文学賞受賞だなんて、こんなに嬉しい感情は抱いたことがない。 문학상 수상이라니, 이렇게 기쁜 감정은 **품어**본 적이 없다.

1665 □□□

染みる ★	しみる	동 사무치다, 스미다

なん　げつ　わたし　かんびょう　りょうしん　やさ　こころ　し
何か月も私を看病してくれた両親の優しさが心に染みた。
몇 달이나 나를 간병해 준 부모님의 다정함이 마음에 **사무쳤**다.

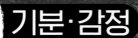

1666 □□□

慕う ★ | **したう** | 동 그리워하다, 연모하다

きょうだい　どうぜん　おさななじ　いま　した
兄弟も同然だった幼馴染みを40になった今も慕っている。
형제나 다름없던 소꿉친구를 40살이 된 지금도 **그리워하고** 있다.

[문형] 명사 + も同然だ ~나 다름없다

1667 □□□

驚嘆 ★ | **きょうたん** | 명 경탄

げんだい　うちゅうかがくぎじゅつ　すいじゅん　きょうたん
現代の宇宙科学技術の水準は驚嘆にたえないものである。
현대의 우주 과학 기술의 수준은 매우 **경탄**스러운 것이다.

[문형] 명사 + にたえない 매우 ~(하)다

1668 □□□

興奮 ★ | **こうふん** | 명 흥분

あね　せんこうぶんや　しんりがく　はなし　こうふん　くちかず
姉は専攻分野である心理学の話となると興奮して口数が
おお
多くなる。 누나는 전공 분야인 심리학 이야기가 되면 **흥분**해서 말수가 많아진다.

[문형] 명사 + となると ~가 되면

1669 □□□

盛り上がる | **もりあがる** | 동 흥이 오르다, 고조되다

おも　でばなし　も　あ　むかし　もど
思い出話で盛り上がっていたら、昔に戻りたくなった。
추억담으로 **흥이 올라** 있었더니, 옛날로 돌아가고 싶어졌다.

1670 □□□

滑稽だ | **こっけいだ** | な형 우스꽝스럽다, 익살맞다

ともだち　かそう　こっけい　わら
ハロウィーンで友達がした仮装があまりに滑稽で笑った。
핼러윈에 친구가 한 가장이 너무나 **우스꽝스러워서** 웃었다.

1671 □□□

募る ★ | **つのる** | 동 강해지다, 심해지다, 모으다

いちにんまえ　べんごし　どくりつ　きも　つの
一人前の弁護士になって独立したいという気持ちが募り
つつある。
한 사람 몫을 하는 변호사가 되어 독립하고 싶다는 마음이 **강해지고** 있다.

[문형] 동사 ます형 + つつある ~(하)고 있다

1672 □□□

くよくよ ★	-	부 끙끙

どうしようもないことをくよくよ心配していても始まらない。
어쩔 수 없는 일을 **끙끙** 걱정하고 있어도 의미가 없다.

[문형] 동사 て형 + も始まらない ~(해)도 의미가 없다

1673 □□□

そわそわ ★	-	부 들뜬, 안절부절

修学旅行を明日に控えた娘はそわそわ落ち着かない様子だ。 수학여행을 내일로 앞둔 딸은 **들떠서** 진정되지 않는 모양이다.

[문형] 명사 + を + 명사 + に控える ~을 …로 앞두다

1674 □□□

障る ★	さわる	동 거슬리다

人の気持ちを考慮しない彼の露骨な言い方が気に障る。
남의 기분을 고려하지 않는 그의 노골적인 말투가 기분에 **거슬린다**.

1675 □□□

ご機嫌斜めだ ★	ごきげんななめだ	な형 심기가 편치 않다

嫌なことでもあったのか妻は帰宅してから終始ご機嫌斜めだった。
싫은 일이라도 있었던 것인지 아내는 귀가하고 나서 시종 **심기가 편치 않았다**.

1676 □□□

厄介だ ★	やっかいだ	な형 성가시다, 귀찮다

友達同士の喧嘩に巻き込まれ、どれだけ厄介だったことか。
친구끼리의 싸움에 휘말려, 얼마나 **성가셨**던가.

[문형] な형용사 어간 だった + ことか ~(했)던가

1677 □□□

億劫だ	おっくうだ	な형 귀찮다, 내키지 않다

休日は誰かに会うのも億劫で、一日中家でだらだらしている。
휴일에는 누군가를 만나는 것도 **귀찮아서**, 하루 종일 집에서 게으르게 지내고 있다.

1678 □□□

決まり悪い	きまりわるい	い형 면목이 서지 않다

今度(こんど)こそ合格(ごうかく)すると大口(おおくち)を叩(たた)いていたのにまた不合格(ふごうかく)で決(き)まり悪(わる)い。
이번에야말로 합격하겠다고 호언장담을 했었는데 또 불합격이라 **면목이 서지 않는다**.

1679 □□□

憤る ★	いきどおる	동 분노하다

あんな理不尽(りふじん)な要求(ようきゅう)をされたら**憤(いきどお)って**当(あ)たり前(まえ)だ。
그런 불합리한 요구를 당하면 **분노하는** 것이 당연하다.

1680 □□□

むっと ★	-	부 (화가) 불끈

優柔不断(ゆうじゅうふだん)で何回(なんかい)も意見(いけん)を翻(ひるがえ)す彼(かれ)を見(み)ているとつい**むっと**なる。
우유부단해서 몇 번이고 의견을 번복하는 그를 보고 있으면 그만 **화가 불끈** 난다.

1681 □□□

驚愕 ★	きょうがく	명 경악

某企業(ぼうきぎょう)の悪質(あくしつ)な実態(じったい)が晒(さら)され、誰(だれ)もが**驚愕(きょうがく)**を禁(きん)じ得(え)なかった。 모 기업의 악질적인 실태가 드러나, 누구나가 **경악**을 금치 못했다.

[문형] 명사 + を禁じ得ない ~을 금치 못하다

1682 □□□

仰天 ★	ぎょうてん	명 몹시 놀람, 기겁을 함

この番組(ばんぐみ)は人々(ひとびと)が**仰天(ぎょうてん)**する事件(じけん)や事実(じじつ)を紹介(しょうかい)している。
이 방송은 사람들이 **몹시 놀랄** 사건이나 사실을 소개하고 있다.

1683 □□□

うろたえる ★	-	동 당황하다

面接官(めんせつかん)に思(おも)いがけない質問(しつもん)をされ、若干(じゃっかん)**うろたえて**しまった。
면접관에게 뜻밖의 질문을 받아, 약간 **당황해** 버렸다.

1684 □□□

交錯 ★	こうさく	명 뒤섞임, 교착

入社を一週間後に控えて新生活への期待と不安が交錯している。
입사를 일주일 뒤로 앞두고 새로운 생활에 대한 기대와 불안이 **뒤섞이**고 있다.

1685 □□□

もどかしい ★	-	い형 답답하다, 안타깝다

取引先と意見の一致点を見出せず、もどかしくてならない。
거래처와 의견의 일치점을 발견하지 못해, 너무 **답답하다**.

[문형] 동사 て형 + ならない 너무 ~(하)다

1686 □□□

気掛かりだ ★	きがかりだ	な형 마음에 걸리다, 근심스럽다

雇用契約書にいくつか気掛かりな内容があって問い合わせた。
고용 계약서에 몇 가지 **마음에 걸리는** 내용이 있어 문의했다.

1687 □□□

痛切だ ★	つうせつだ	な형 (사무치게) 절실하다, 통절하다

一人暮らしを始めて、親のありがたみを痛切に感じた。
독신 생활을 시작하고, 부모의 고마움을 **절실하게** 느꼈다.

1688 □□□

孤独だ	こどくだ	な형 고독하다

海外赴任中は、知り合い一人いない所で孤独な生活を送っていた。
해외 부임 중에는, 아는 사람 한 명 없는 곳에서 **고독한** 생활을 보내고 있었다.

1689 □□□

空しい	むなしい	い형 허무하다

年をとるとともに、人生が空しいと思う日が増えた。
나이를 먹음과 함께, 인생이 **허무하다**고 생각하는 날이 많아졌다.

[문형] 동사 사전형 + とともに ~과 함께

1690 □□□

儚い | **はかない** | い형 덧없다

いっしゅん　ち　はなび　はかな　ぶん　うつく
一瞬であがって散る花火は儚い分とても美しい。
한순간에 오르고 사라지는 불꽃은 **덧없는** 만큼 매우 아름답다.

1691 □□□

喪失 | **そうしつ** | 명 상실

じょうし　ちゅうい　おな　しっぱい　いよく　そうしつ
上司に注意されたそばから同じ失敗をして、意欲を喪失した。 상사에게 주의를 받자마자 같은 실수를 해서, 의욕을 **상실**했다.

[문형] 동사 보통형 + そばから ~(하)자마자

1692 □□□

落胆 ★ | **らくたん** | 명 낙담

めんせつ　お　らくたん
面接に落ちたからといってそこまで落胆するにはあたらないよ。 면접에 떨어졌다고 해서 그렇게까지 **낙담**할 필요는 없어.

[문형] 동사 보통형 + からといって ~(하)다고 해서 /
동사 사전형 + にはあたらない ~(할) 필요는 없다

1693 □□□

鬱陶しい | **うっとうしい** | い형 음울하다

しゅうかん　あめ　ふ　つづ　うっとう
1週間にわたって雨が降り続いて鬱陶しい。
1주일에 걸쳐 비가 계속 내려서 **음울하다**.

[문형] 명사 + にわたって ~에 걸쳐

1694 □□□

嫌悪 ★ | **けんお** | 명 혐오

じんしゅ　こくせき　りゆう　ひと　けんお　けっ　ゆる
人種や国籍などを理由に人を嫌悪することは決して許されない。 인종이나 국적 등을 이유로 사람을 **혐오**하는 것은 결코 용서받지 못한다.

관련어 嫌悪感 けんおかん 명 혐오감

1695 □□□

遺憾 ★ | **いかん** | 명 유감

きゃくさま　きぼう　そ　いかん　おも
お客様のご希望に沿えず、遺憾に思います。
고객님의 희망에 따르지 못해, **유감**으로 생각합니다.

1696 □□□

怯える ★	おびえる	동 겁먹다, 무서워하다

甥(おい)が雷(かみなり)の音(おと)に怯(おび)えて部屋(へや)の隅(すみ)っこで布団(ふとん)を被(かぶ)っていた。
조카가 천둥소리에 **겁먹어** 방구석에서 이불을 뒤집어쓰고 있었다.

1697 □□□

おっかない	-	い형 무섭다, 두렵다

注意(ちゅうい)をする時(とき)の部長(ぶちょう)の顔(かお)はおっかないといったらありゃしない。 주의를 줄 때의 부장의 얼굴은 정말이지 **무섭다**.

[문형] い형용사 사전형 + といったらありゃしない 정말이지 ~(하)다

1698 □□□

懲りる ★	こりる	동 넌더리를 내다, 질리다

彼女(かのじょ)は幾度(いくど)の失敗(しっぱい)にも懲(こ)りず、根気(こんき)良(よ)く実験(じっけん)を続(つづ)けている。
그녀는 여러 번의 실패에도 **넌더리를 내지** 않고, 끈기 있게 실험을 계속하고 있다.

1699 □□□

うんざり	-	부 지긋지긋

子供(こども)の頃(ころ)は毎日(まいにち)両親(りょうしん)や先生(せんせい)に言(い)われる小言(こごと)にうんざりしていた。 어렸을 때는 매일 부모님이나 선생님에게 듣는 잔소리가 **지긋지긋**했다.

1700 □□□

執着 ★	しゅうちゃく / しゅうじゃく	명 집착

相手(あいて)への執着(しゅうちゃく)が強(つよ)すぎるとかえって関係(かんけい)を壊(こわ)すことになる。
상대방에 대한 **집착**이 너무 강하면 오히려 관계를 망치게 된다.

1701 □□□

嫉妬	しっと	명 질투

嫉妬(しっと)とは、向上心(こうじょうしん)があるがゆえに生(う)まれる感情(かんじょう)なのかもしれない。 **질투**란, 향상심이 있기 때문에 생기는 감정일지도 모른다.

[문형] 동사 보통형 + がゆえに ~(하)기 때문에

*<Day별 단어 퀴즈 PDF>를 활용하여 꼭 복습하세요.

완성 단어

1702 □□□	堪能(たんのう)	명 충분함, 만족함
1703 □□□	感極まる(かんきわ)	몹시 감격하다
1704 □□□	いやいや	부 마지못해
1705 □□□	不機嫌だ(ふきげん)	な형 기분이 언짢다
1706 □□□	呆然と(ぼうぜん)	망연히
1707 □□□	無念(むねん)	명 유감, 원통함
1708 □□□	悲惨だ(ひさん)	な형 비참하다
1709 □□□	未練(みれん)	명 미련
1710 □□□	危惧(きぐ)	명 걱정, 염려
1711 □□□	懸念(けねん)	명 괘념, 걱정
1712 □□□	憂慮(ゆうりょ)	명 우려
1713 □□□	欲望(よくぼう)	명 욕망
1714 □□□	気障(きざ)	명 아니꼬움, 같잖음
1715 □□□	絶望(ぜつぼう)	명 절망
1716 □□□	侘しい(わび)	い형 쓸쓸하다, 적적하다
1717 □□□	憂鬱(ゆううつ)	명 우울
1718 □□□	痛感(つうかん)	명 통감, 마음에 사무치게 느낌
1719 □□□	やるせない	い형 안타깝다, 처량하다
1720 □□□	愕然と(がくぜん)	악연히, 깜짝
1721 □□□	逆上(ぎゃくじょう)	명 욱함, 흥분함, 이성을 잃음
1722 □□□	立腹(りっぷく)	명 화를 냄, 역정
1723 □□□	憤慨(ふんがい)	명 분개
1724 □□□	こりごり	부 신물이 나는, 지긋지긋
1725 □□□	憎しみ(にく)	명 미움, 증오
1726 □□□	憎悪(ぞうお)	명 증오
1727 □□□	断腸(だんちょう)	명 단장, 몹시 슬픔
1728 □□□	緩む(ゆる)	동 풀어지다, 느슨해지다
1729 □□□	面目(めんぼく) / 面目(めんもく)	명 면목
1730 □□□	内心(ないしん)	명 내심
1731 □□□	一喜一憂(いっきいちゆう)	명 일희일비, 일희일우
1732 □□□	揺さぶる(ゆ)	동 흔들다, 동요시키다
1733 □□□	さも	부 참으로, 자못
1734 □□□	皆目(かいもく)	부 전혀, 도무지
1735 □□□	格別(かくべつ)	부 각별히, 유난히
1736 □□□	郷愁(きょうしゅう)	명 향수, 망향
1737 □□□	おぼろげだ	な형 어렴풋하다
1738 □□□	祝賀(しゅくが)	명 축하
1739 □□□	衝動(しょうどう)	명 충동
1740 □□□	恐れ入る(おそい)	동 송구스러워하다
1741 □□□	恐縮(きょうしゅく)	명 죄송함, 황송함, 송구함
1742 □□□	恥じる(は)	동 부끄러이 여기다
1743 □□□	渋々(しぶしぶ)	부 떨떠름하게, 마지못해

회사·업무

MP3 바로 듣기

1744 □□□

携わる ★	たずさわる	동 종사하다

販売職(はんばいしょく)に10年(ねん)も携(たずさ)わっているので販売(はんばい)においては専門家(せんもんか)も同然(どうぜん)だ。

판매직에 10년이나 **종사하고** 있기 때문에 판매에 대해서는 전문가나 마찬가지다.

[문형] 명사 + も同然だ ~나 마찬가지다

1745 □□□

創立	そうりつ	명 창립

会社(かいしゃ)の創立(そうりつ)100周年(しゅうねん)を祝(しゅく)して、記念式典(きねんしきてん)が開(ひら)かれた。

회사의 **창립** 100주년을 축하하여, 기념 식전이 열렸다.

1746 □□□

人事	じんじ	명 인사, 인재를 관리하는 일

職員研修(しょくいんけんしゅう)に関(かん)するお問(と)い合(あ)わせは人事課(じんじか)までお願(ねが)いします。 직원 연수에 관한 문의는 **인사**과로 부탁드립니다.

> 관련어 人事部 じんじぶ 명 인사부

1747 □□□

昇進 ★	しょうしん	명 승진

橋本(はしもと)さんは昇進(しょうしん)に値(あたい)する人材(じんざい)と評価(ひょうか)され、課長(かちょう)に任命(にんめい)された。 하시모토 씨는 **승진**할 가치가 있는 인재로 평가받아, 과장으로 임명되었다.

1748 □□□

履歴 ★	りれき	명 이력

面接(めんせつ)で職業履歴(しょくぎょうりれき)について質問(しつもん)され、簡単(かんたん)に説明(せつめい)した。

면접에서 직업 **이력**에 대해 질문받아, 간단히 설명했다.

1749

経歴 ★	けいれき	명 경력

かのじょ けいれき じんかく すぐ
彼女は経歴もさることながら、人格も優れている。
그녀는 **경력**도 그러하지만, 인격도 뛰어나다.

[문형] 명사 + もさることながら ~도 그러하지만

1750

配属 ★	はいぞく	명 배속

めんだん けっか ふ かくしゃいん はいぞくぶしょ き
面談の結果を踏まえて各社員の配属部署を決めた。
면담 결과를 토대로 각 사원의 **배속** 부서를 정했다.

[문형] 명사 + を踏まえて ~를 토대로

1751

起用 ★	きよう	명 기용

かれ のうりょく みと にゅうしゃ ねんめ しゅにん きよう
彼は能力が認められ、入社１年目にもかかわらず主任に起用された。
그는 능력을 인정받아, 입사 1년 차인데도 불구하고 주임으로 **기용**되었다.

[문형] 명사 + にもかかわらず ~인데도 불구하고

1752

赴任 ★	ふにん	명 부임

じょうし かいがいししゃ ふにん だしん
上司から海外支社への赴任を打診された。
상사가 해외 지사로의 **부임**을 타진했다.

1753

退く ★	しりぞく	동 물러나다

はらだしゃちょう こんねんど かぎ しゃちょうしょく しりぞ
原田社長は今年度を限りに社長職を退くそうだ。
하라다 사장은 금년도를 끝으로 사장직에서 **물러난다고** 한다.

[문형] 명사 + を限りに ~를 끝으로

1754

辞任 ★	じにん	명 사임

いしかわ いっしんじょう りゆう とりしまりやく じにん もう で
石川さんは一身上の理由で取締役の辞任を申し出た。
이시카와 씨는 일신상의 이유로 이사 **사임**을 신청했다.

1755 □□□

解雇 ★ | かいこ | 명 해고

すうねんまえ つづ えいぎょうふしん じゅうぎょういん かいこ よぎ
数年前から続く営業不振により従業員の解雇を余儀なくされた。 수년 전부터 계속되는 영업 부진으로 어쩔 수 없이 종업원 **해고**를 하게 되었다.

[문형] 명사 + を余儀なくされる 어쩔 수 없이 ~(하)게 되다

1756 □□□

人手 ★ | ひとで | 명 일손

じぎょうかくだい けってい き ひとで ふ けんとう
事業拡大の決定を機に、人手を増やすことを検討している。
사업 확대 결정을 계기로, **일손**을 늘리는 것을 검토하고 있다.

[문형] 명사 + を機に ~을 계기로

관련어 人手不足 ひとでぶそく 명 일손 부족

1757 □□□

合併 ★ | がっぺい | 명 합병

かいちょう とりしまりやくかい ぼう きぎょう がっぺい い ひょうめい
会長は取締役会で某IT企業との合併の意を表明した。
회장은 이사회에서 모 IT 기업과의 **합병** 의사를 표명했다.

1758 □□□

企画 | きかく | 명 기획

きょうごうたしゃ しんしょうひん たいこう しょうひん きかく
競合他社の新商品に対抗できる商品を企画している。
경쟁사의 신상품에 대항할 수 있는 상품을 **기획**하고 있다.

관련어 企画案 きかくあん 명 기획안

1759 □□□

任す | まかす | 동 맡기다

しごと しんじん やまもと まか だいじょうぶ おも
この仕事は新人の山本さんに任しても大丈夫だと思います。 이 일은 신인인 야마모토 씨에게 **맡겨**도 괜찮을 거라고 생각합니다.

1760 □□□

担う ★ | になう | 동 책임지다, 짊어지다

わたし せいやくがいしゃ けんきゅういん しんやく かいはつ にな
私は製薬会社の研究員として新薬の開発を担っている。
나는 제약 회사의 연구원으로서 신약 개발을 **책임지고** 있다.

1761 □□□

荷が重い ★ | **におもい** | 책임이 무겁다, 부담이 크다

かんりしょく　さまざま　けんげん　も　ぶん　に　おも
管理職ともなれば様々な権限を持つ分、荷が重くなるものだ。 관리직이 되면 다양한 권한을 가진 만큼, **책임이 무거워**지는 법이다.

[문형] 명사 + ともなれば ~이 되면 / 동사 보통형 + ものだ ~(하)는 법이다

1762 □□□

分担 ★ | **ぶんたん** | 명 분담

ぶんたん さぎょう　かく　やくわり　めいかく　おのおの　せきにんかん　たか
分担作業は各メンバーの役割を明確にし、各々の責任感を高める。 **분담** 작업은 각 멤버의 역할을 명확히 해, 각자의 책임감을 높인다.

1763 □□□

はかどる ★ | - | 동 (일이) 순조롭게 진행되다

むり　う　こ　てきど　やす　ほう　しごと
無理して打ち込むより適度に休みながらの方が仕事がはかどる。
무리해서 몰두하는 것보다 적당히 쉬면서 하는 편이 일이 **순조롭게 진행된다**.

1764 □□□

堅実だ ★ | **けんじつだ** | な형 견실하다

けいき　さゆう　あんてい　せいちょう　め ざ　けんじつ　けいえい　おこな
景気に左右されず安定した成長を目指す堅実な経営を行っています。
경기에 좌우되지 않고 안정된 성장을 목표로 하는 **견실한** 경영을 하고 있습니다.

1765 □□□

煩わしい ★ | **わずらわしい** | い형 번거롭다, 복잡하다

わずら　てじゅん　かんけつ　ぎょうむこうりつか　はか
煩わしい手順を簡潔にすることで業務効率化を図ることができる。 **번거로운** 수순을 간결하게 하는 것으로 업무 효율화를 꾀할 수 있다.

1766 □□□

見落とす ★ | **みおとす** | 동 못 보고 지나치다

ていあんしょ　みなお　ごじ　みお
提案書を見直していれば誤字を見落とすことはなかったものを。 제안서를 재검토했다면 오자를 **못 보고 지나치는** 일은 없었을 텐데.

[문형] 동사 보통형 + ものを ~(할) 텐데

1767 □□□

手立て ★	てだて	명 (목적 달성을 위한) 방법, 수단

あかじけいえい　だっきゃく　てだて　こう　おも
赤字経営から脱却するための手立てを講じたいと思う。
적자 경영으로부터 벗어나기 위한 **방법**을 강구하고 싶다고 생각한다.

1768 □□□

つぶさに ★	-	부 자세히

ほうこくしょ　だれ　よ　しょうさい　わ
報告書は誰が読んでもその詳細が分かるようつぶさに
か
書くべきだ。
보고서는 누가 읽어도 그 상세 내용을 이해할 수 있도록 **자세히** 적어야 한다.

[문형] 동사 사전형 + べきだ ~(해)야 한다

1769 □□□

手数 ★	てすう	명 수고, 귀찮음

てすう　きょうしゅく　ねが
お手数をおかけして恐縮ですが、よろしくお願いいたします。 수고를 끼치게 되어 죄송합니다만, 잘 부탁드립니다.

1770 □□□

ろくに ★	-	제대로, 충분히

しんじん　かいぎろく　か
新人でもあるまいし、会議録もろくに書けないなんて。
신인도 아니고, 회의록도 **제대로** 쓰지 못하다니.

[문형] 명사 + でもあるまいし ~도 아니고

1771 □□□

ずれ込む ★	ずれこむ	동 (예정이 늦어져 그 다음 기한까지) 넘어가다

がつ　しゅうりょう よてい　しもはんき　こ
6月に終了予定だったプロジェクトが下半期にずれ込んでしまった。 6월에 종료 예정이었던 프로젝트가 하반기로 **넘어가** 버렸다.

1772 □□□

不利益だ ★	ふりえきだ	な형 불리하다, 불이익하다

いくじきゅうか　と　ろうどうしゃ　ふりえき　あつか
育児休暇を取った労働者に不利益な扱いをすることは
いほう
違法だ。 육아 휴가를 얻은 노동자에게 **불리한** 취급을 하는 것은 위법이다.

1773 □□□

誤る | **あやまる** | 동 틀리다, 실수하다

発注書(はっちゅうしょ)に書(か)いてある金額(きんがく)が誤(あやま)っていて、訂正(ていせい)を求(もと)めた。
발주서에 쓰여 있는 금액이 **틀려** 있어, 정정을 요청했다.

1774 □□□

あべこべだ | - | な형 뒤바뀌다

二(ふた)つの明細書(めいさいしょ)の内容(ないよう)があべこべになるミスをしてしまった。
두 개의 명세서의 내용이 **뒤바뀌는** 실수를 해 버렸다.

1775 □□□

全うする ★ | **まっとうする** | 동 완수하다

業務(ぎょうむ)を担(にな)う上(うえ)で責任(せきにん)を持(も)って仕事(しごと)を全(まっと)うするという心構(こころがま)えが肝心(かんじん)だ。
업무를 맡는 데에 있어서 책임을 가지고 일을 **완수한다**고 하는 마음가짐이 중요하다.

1776 □□□

極力 ★ | **きょくりょく** | 부 있는 힘을 다해, 가능한 한

お客様(きゃくさま)の要望(ようぼう)にお応(こた)えできるよう極力(きょくりょく)努力(どりょく)いたします。
고객님의 요망에 응할 수 있도록 **있는 힘을 다해** 노력하겠습니다.

1777 □□□

練る ★ | **ねる** | 동 (계획을) 다듬다, (실을) 누이다

より効率的(こうりつてき)にプロジェクトを実行(じっこう)するため計画(けいかく)を練(ね)った。
더욱 효율적으로 프로젝트를 실행하기 위해 계획을 **다듬었다**.

1778 □□□

遂行 ★ | **すいこう** | 명 수행

職務(しょくむ)の遂行(すいこう)にあっては、業務(ぎょうむ)の目的(もくてき)を考(かんが)えなくてはいけない。 직무 **수행**에 있어서는, 업무의 목적을 생각하지 않으면 안 된다.

[문형] 명사 + にあって ~에 있어서

1779 □□□

並行 ★	へいこう	명 병행

複数の仕事を並行することを「マルチタスク」と言う。
복수의 일을 **병행**하는 것을 '멀티태스킹'이라고 한다.

1780 □□□

発足 ★	ほっそく	명 발족

今回、我が社は主婦を主な客層としたサービス事業を発足した。 이번에, 우리 회사는 주부를 주된 고객층으로 한 서비스 사업을 **발족**했다.

1781 □□□

契約 ★	けいやく	명 계약

契約に関わる一切の事項は書面に残している。
계약에 관한 일체의 사항은 서면으로 남겨 놓았다.

[문형] 명사 + に関わる ~에 관한

1782 □□□

急がせる ★	いそがせる	동 서두르게 하다

部下にこれ以上仕事を急がせたところで今日中にできるはずがない。
부하에게 이 이상 일을 **서두르게 해** 봤자 오늘 중으로 할 수 있을 리가 없다.

[문형] 동사 た형 + ところで ~(해) 봤자

1783 □□□

合意 ★	ごうい	명 합의

相手会社の合意なしに、契約内容を変えることはできません。 상대 회사의 **합의** 없이, 계약 내용을 바꿀 수는 없습니다.

[문형] 명사 + なしに ~없이

1784 □□□

妥協 ★	だきょう	명 타협

両社の意見の間を取って互いに妥協するという形で交渉がまとまった。 양사의 의견을 절충해 서로 **타협**한다는 형태로 교섭이 마무리되었다.

*<Day별 단어 퀴즈 PDF>를 활용하여 꼭 복습하세요.

완성 단어

1785 □□□	きんろう	勤労	명 근로
1786 □□□	こ がいしゃ	子会社	명 자회사
1787 □□□	きゅうじんじょうほう	求人情報	명 구인 정보
1788 □□□	こ ようけいたい	雇用形態	명 고용 형태
1789 □□□	しょくしゅ	職種	명 직종
1790 □□□	さいおお て	最大手	명 최대 대기업
1791 □□□	てんしょくさき	転職先	명 이직처
1792 □□□	は けん	派遣	명 파견
1793 □□□	て ど	手取り	명 실수령액
1794 □□□	せい か しゅ ぎ	成果主義	명 성과 주의
1795 □□□	ねんこうじょれつ	年功序列	명 연공서열
1796 □□□	ひ じょうきん	非常勤	명 비상근
1797 □□□	ゆうきゅうきゅう か	有給休暇	명 유급 휴가
1798 □□□	い どう	異動	명 근무지 이동, 인사 이동
1799 □□□	か が	代わる代わる	부 번갈아, 교대로
1800 □□□	す	据える	동 (지위에) 앉히다, 모시다
1801 □□□	な ふだ	名札	명 명찰, 명패
1802 □□□	せき む	責務	명 책무
1803 □□□	しょく む	職務	명 직무
1804 □□□	じ しょく	辞職	명 사직
1805 □□□	い わた	言い渡す	동 (명령을) 전달하다, 선고하다
1806 □□□	と つ	取り次ぐ	동 (의사를) 전하다, 중개하다
1807 □□□	しゅっしゃ	出社	명 출근
1808 □□□	ひ と	引き取る	동 물러나다, 떠맡다
1809 □□□	ゆだ	委ねる	동 일임하다, 내맡기다
1810 □□□	ていあんしょ	提案書	명 제안서
1811 □□□	はっちゅうしょ	発注書	명 발주서
1812 □□□	めいさいしょ	明細書	명 명세서
1813 □□□	せいえい	精鋭	명 정예
1814 □□□	かいけつさく	解決策	명 해결책
1815 □□□	て ちが	手違い	명 착오, 차질, 실책
1816 □□□		でたらめ	명 엉터리, 함부로 함
1817 □□□	ふ て ぎわ	不手際	명 서투름, 실수
1818 □□□	で なお	出直し	명 다시 함
1819 □□□	ね まわ	根回し	명 사전 교섭
1820 □□□	けっさい	決裁	명 결재
1821 □□□		こなす	동 익숙하게 다루다, 처리하다
1822 □□□	ふ き	踏み切る	동 결단하다, 단행하다
1823 □□□		きたす	동 초래하다
1824 □□□		こつ	명 요령
1825 □□□	て がら	手柄	명 공적
1826 □□□	しゅわん	手腕	명 수완

DAY 23 문화

MP3 바로 듣기

1827 □□□

風習 ★	ふうしゅう	명 풍습

地理的に近い日中韓の三国では似たような風習や文化が見られる。

지리적으로 가까운 한중일 삼국에서는 비슷한 **풍습**이나 문화를 볼 수 있다.

1828 □□□

しきたり	-	명 관습, 관례

しきたりといえども、悪い慣習なら排除するべきであろう。

관습이라고 할지라도, 악습이라면 배제해야 할 것이다.

[문형] 명사 + といえども ~이라고 할지라도 / 동사 사전형 + べきだ ~(해)야 한다

1829 □□□

風土	ふうど	명 풍토

衣食住はその地域の風土に即して発達する。

의식주는 그 지역의 **풍토**에 따라서 발달한다.

[문형] 명사 + に即して ~에 따라서

1830 □□□

事象	じしょう	명 현상, 사상

彼の小説は社会のあらゆる事象を鋭く批判していると好評だ。 그의 소설은 사회의 다양한 **현상**을 날카롭게 비판하고 있다고 호평이다.

1831 □□□

余波 ★	よは	명 여파

不況の余波を受けて出版業界も甚だ大変な状況にある。

불황의 **여파**를 받아 출판 업계도 몹시 힘든 상황에 있다.

1832

風潮 **ふうちょう** 명 풍조

多様性を認めようとする風潮が世界各国に広まりつつある。 다양성을 인정하려고 하는 **풍조**가 세계 각국에 퍼지고 있다.

[문형] 동사 ます형 + つつある ~(하)고 있다

1833

趨勢 ★ **すうせい** 명 추세, 경향

時代の趨勢に伴って、文化財保存への関心が高まっている。
시대의 **추세**에 따라, 문화재 보존에의 관심이 높아지고 있다.

1834

固有 **こゆう** 명 고유

日本には仮名という漢字から派生した固有の文字がある。
일본에는 가나라는 한자로부터 파생된 **고유**의 문자가 있다.

관련어 固有名詞 こゆうめいし 명 고유 명사

1835

多面性 **ためんせい** 명 다면성

地理や気候などあらゆる要素により、文化は多面性を持つ。
지리나 기후 등 다양한 요소에 의해, 문화는 **다면성**을 가진다.

1836

通用 **つうよう** 명 통용

英語は国際語であるため、様々な国で通用する。
영어는 국제어이기 때문에, 다양한 나라에서 **통용**된다.

1837

隔たる ★ **へだたる** 동 (거리가) 떨어지다, (세월이) 지나다

同じ国であっても、遠く隔たった地域では文化が少し違う。
같은 나라여도, 멀리 **떨어진** 지역에서는 문화가 조금 다르다.

관련어 隔たり へだたり 명 간격, 격차

1838 □□□

和菓子	わがし	명 일본식 과자

和菓子(わがし)は日本(にほん)の情緒(じょうちょ)が感(かん)じられる上(うえ)、色鮮(いろあざ)やかで外国人(がいこくじん)からも人気(にんき)だ。
일본식 과자는 일본의 정서가 느껴지는 데다가, 다채로워서 외국인으로부터도 인기이다.

[문형] 동사 보통형 + 上 ~(한) 데다가

1839 □□□

享受	きょうじゅ	명 향유, 향수

昔(むかし)、クラシック音楽(おんがく)は上流階級(じょうりゅうかいきゅう)だけが享受(きょうじゅ)できるものであった。 옛날에, 클래식 음악은 상류 계급만이 **향유**할 수 있는 것이었다.

1840 □□□

元年	がんねん	명 원년, 1년

平成(へいせい)は西暦(せいれき)1989年(ねん)を元年(がんねん)としている。
헤이세이는 서력 1989년을 **원년**으로 하고 있다.
(헤이세이 → 일본의 연호 (1989년~2019년))

1841 □□□

風物詩	ふうぶつし	명 (어떤 계절을) 떠오르게 하는 물건, 풍물시

ひまわりやスイカ、麦(むぎ)わら帽子(ぼうし)は夏(なつ)の風物詩(ふうぶつし)だ。
해바라기나 수박, 밀짚모자는 여름을 **떠오르게 하는 물건**이다.

1842 □□□

化ける	ばける	동 둔갑하다

国(くに)を問(と)わず、昔話(むかしばなし)には動物(どうぶつ)が人間(にんげん)に化(ば)けるという話(はなし)が多(おお)い。
나라를 불문하고, 옛날이야기에는 동물이 인간으로 **둔갑한다**는 이야기가 많다.

[문형] 명사 + を問わず ~를 불문하고

1843 □□□

蘇る ★	よみがえる	동 되살아나다

この曲(きょく)の歌詞(かし)は小学生(しょうがくせい)の頃(ころ)の懐(なつ)かしい思(おも)い出(で)を蘇(よみがえ)らせる。
이 곡의 가사는 초등학생 때의 그리운 추억을 **되살린다**.

1844 □□□

かき集める **かきあつめる** 동 그러모으다, 긁어모으다

郷愁(きょうしゅう)をそそるレトロな店(みせ)がお客(きゃく)さんを**かき集(あつ)めて**いる。
향수를 자아내는 복고풍 가게가 손님을 **그러모으고** 있다.

1845 □□□

ご祝儀 **ごしゅうぎ** 명 축의금, 축의, 팁

日本(にほん)では友人(ゆうじん)に包(つつ)む**ご祝儀(しゅうぎ)**の相場(そうば)はだいたい3万円(まんえん)だそうだ。 일본에서는 친구에게 주는 **축의금**의 통념적 금액은 대체로 3만 엔이라고 한다.

1846 □□□

来場 **らいじょう** 명 방문

年間約(ねんかんやく)96万人(まんにん)の人(ひと)がこの遊園地(ゆうえんち)に**来場(らいじょう)**している。
연간 약 96만 명의 사람이 이 유원지를 **방문**하고 있다.

관련어 来場者 らいじょうしゃ 명 내장객, 방문객

1847 □□□

反応 **はんのう** 명 반응

ネットの**反応(はんのう)**からして今回(こんかい)のイベントは大成功(だいせいこう)に相違(そうい)ない。
인터넷의 **반응**으로 볼 때 이번 이벤트는 대성공임에 틀림없다.

[문형] 명사 + からして ~으로 볼 때 / 명사 + に相違ない ~임에 틀림없다

1848 □□□

待望 **たいぼう** 명 대망

待望(たいぼう)の新曲(しんきょく)の公開日(こうかいび)を明日(あした)に控(ひか)えて、ファンは心(こころ)を弾(はず)ませている。 **대망**의 신곡의 공개일을 내일로 앞두고, 팬들은 마음이 들떠있다.

[문형] 명사 + を + 명사 + に控えて ~을 …로 앞두고

1849 □□□

歓声 **かんせい** 명 환성

俳優(はいゆう)が舞台(ぶたい)に登場(とうじょう)するなり観客(かんきゃく)は興奮(こうふん)して**歓声(かんせい)**を上(あ)げた。
배우가 무대에 등장하자마자 관객은 흥분해서 **환성**을 높였다.

[문형] 동사 사전형 + なり ~(하)자마자

1850 □□□

上映	じょうえい	명 상영

こばやしかんとく しんさくえいが にほん かわき せかい じょうえい
小林監督の新作映画が日本を皮切りに世界で上映されるそうだ。 고바야시 감독의 신작 영화가 일본을 시작으로 세계에 **상영**된다고 한다.

[문형] 명사 + を皮切りに ~을 시작으로

1851 □□□

視聴率	しちょうりつ	명 시청률

さいきんぜっさん たか しちょうりつ
最近絶賛されているドラマが40%という高い視聴率
きろく
を記録した。 최근 절찬 받고 있는 드라마가 40%라는 높은 **시청률**을 기록했다.

1852 □□□

見逃す	みのがす	동 놓치다

なまほうそう みのが さいほうそう み
生放送を見逃したとしても再放送を見ればいいだけのことだ。 생방송을 **놓쳤다**고 할지라도 재방송을 보면 된다.

[문형] 동사 보통형 + としても ~(하)다고 할지라도 /
い형용사 보통형 + だけのことだ ~(하)면 된다

1853 □□□

報道	ほうどう	명 보도

ほうそうきょく じじつ もと ほうどう
放送局は事実に基づき報道をしなくてはいけない。
방송국은 사실에 근거하여 **보도**를 하지 않으면 안 된다.

[문형] 명사 + に基づき ~에 근거하여

1854 □□□

報じる ★	ほうじる	동 보도하다

いま かいがい お できごと ほう
今では海外で起きた出来事もリアルタイムで報じられる。
지금은 해외에서 일어난 일도 실시간으로 **보도된다**.

1855 □□□

打ち切る ★	うちきる	동 중단하다, 중지하다

す まんが うあ ていめい りゆう うき
好きだった漫画が売り上げの低迷を理由に打ち切られた。
좋아했던 만화가 매상의 저조함을 이유로 **중단되었다**.

1856 □□□

魂	たましい	명 영혼, 혼

世界各国(せかいかっこく)で蝶々(ちょうちょう)は亡(な)くなった人(ひと)の 魂(たましい)として捉(とら)えられている。
세계 각국에서 나비는 죽은 사람의 **영혼**으로 인식되고 있다.

1857 □□□

叶う ★	かなう	동 이루어지다

日本(にほん)では七夕(たなばた)に短冊(たんざく)に願(ねが)いを書(か)くとそれが叶(かな)うと言(い)われている。 일본에서는 칠석에 단자쿠에 소원을 쓰면 그것이 **이루어진다**고 말해진다.
→ 단자쿠: 글씨를 쓰는 좁고 긴 종이

관련어 叶える かなえる 동 이루어주다, 들어주다

1858 □□□

奉る	たてまつる	동 바치다, 드리다

お盆(ぼん)には線香(せんこう)や花(はな)といったお供(そな)え物(もの)をご先祖様(せんぞさま)に 奉(たてまつ)る。
오본에는 향이나 꽃 같은 공물을 조상님께 **바친다**.
→ 오본: 양력 8월 15일에 행해지는 일본의 제례 행사

1859 □□□

仕える	つかえる	동 섬기다, 시중들다

牧師(ぼくし)は神(かみ)に仕(つか)える者(もの)として、信者(しんじゃ)に説教(せっきょう)を説(と)く。
목사는 신을 **섬기는** 자로서, 신자에게 설교를 한다.

1860 □□□

神聖だ	しんせいだ	な형 신성하다

サウジアラビアの都市(とし)、メッカはイスラム教(きょう)で最(もっと)も神聖(しんせい)な場所(ばしょ)だ。 사우디아라비아의 도시, 메카는 이슬람교에서 가장 **신성한** 장소이다.

1861 □□□

修行	しゅぎょう	명 수행, 수련

僧侶(そうりょ)が静寂(せいじゃく)に包(つつ)まれた寺(てら)の中(なか)で修行(しゅぎょう)していた。
승려가 정적에 싸인 절 안에서 **수행**하고 있었다.

DAY 23

해커스 JLPT 기출 단어장 N1

1862 □□□

不吉だ	ふきつだ	な형 불길하다

せいよう　あくま　しょうちょう　ふきつ　どうぶつ
西洋でヤギは悪魔の象徴として不吉な動物とされていた。
서양에서 염소는 악마의 상징으로서 **불길한** 동물로 여겨지고 있었다.

1863 □□□

異色 ★	いしょく	명 이색(적임)

かがくしゃ　いしょく　けいれき　も　が か　ちゅうもく
科学者という異色の経歴を持つ画家が注目されている。
과학자라는 **이색적**인 경력을 가진 화가가 주목받고 있다.

1864 □□□

高尚だ	こうしょうだ	な형 고상하다, 품격이 높다

かのじょ　さどう　びじゅつかんしょう　こうしょう　しゅみ
彼女は茶道や美術鑑賞といった高尚な趣味をたしなんでいる。 그녀는 다도나 미술 감상과 같은 **고상한** 취미를 즐기고 있다.

1865 □□□

専ら ★	もっぱら	부 오로지, 한결같이

きゅうじつ　とうげいか　せんせい　なら　もっぱ　や　ものづく　う
休日は陶芸家の先生に習いながら、専ら焼き物作りに打ち
こ
込んでいる。
휴일에는 도예가 선생님에게 배우면서, **오로지** 도자기 만들기에 열중하고 있다.

1866 □□□

わずかに ★	-	약간, 간신히, 겨우

しんせきいちどう　わたし　しちごさん　いわ　きおく
親戚一同で私の七五三を祝ってくれた記憶がわずかに
のこ
残っている。 친척 다 함께 나의 시치고산을 축하해 줬던 기억이 **약간** 남아 있다.
↳ 아이가 3세, 5세, 7세가 되었음을 축하하는 행사

1867 □□□

公然と	こうぜんと	공공연하게

じぶん　かんじょう　いけん　こうぜん　あらわ　さ　ぶんかけん
自分の感情や意見を公然と表すことを避ける文化圏もある。 자신의 감정이나 의견을 **공공연하게** 표현하는 것을 피하는 문화권도 있다.

*<Day별 단어 퀴즈 PDF>를 활용하여 꼭 복습하세요.

완성 단어

1868 □□□	わかものことば 若者言葉	명 젊은이들의 유행어
1869 □□□	みんぞく 民族	명 민족
1870 □□□	とし せ 年の瀬	명 세모, 연말
1871 □□□	おおみそか 大晦日	명 한 해의 마지막 날
1872 □□□	がんたん 元旦	명 새해 첫날 아침
1873 □□□	たなばた 七夕	명 칠석, 칠석제
1874 □□□	いご 囲碁	명 바둑
1875 □□□	しんじゅう 心中	명 동반 자살
1876 □□□	つや 通夜	명 (죽은 사람의 유해를 지키며) 밤샘
1877 □□□	もちゅう 喪中	명 상중
1878 □□□	もふく 喪服	명 상복
1879 □□□	こうでん 香典	명 향전, 부의
1880 □□□	せいそう 正装	명 정장, 차려 입음
1881 □□□	にんそう 人相	명 인상, 관상
1882 □□□	てそう 手相	명 수상, 손금
1883 □□□	ゆうれい 幽霊	명 유령
1884 □□□	かいじゅう 怪獣	명 괴수
1885 □□□	あが 崇める	동 숭상하다, 우러러 받들다
1886 □□□	すうはい 崇拝	명 숭배
1887 □□□	せいし 生死	명 생사
1888 □□□	ざぜん 座禅	명 좌선
1889 □□□	ごくらく 極楽	명 극락
1890 □□□	ひがん 悲願	명 비원, 꼭 이루고 싶은 소원
1891 □□□	まも 守り	명 지킴, 수비
1892 □□□	よげん 予言	명 예언
1893 □□□	もとより	부 원래, 물론
1894 □□□	そうたいてき 相対的だ	な형 상대적이다
1895 □□□	きふう 気風	명 기풍
1896 □□□	ねんかん 年鑑	명 연감
1897 □□□	へんよう 変容	명 변용, 변모
1898 □□□	へんこう 偏向	명 편향
1899 □□□	しかいしゃ 司会者	명 사회자
1900 □□□	ほんばん 本番	명 실전, 본방송
1901 □□□	れんさい 連載	명 연재
1902 □□□	さいほうそう 再放送	명 재방송
1903 □□□	ものまね	명 흉내
1904 □□□	じゅしょう 受賞	명 수상, 상을 받음
1905 □□□	せいそう 盛装	명 성장, 화려하게 단장함
1906 □□□	だいだいてき 大々的だ	な형 대대적이다
1907 □□□	ろう 漏えい	명 누설
1908 □□□	じっきょう 実況	명 실황, 실제의 상황
1909 □□□	でばん 出番	명 (일, 무대 등에) 나갈 차례

DAY 24 예술

MP3 바로 듣기

1910 □□□

油絵	あぶらえ	명 유화

ゴッホの油絵(あぶらえ)には彼(かれ)だけの特徴(とくちょう)が存分(ぞんぶん)に表(あらわ)れている。

고흐의 **유화**에는 그만의 특징이 한껏 드러나 있다.

1911 □□□

版画	はんが	명 판화

夏(なつ)の風物詩(ふうぶつし)をテーマに版画(はんが)を作(つく)ることにした。

여름을 떠오르게 하는 것을 테마로 **판화**를 만들기로 했다.

1912 □□□

陶芸	とうげい	명 도예

陶芸体験(とうげいたいけん)は初(はじ)めてだが、うまく完成(かんせい)させてみせる。

도예 체험은 처음이지만, 잘 완성시키고야 말겠다.

[문형] 동사 て형 + みせる ~(하)고야 말겠다

관련어 陶芸品 とうげいひん 명 도예품

1913 □□□

彫刻	ちょうこく	명 조각

あの彫刻(ちょうこく)の大家(たいか)が制作(せいさく)した作品(さくひん)は迫力(はくりょく)ある物(もの)ばかりだ。

저 **조각**의 대가가 제작한 작품은 박력 있는 것뿐이다.

1914 □□□

細工	さいく	명 세공

職人(しょくにん)が細工(さいく)を施(ほどこ)した作品(さくひん)への需要(じゅよう)はいつの時代(じだい)もあると思(おも)う。

장인이 **세공**을 한 작품에의 수요는 어느 시대에든 있다고 생각한다.

1915 □□□

歌詞 | **かし** | 명 가사, 노랫말

かれ か かし ねんた いま ひとびと きょうかん え
彼が書いた歌詞は30年経った今でも人々の共感を得ている。
그가 쓴 **가사**는 30년 지난 지금도 사람들의 공감을 얻고 있다.

1916 □□□

伴奏 ★ | **ばんそう** | 명 반주

ばんそう あ うた はじ
バンドのボーカルは伴奏に合わせて歌い始めた。
밴드 보컬은 **반주**에 맞춰 노래하기 시작했다.

1917 □□□

拍子 ★ | **ひょうし** | 명 박자

えんそう とき ひょうし と
演奏する時、メトロノームなしで拍子が取れるようになった。 연주할 때, 메트로놈 없이 **박자**를 맞출 수 있게 되었다.

1918 □□□

奏でる ★ | **かなでる** | 동 연주하다

かのじょ かな げっこう せかいいち かごん
彼女が奏でる「月光ソナタ」は世界一といっても過言ではない。 그녀가 **연주하는** '월광 소나타'는 세계 제일이라고 해도 과언이 아니다.

[문형] 명사 + といっても…ない ~이라고 해도 …아니다

1919 □□□

創造 | **そうぞう** | 명 창조

なに そうぞう なみたいてい どりょく おも
何かを創造することは並大抵の努力ではできないと思う。
무언가를 **창조**하는 것은 이만저만한 노력으로는 할 수 없다고 생각한다.

1920 □□□

館長 | **かんちょう** | 명 관장(님)

びじゅつかん かんちょう らいじょうしゃ さくひん せつめい
A美術館では館長が来場者に作品の説明をしてくれる。
A 미술관에서는 **관장님**이 방문객에게 작품 설명을 해 준다.

1921 □□□

漫画家	まんがか	명 만화가

あの漫画家の作品は画力や物語の展開が凄い。
그 **만화가**의 작품은 그림 실력이나 이야기의 전개가 굉장하다.

1922 □□□

主人公	しゅじんこう	명 주인공

私は俳優を始めて以来、初めて主人公に抜擢された。
나는 배우를 시작한 이래, 처음으로 **주인공**에 발탁되었다.

[문형] 동사 て형 + 以来 ~(한) 이래

1923 □□□

巧みだ ★	たくみだ	な형 솜씨 좋다, 교묘하다

難曲と言われる曲にもかかわらず、彼は巧みな演奏を見せた。 난곡이라 불리는 곡임에도 불구하고, 그는 **솜씨 좋은** 연주를 보였다.

[문형] 명사 + にもかかわらず ~임에도 불구하고

1924 □□□

手際 ★	てぎわ	명 솜씨

祖母が手際よく工芸品を作る姿を見るたびにつくづく感動する。 할머니가 **솜씨** 좋게 공예품을 만드는 모습을 볼 때마다 정말로 감동한다.

[문형] 동사 사전형 + たびに ~(할) 때마다

1925 □□□

物作り	ものづくり	명 (숙련된 기술자가) 물건을 만드는 것

弦楽器職人である祖父の物作りはいつ見ても素晴らしい。
현악기 장인인 할아버지가 **물건을 만드는 것**은 언제 봐도 멋지다.

1926 □□□

入念だ	にゅうねんだ	な형 공을 들이다

入念な制作過程を経て傑作ともいえる作品が誕生した。
공을 들인 제작 과정을 거쳐 걸작이라 할 만한 작품이 탄생했다.

[문형] 명사 + を経て ~을 거쳐

1927 □□□

著名だ　**ちょめいだ**　な형 저명하다

ちょめい　さっか　か　すいりしょうせつ　えいがか　ほうどう
著名な作家が書いた推理小説が映画化されると報道された。
저명한 작가가 쓴 추리 소설이 영화화된다고 보도되었다.

1928 □□□

全盛　**ぜんせい**　명 전성

だいひょう　いんしょうは　せいきこうはん　ぜんせいき　むか
モネに代表される印象派は19世紀後半に全盛期を迎えた。
모네로 대표되는 인상파는 19세기 후반에 **전성**기를 맞았다.

1929 □□□

克明だ ★　**こくめいだ**　な형 극명하다, 정직하다

さっか　ひと　しんり　こくめい　びょうしゃ　ぶん　か　ゆうめい
A作家は人の心理を克明に描写する文を書くことで有名である。
A 작가는 사람의 심리를 **극명하게** 묘사하는 글을 쓰는 것으로 유명하다.

1930 □□□

想像 ★　**そうぞう**　명 상상

げんじつばな　せかいかん　えが　しょうせつか　そうぞうりょく　かんしん
現実離れした世界観を描くB小説家の想像力には感心しました。
현실에서 벗어난 세계관을 그리는 B 소설가의 **상상**력에는 감탄했습니다.

1931 □□□

連想　**れんそう**　명 연상

きょく　けいかい　きょくちょう　はなばな　さ　はる　けしき　れんそう
この曲は軽快な曲調から花々が咲いた春の景色を連想させる。
이 곡은 경쾌한 곡조로부터 꽃들이 핀 봄의 경치를 **연상**시킨다.

1932 □□□

出現　**しゅつげん**　명 출현

しんじんかんとく　しゅつげん　えいがかい　へんかく
あの新人監督の出現は映画界に変革をもたらした。
그 신인 감독의 **출현**은 영화계에 변혁을 초래했다.

1933 □□□

演目 | えんもく | 명 상연 목록

「連獅子(れんじし)」は、歌舞伎(かぶき)演目(えんもく)の中(なか)でも一生(いっしょう)に一度(いちど)は見(み)るべき傑作(けっさく)だ。 '렌지시'는, 가부키 **상연 목록** 중에서도 일생에 한 번은 봐야 할 걸작이다.

[문형] 동사 사전형 + べき ~(해)야 할

1934 □□□

出し物 | だしもの | 명 상연물

今年(ことし)の文化祭(ぶんかさい)の出(だ)し物(もの)は七夕物語(たなばたものがたり)の演劇(えんげき)にしようと思(おも)います。 올해 문화제 **상연물**은 칠석 이야기 연극으로 하려고 생각합니다.

1935 □□□

披露 ★ | ひろう | 명 공표, 피로

有名画家(ゆうめいがか)の世(よ)に知(し)られていなかった作品(さくひん)が披露(ひろう)された。
유명 화가의 세상에 알려지지 않았던 작품이 **공표**되었다.

1936 □□□

新作 | しんさく | 명 신작

全世界(ぜんせかい)で人気(にんき)のあるシリーズ映画(えいが)の新作(しんさく)が今年(ことし)の夏(なつ)上映(じょうえい)される。 전 세계에서 인기가 있는 시리즈 영화의 **신작**이 올해 여름 상영된다.

1937 □□□

脚本 | きゃくほん | 명 각본

映画(えいが)の脚本制作(きゃくほんせいさく)にあたり、原作(げんさく)となる小説(しょうせつ)を何度(なんど)も読(よ)んだ。
영화 **각본** 제작에 앞서, 원작인 소설을 몇 번이나 읽었다.

[문형] 명사 + にあたり ~에 앞서

1938 □□□

魔物 | まもの | 명 마물, 요물

日本古来(にほんこらい)の魔物(まもの)を題材(だいざい)にした漫画(まんが)が最近(さいきん)流行(はや)っている。
일본 예로부터의 **마물**을 제재로 한 만화가 최근 유행하고 있다.

1939 □□□

盛大だ ★ | **せいだいだ** | な형 성대하다

しゅつえんしゃ にん えんげき せいだい ぶ たい
出演者が50人もいる演劇だけあって**盛大**な舞台であった。
출연자가 50명이나 있는 연극인 만큼 **성대한** 무대였다.

[문형] 명사 + だけあって ~인 만큼

1940 □□□

対比 ★ | **たいひ** | 명 대비

あか くら たい ひ かつよう ひ しゃたい りんかく
明るさと暗さの**対比**を活用し、被写体の輪郭をはっきりとさせる。 밝음과 어둠의 **대비**를 활용하여, 피사체의 윤곽을 뚜렷하게 한다.

1941 □□□

独自性 | **どくじせい** | 명 독자성

かのじょ さくひん どく じ せい こくないがい と こうひょう え
彼女の作品は**独自性**があり、国内外を問わず、好評を得ている。 그녀의 작품은 **독자성**이 있어, 국내외를 불문하고, 호평을 얻고 있다.

[문형] 명사 + を問わず ~를 불문하고

1942 □□□

月並みだ | **つきなみだ** | な형 평범하다, 진부하다

どくとく ひと きょうたん かれ さくひん つき な
いつも独特で人を驚嘆させる彼の作品にしては**月並み**ではないか。
항상 독특해서 사람을 경탄하게 하는 그의 작품치고는 **평범하**지 않은가?

[문형] な형용사 어간 + ではないか ~(하)지 않은가?

1943 □□□

色合い ★ | **いろあい** | 명 색조, 색상

はは ふうけい が あたた いろ あ み なん お つ
母の風景画は暖かい**色合い**で、見ていると何だか落ち着く。 어머니의 풍경화는 따뜻한 **색조**로, 보고 있으면 왠지 차분해진다.

1944 □□□

鮮やかだ | **あざやかだ** | な형 선명하다, 또렷하다

さくひん あざ しきさい め うば
ステンドグラス作品の**鮮やか**な色彩に目を奪われた。
스테인드글라스 작품의 **선명한** 색채에 눈을 빼앗겼다.

DAY 24
해커스 JLPT 기출 단어장 N1

1945 □□□

鮮明だ	せんめいだ	な형 선명하다

鮮明(せんめい)な青(あお)で表現(ひょうげん)された波打(なみう)つ海(うみ)の浮世絵(うきよえ)から躍動感(やくどうかん)を感(かん)じる。

선명한 파란색으로 표현된 물결치는 바다의 우키요에로부터 약동감을 느낀다.

↳ 일본 에도시대에 유행한 풍속화

1946 □□□

美的だ	びてきだ	な형 미적이다

あの屋敷(やしき)は美的(びてき)な価値(かち)もさることながら、歴史的(れきしてき)な価値(かち)も高(たか)い。 저 저택은 **미적인** 가치도 그러하지만, 역사적인 가치도 높다.

[문형] 명사 + もさることながら ~도 그러하지만

1947 □□□

趣	おもむき	명 정취, 멋

職人(しょくにん)たちによって手入(てい)れされた庭(にわ)は優雅(ゆうが)で趣(おもむき)がある。

장인들에 의해 손질된 정원은 우아하고 **정취**가 있다.

1948 □□□

鑑定 ★	かんてい	명 감정, 감식

家(うち)にあった古(ふる)い茶碗(ちゃわん)を鑑定(かんてい)した結果(けっか)、仰天(ぎょうてん)する価格(かかく)だった。

집에 있던 낡은 찻종을 **감정**한 결과, 몹시 놀랄 가격이었다.

1949 □□□

感銘	かんめい	명 감명

感銘(かんめい)を受(う)けた映画(えいが)に対(たい)して自分(じぶん)なりの分析(ぶんせき)や感想(かんそう)を書(か)いてみた。 **감명**을 받은 영화에 대해서 내 나름의 분석이나 감상을 써 봤다.

[문형] 명사 + に対して ~에 대해서 / 명사 + なりの ~나름의

1950 □□□

熱烈だ ★	ねつれつだ	な형 열렬하다

私(わたし)はA俳優(はいゆう)の熱烈(ねつれつ)なファンなので、サイン会(かい)が待(ま)ち遠(どお)しい。

나는 A 배우의 **열렬한** 팬이기 때문에, 사인회가 몹시 기다려진다.

*<Day별 단어 퀴즈 PDF>를 활용하여 꼭 복습하세요.

완성 단어

1951 □□□	まさしく		부 틀림없이
1952 □□□	模倣	もほう	명 모방
1953 □□□	挿絵	さしえ	명 삽화
1954 □□□	刺繍	ししゅう	명 자수, 수를 놓음
1955 □□□	絵柄	えがら	명 (공예품의) 그림, 도안, 무늬
1956 □□□	彫る	ほ	동 새기다, 파다
1957 □□□	展示物	てんじぶつ	명 전시물
1958 □□□	生ける	い	동 (꽃을) 꽂다, 심다
1959 □□□	花器	かき	명 화기, 꽃꽂이 그릇
1960 □□□	本領	ほんりょう	명 재능
1961 □□□	手並み	てな	명 기량, 솜씨
1962 □□□	作曲家	さっきょくか	명 작곡가
1963 □□□	楽譜	がくふ	명 악보
1964 □□□	吹奏	すいそう	명 취주, 관악기 연주
1965 □□□	音色	ねいろ	명 음색
1966 □□□	戯曲	ぎきょく	명 희곡
1967 □□□	劇団	げきだん	명 극단, 연극단
1968 □□□	楽屋	がくや	명 분장실, 대기실
1969 □□□	台本	だいほん	명 대본
1970 □□□	脚色	きゃくしょく	명 각색
1971 □□□	能面	のうめん	명 일본 전통극의 가면
1972 □□□	無名	むめい	명 무명
1973 □□□	転向	てんこう	명 전향
1974 □□□	正念場	しょうねんば	명 중요한 장면
1975 □□□	出品	しゅっぴん	명 출품
1976 □□□	描写	びょうしゃ	명 묘사
1977 □□□	不朽	ふきゅう	명 불후
1978 □□□	独創性	どくそうせい	명 독창성
1979 □□□	優雅だ	ゆうが	な형 우아하다
1980 □□□	優美だ	ゆうび	な형 우아하고 아름답다
1981 □□□	長ける	た	동 뛰어나다
1982 □□□	幻	まぼろし	명 환상
1983 □□□	混ざる	ま	동 섞이다
1984 □□□	明暗	めいあん	명 명암
1985 □□□	余白	よはく	명 여백
1986 □□□	圧巻	あっかん	명 압권
1987 □□□	空前	くうぜん	명 전례 없음, 공전
1988 □□□	出来	でき	명 완성, 성과, 완성도
1989 □□□	席巻	せっけん	명 석권
1990 □□□	申し分ない	もう ぶん	더할 나위 없다, 나무랄 데 없다
1991 □□□	陳腐だ	ちんぷ	な형 진부하다
1992 □□□	駄作	ださく	명 졸작, 시시한 작품

DAY 25 언어·서적

MP3 바로 듣기

1993 □□□

駆使 ★	くし	명 구사

にほんじんはいゆう　ご　くし
あの日本人俳優はフランス語も**駆使**できるバイリンガルだそうだ。
저 일본인 배우는 프랑스어도 **구사**할 수 있는 이중 언어 화자라고 한다.

1994 □□□

修飾	しゅうしょく	명 수식

けいようし　ふくし　しゅうしょくご　つか　ぶん　ゆた
形容詞や副詞といった**修飾**語を使うことで文が豊かになる。 형용사나 부사와 같은 **수식**어를 사용함으로써 문장이 풍부해진다.

1995 □□□

語句	ごく	명 어구

かんようく　ふくすう　ごく　むす　どくじ　いみ　あらわ
慣用句とは複数の**語句**が結びついて独自の意味を表す
ことば
言葉である。 관용구란 복수의 **어구**가 이어져 독자적인 의미를 나타내는 말이다.

1996 □□□

句読点	くとうてん	명 구두점

ぶんしょう　くとうてん　ないよう　りかい
この文章は**句読点**がなくて内容が理解しがたい。
이 글은 **구두점**이 없어 내용을 이해하기 어렵다.

[문형] 동사 ます형 + がたい ~(하)기 어렵다

1997 □□□

外来語	がいらいご	명 외래어

にちじょうせいかつ　がいらいご　つか　よ　いけん
日常生活で**外来語**を使いすぎるのは良くないという意見もある。 일상생활에서 **외래어**를 너무 사용하는 것은 좋지 않다는 의견도 있다.

1998 □□□

口頭	こうとう	명 구두, 입으로 말함

けいやく　かん　りゅういじこう　しょめん　こうとう　つた
契約に関する留意事項は書面のみならず口頭でも伝えるべきだ。 계약에 관한 유의 사항은 서면뿐만 아니라 **구두**로도 전달해야 한다.

[문형] 명사 + のみならず ~뿐만 아니라 / 동사 사전형 + べきだ ~(해)야 한다

1999 □□□

読み上げる	よみあげる	동 낭독하다

はは　ひ　むすこ　じぶん　か　てがみ　よ　あ
母の日に息子が自分で書いた手紙を読み上げてくれた。
어머니의 날에 아들이 스스로 쓴 편지를 **낭독해** 주었다.

2000 □□□

無言	むごん	명 말이 없음, 무언

かれ　あいて　いけん　はんろん　むごん　き
彼は相手の意見に反論もせず、ただ無言で聞いていた。
그는 상대의 의견에 반론도 하지 않고, 그저 **말없이** 듣고 있었다.

2001 □□□

片言	かたこと	명 서투른 말씨

りょこう　かたこと　えいご　いみ　つう　もんだい
旅行なら片言の英語にせよ、意味さえ通じれば問題ない。
여행이라면 **서투른 말씨**의 영어라 하더라도, 의미만 통하면 문제없다.

[문형] 명사 + にせよ ~라 하더라도

2002 □□□

敢えて	あえて	부 굳이, 결코

べんきょう　かんこくご　にほんじん　ともだち　あ　にほんご　はな　か
勉強のため韓国語ができる日本人の友達に敢えて日本語で話し掛けた。
공부를 위해 한국어가 가능한 일본인 친구에게 **굳이** 일본어로 말을 걸었다.

2003 □□□

本筋 ★	ほんすじ	명 본론

とうろん　だとう　こんきょ　もと　ほんすじ　はず　しゅちょう
討論では、妥当な根拠を基に本筋から外れず主張するべきだ。
토론에서는, 타당한 근거를 기반으로 **본론**에서 벗어나지 않고 주장해야 한다.

2004 □□□

結末 ★ **けつまつ** **명** 결말

さっか　か　きゃくほん　けつまつ　がえ
作家Aが書く脚本は結末にどんでん返しがあることが
とくちょう
特徴だ。 작가 A가 쓰는 각본은 **결말**에 반전이 있는 것이 특징이다.

2005 □□□

大筋 ★ **おおすじ** **명** 대강의 줄거리, 요점

ものがたり　か　さきだ　おおすじ　き
物語を書くに先立って、まず**大筋**を決めた。
이야기를 쓰기에 앞서, 우선 **대강의 줄거리**를 정했다.

[문형] 동사 사전형 + に先立って ~(하)기에 앞서

2006 □□□

概略 ★ **がいりゃく** **명** 개요, 개략, 줄거리

ほん　うらびょうし　がいりゃく　ゆうれい　で　びょういん　はなし
この本は裏表紙にある**概略**からして幽霊が出る病院の話
のようだ。
이 책은 뒤표지에 있는 **개요**로 볼 때 유령이 나오는 병원의 이야기인 듯하다.

[문형] 명사 + からして ~로 볼 때

2007 □□□

脈絡 ★ **みゃくらく** **명** 맥락

みゃくらく　てんかい　しゅじんこう　じょうちょ　へんか
脈絡のない展開のせいで主人公の情緒の変化について
いけない。
맥락 없는 전개 탓에 주인공의 정서 변화를 따라갈 수 없다.

2008 □□□

趣旨 ★ **しゅし** **명** 취지

ちょしゃ　しょうせつ　か　しゅし　かんが
著者がなぜこの小説を書いたのか、その**趣旨**を考えて
みた。 저자가 왜 이 소설을 썼는지, 그 **취지**를 생각해 보았다.

2009 □□□

完結 ★ **かんけつ** **명** 완결

ねん　まえ　れんさい　にんきまんが　かんけつ
10年も前から連載されてきた人気漫画がようやく**完結**した。
10년도 전부터 연재되어 온 인기 만화가 드디어 **완결**되었다.

2010 □□□

視点 | **してん** | 명 시점

しょうせつ　ものがたり　すべ　みとお　してん　か　かた　かみ
小説で物語の全てを見通した視点からの書き方を神の
してん
視点という。
소설에서 이야기의 모든 것을 내다본 **시점**으로 쓰는 방식을 전지적 작가 **시점**이라고 한다.

2011 □□□

世界観 | **せかいかん** | 명 세계관

さっか　しょうせつ　どくそうてき　せかいかん　ひょうばん　よ
あの作家のSF小説は独創的な**世界観**で評判が良い。
저 작가의 SF 소설은 독창적인 **세계관**으로 평판이 좋다.

2012 □□□

架空 ★ | **かくう** | 명 가공

せいさくちゅう　まんが　げんだい　ぶたい　まもの　で　かくう
制作中の漫画は現代を舞台に魔物が出てくる**架空**の
はなし
話だ。 제작 중인 만화는 현대를 무대로 마물이 나오는 **가공**의 이야기이다.

2013 □□□

推理 ★ | **すいり** | 명 추리

だれ　すいり しょうせつ　なか　ゆびお
「そして誰もいなくなった」は**推理**小説の中でも指折りの
めいさく
名作だ。 '그리고 아무도 없었다'는 **추리** 소설 중에서도 손꼽히는 명작이다.

2014 □□□

根底 | **こんてい** | 명 근저, 밑바탕

かのじょ　さくひん　こんてい　ほんにん　じんせい　かん　こどく
彼女の作品の**根底**には本人が人生で感じてきた孤独が
ある。 그녀의 작품의 **근저**에는 본인이 인생에서 느껴 온 고독이 있다.

2015 □□□

着目 | **ちゃくもく** | 명 착목, 착안

ちほう　かん　でんせつ　ちゃくもく　ものがたり　つく
ある地方のしきたりに関する伝説に**着目**して物語を作った。
어느 지방의 관례에 관한 전설에 **착목**하여 이야기를 만들었다.

2016 □□□

直訳 | **ちょくやく** | 명 직역

外国語(がいこくご)の小説(しょうせつ)を**直訳**(ちょくやく)するだけでは、内容(ないよう)が理解(りかい)しづらいに相違(そうい)ない。
외국어 소설을 **직역**하는 것만으로는, 내용을 이해하기 어려울 것임에 틀림없다.

[문형] い형용사 보통형 + に相違ない ~임에 틀림없다

2017 □□□

箇条書き | **かじょうがき** | 명 조항별로 나누어 쓰기

提案書(ていあんしょ)などの文書(ぶんしょ)にあっては、**箇条書**(かじょうが)**き**にした方(ほう)が良(よ)い。
제안서 등의 문서에 있어서는, **조항별로 나누어 쓰**는 편이 좋다.

[문형] 명사 + にあっては ~에 있어서는

2018 □□□

出所 | **でどころ** | 명 출처

論文(ろんぶん)では引用(いんよう)した文(ぶん)の**出所**(でどころ)を必(かなら)ず明記(めいき)しなければならない。 논문에서는 인용한 문장의 **출처**를 반드시 명기해야 한다.

2019 □□□

抜粋 ★ | **ばっすい** | 명 발췌

監督(かんとく)はモチーフにした本(ほん)の内容(ないよう)を一部(いちぶ)**抜粋**(ばっすい)して映画(えいが)の最後(さいご)に載(の)せた。 감독은 모티브로 한 책의 내용을 일부 **발췌**해 영화 마지막에 실었다.

2020 □□□

重複 ★ | **ちょうふく / じゅうふく** | 명 중복

書類(しょるい)の作成中(さくせいちゅう)、同(おな)じ言葉(ことば)が**重複**(ちょうふく)していないかつぶさに確認(かくにん)した。 서류 작성 중, 같은 말이 **중복**되어 있지 않은지 자세히 확인했다.

2021 □□□

創作物 | **そうさくぶつ** | 명 창작물

作家(さっか)Bは独自性(どくじせい)のある**創作物**(そうさくぶつ)を書(か)くため構成(こうせい)から入念(にゅうねん)に準備(じゅんび)した。 작가 B는 독자성 있는 **창작물**을 만들기 위해 구성부터 공을 들여 준비했다.

2022 □□□

出版社 | しゅっぱんしゃ | 명 출판사

あの漫画家(まんがか)は原稿(げんこう)を締(し)め切(き)り直前(ちょくぜん)に仕上(しあ)げて**出版社**(しゅっぱんしゃ)に渡(わた)した。 그 만화가는 원고를 마감 직전에 마무리해서 **출판사**에 넘겼다.

2023 □□□

創刊 | そうかん | 명 창간

この雑誌(ざっし)がこれほど売(う)れたのは**創刊**(そうかん)以来(いらい)初(はじ)めてだ。
이 잡지가 이만큼 팔린 것은 **창간** 이래 처음이다.

[문형] 명사 + 以来 ~이래

2024 □□□

改訂 ★ | かいてい | 명 개정, 문서의 내용을 고침

教科書(きょうかしょ)に誤(あやま)りが見(み)つかった以上(いじょう)、**改訂**(かいてい)しないわけにはいかない。 교과서에 오류가 발견된 이상, **개정**하지 않을 수 없다.

[문형] 동사 ない형 + ないわけにはいかない ~(하)지 않을 수 없다

관련어 改訂版 かいていばん 명 개정판

2025 □□□

著作権 | ちょさくけん | 명 저작권

漫画(まんが)を著作者(ちょさくしゃ)の許可(きょか)なしにアップロードすることは**著作権**(ちょさくけん)侵害(しんがい)である。 만화를 저작자의 허가 없이 업로드하는 것은 **저작권** 침해이다.

[문형] 명사 + なしに ~없이

2026 □□□

前作 | ぜんさく | 명 전작

前作(ぜんさく)が大人気(だいにんき)であったため、本作(ほんさく)に期待(きたい)が寄(よ)せられている。 **전작**이 큰 인기였기 때문에, 이번 작품에 기대가 모아지고 있다.

2027 □□□

電子書籍 | でんししょせき | 명 전자 서적

便利(べんり)さのゆえに、**電子書籍**(でんししょせき)を読(よ)む人(ひと)が増(ふ)えつつある。
편리함 때문에, **전자 서적**을 읽는 사람이 늘고 있다.

[문형] 명사 + のゆえに ~때문에 / 동사 ます형 + つつある ~(하)고 있다

2028 □□□

曖昧だ ★	あいまいだ	な형 애매하다

話の要旨が曖昧で何が言いたいのかよく分からない。
이야기의 요지가 **애매하여** 무엇을 말하고 싶은 것인지 잘 모르겠다.

2029 □□□

単調だ	たんちょうだ	な형 단조롭다

評論家に言わせれば、この小説はストーリーが単調だそうだ。 평론가가 말하기로는, 이 소설은 이야기가 **단조롭다**고 한다.

[문형] 명사 + に言わせれば ~가 말하기로는

2030 □□□

端的だ ★	たんてきだ	な형 단적이다

当時の世情を端的に表すこの挿絵は史料を踏まえて描かれたものだ。
당시의 세정을 **단적으로** 나타낸 이 삽화는 사료에 입각하여 그려진 것이다.

[문형] 명사 + を踏まえ ~에 입각하여

2031 □□□

有益だ	ゆうえきだ	な형 유익하다

子供の創造力を育むのに有益な本をいくつか紹介します。
아이의 창의력을 키우는 데에 **유익한** 책을 몇 가지 소개합니다.

2032 □□□

愛好	あいこう	명 애호, 좋아함

弟は文学愛好家だけあって、いつも本ばかり読んでいる。
남동생은 문학 **애호**가인 만큼, 항상 책만 읽고 있다.

[문형] 명사 + だけあって ~인 만큼

2033 □□□

拝借	はいしゃく	명 빌림 (겸양어)

論文作成時に参考にするため教授が書かれた本を拝借したいのですが…。
논문 작성 시에 참고하기 위해 교수님이 쓰신 책을 **빌리**고 싶은데요….

*<Day별 단어 퀴즈 PDF>를 활용하여 꼭 복습하세요.

완성 단어

2034 □□□	ごい	語彙	명 어휘
2035 □□□	ぼご	母語	명 모어
2036 □□□	あじ	当て字	명 취음자
2037 □□□	ひょうご	標語	명 표어
2038 □□□	しゃかいげんごがく	社会言語学	명 사회 언어학
2039 □□□	べん	弁	명 말투, 방언
2040 □□□	ものごし	物腰	명 말씨, 언행
2041 □□□	げんごけん	言語圏	명 언어권
2042 □□□	わるくち / わるぐち	悪口 / 悪口	명 험담
2043 □□□	るいすい	類推	명 유추
2044 □□□	あんじ	暗示	명 암시
2045 □□□	ながなが	長々	부 장황하게
2046 □□□	めいかい	明快だ	な형 명쾌하다
2047 □□□	めいりょう	明瞭	명 명료
2048 □□□	ろうどく	朗読	명 낭독
2049 □□□	ぼうとう	冒頭	명 모두, 첫머리
2050 □□□	しゅうろく	収録	명 수록
2051 □□□	ふしめ	節目	명 단락, 구분
2052 □□□	まえお	前置き	명 서론
2053 □□□	ちゅうしゃく	注釈	명 주석
2054 □□□	ぜんしゅう	全集	명 전집
2055 □□□	かいらん	回覧	명 회람
2056 □□□	こうどく	購読	명 구독
2057 □□□	れんあいしょうせつ	恋愛小説	명 연애 소설
2058 □□□	かいだん	怪談	명 괴담
2059 □□□	しんわ	神話	명 신화
2060 □□□	ほったん	発端	명 발단
2061 □□□	もうてん	盲点	명 맹점
2062 □□□		あらまし	명 줄거리, 개요
2063 □□□	しゅうしふ	終止符	명 종지부
2064 □□□		ねた	명 기삿거리, 글감
2065 □□□	ようし	要旨	명 요지
2066 □□□	もこ	盛り込む	동 담다, 포함시키다
2067 □□□	きさい	記載	명 기재
2068 □□□	しる	記す	동 기록하다
2069 □□□	たぐ	類い	명 같은 부류, 동류, 유례
2070 □□□	いちめん	一面	명 한 면, 1면
2071 □□□	かんこう	刊行	명 간행
2072 □□□	まんさい	満載	명 가득 실음, 많이 게재함
2073 □□□	へんしゅうしゃ	編集者	명 편집자
2074 □□□	ひっせき	筆跡	명 필적
2075 □□□	そうい	創意	명 창의

DAY 26

도덕·윤리

MP3 바로 듣기

2076 □□□

倫理	りんり	명 윤리, 도덕

集団社会(しゅうだんしゃかい)を生(い)きる以上(いじょう)、各々(おのおの)が高(たか)い倫理観(りんりかん)を持(も)つべきである。 집단 사회를 살아가는 이상, 각자가 높은 **윤리**관을 가져야 한다.

[문형] 동사 보통형 + 以上 ~(하)는 이상 / 동사 사전형 + べきだ ~(해)야 한다

2077 □□□

善悪	ぜんあく	명 선악

正(ただ)しい選択(せんたく)と行動(こうどう)をするべく、善悪(ぜんあく)を分別(ふんべつ)することが大事(だいじ)だ。 올바른 선택과 행동을 하기 위해, **선악**을 분별하는 것이 중요하다.

[문형] 동사 사전형 + べく ~(하)기 위해

2078 □□□

秩序	ちつじょ	명 질서

秩序(ちつじょ)を乱(みだ)すようなことをしてしまい恐縮極(きょうしゅくきわ)まりないです。
질서를 어지럽히는 짓을 하고 말아서 죄송하기 짝이 없습니다.

[문형] な형용사 어간 + 極まりない ~(하)기 짝이 없다

2079 □□□

辻褄	つじつま	명 조리, 이치

その人(ひと)の主張(しゅちょう)と行動(こうどう)は辻褄(つじつま)が合(あ)わないことばかりだ。
그 사람의 주장과 행동은 **조리**에 맞지 않는 것뿐이다.

2080 □□□

心遣い ★	こころづかい	명 배려, 마음을 씀

仕事(しごと)のこつまで教(おし)えてくださるなんて、心遣(こころづか)いに感謝(かんしゃ)いたします。 일의 요령까지 알려 주시다니, **배려**에 감사드립니다.

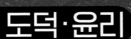

2081 □□□

気兼ね ★ | **きがね** | 명 스스러움, 사양

気兼ねのない相手にこそ、礼儀を守って接しなければならない。 스스러움 없는 상대에게 일수록, 예의를 지켜서 대하지 않으면 안 된다.

2082 □□□

寛容だ | **かんようだ** | な형 관대하다, 관용하다

自分のためにも憎悪や嫌悪より寛容な心を持つことが必要だ。 자신을 위해서도 증오나 혐오보다 **관대한** 마음을 가지는 것이 필요하다.

2083 □□□

善良だ | **ぜんりょうだ** | な형 선량하다

善良な上に行動力がある森さんは困った人がいれば必ず助ける。
선량한 데다가 행동력이 있는 모리 씨는 곤란한 사람이 있으면 반드시 도와준다.

[문형] な형용사 어간 な + 上に ~(한) 데다가

2084 □□□

潔い ★ | **いさぎよい** | い형 깨끗하다

問題を起こした彼は 潔く自分の過ちを認めて謝罪した。
문제를 일으킨 그는 **깨끗하게** 잘못을 인정하고 사죄했다.

2085 □□□

率先 | **そっせん** | 명 솔선

彼は率先して人手不足の農家にボランティアに行った。
그는 **솔선**하여 일손 부족인 농가로 자원봉사를 하러 갔다.

2086 □□□

譲歩 | **じょうほ** | 명 양보

相手を思いやり互いに譲歩し合える関係が好ましい。
상대를 헤아리고 서로 **양보**할 수 있는 관계가 바람직하다.

2087 □□□

尊ぶ	とうとぶ	동 존중하다, 공경하다

たとえ自分(じぶん)とは違(ちが)う意見(いけん)や思想(しそう)でも尊(とうと)ばなければならない。
설령 자신과는 다른 의견이나 사상이라고 해도 **존중하지** 않으면 안 된다.

[문형] たとえ + 명사 + でも 설령 ~라고 해도

2088 □□□

謙る	へりくだる	동 겸양하다, 자신을 낮추다

謙(へりくだ)った話(はな)し方(かた)はいいが、自分(じぶん)を下(さ)げすぎる必要(ひつよう)はない。
겸양하는 말투는 좋지만, 자신을 너무 낮출 필요는 없다.

2089 □□□

弱者	じゃくしゃ	명 약자

見逃(みのが)してきた社会的弱者(しゃかいてきじゃくしゃ)の実態(じったい)をきちんと確(たし)かめるべきだ。
놓쳐 왔던 사회적 **약자**의 실태를 정확히 확인해야 한다.

2090 □□□

普遍	ふへん	명 보편

平和(へいわ)は人類(じんるい)にとって普遍的(ふへんてき)な価値(かち)を持(も)つものだと思(おも)う。
평화는 인류에게 있어 **보편**적인 가치를 가지는 것이라고 생각한다.

2091 □□□

本音 ★	ほんね	명 속마음, 본심

本音(ほんね)を全(すべ)て話(はな)すことが必(かなら)ずしもいいわけではない。
속마음을 모두 말하는 것이 꼭 좋은 것은 아니다.

[문형] い형용사 보통형 + わけではない ~(인) 것은 아니다

2092 □□□

建前	たてまえ	명 표면적 의견

人(ひと)は相手(あいて)を傷(きず)つけないため、本心(ほんしん)を隠(かく)し建前(たてまえ)を言(い)うこともある。
사람은 상대를 상처 입히지 않기 위해, 본심을 숨기고 **표면적 의견**을 말하기도 한다.

2093 □□□

人権 | **じんけん** | 명 인권

ひと　もつ　きほんてき　けんり　じんけん
人であるがゆえに持つ基本的な権利を人権という。
사람이기 때문에 가지는 기본적인 권리를 **인권**이라고 한다.

[문형] 동사 보통형 + がゆえに ~(하)기 때문에

2094 □□□

名誉 ★ | **めいよ** | 명 명예

しゃかいてき ち い　めい よ　しあわ　かぎ
社会的地位や名誉があるからといって幸せとは限らない。
사회적 지위나 **명예**가 있다고 해서 행복하다고는 할 수 없다.

[문형] 동사 보통형 + からといって ~(하)다고 해서

2095 □□□

均衡 | **きんこう** | 명 균형

た にん　ひょう か　じ ぶん　せいしん　きんこう　たも　ゆうせん
他人の評価より、自分の精神の均衡を保つことを優先すべきだ。 타인의 평가보다, 자신의 정신의 **균형**을 유지할 것을 우선해야 한다.

2096 □□□

念頭 ★ | **ねんとう** | 명 염두

ひと　めいわく　か　つね　ねんとう　お　こうどう
人に迷惑を掛けないことを常に念頭に置いて行動している。 남에게 폐를 끼치지 않는 것을 항상 **염두**에 두고 행동하고 있다.

2097 □□□

決意 ★ | **けつい** | 명 결의

だいひょう　き ぎょうりん り　はん　けつ い　ひょうめい
A代表は企業倫理に反するようなことはしないと決意を表明した。
A 대표는 기업 윤리에 반하는 것은 하지 않겠다고 **결의**를 표명했다.

2098 □□□

貫く ★ | **つらぬく** | 동 관철하다, 꿰뚫다

かのじょ　だれ　なん　い　じ ぶん　しんねん　つらぬ
彼女は誰が何と言おうが、自分の信念を貫いた。
그녀는 누가 뭐라고 말하든, 자신의 신념을 **관철했다**.

[문형] 동사 의지형 + が ~(하)든

2099 □□□

思索	しさく	명 사색

生死をどう捉えるべきかについて深く思索した。
생사를 어떻게 받아들여야만 하는지에 대해 깊이 **사색**했다.

2100 □□□

悟る	さとる	동 깨닫다

人生とは何かを悟ることは極めて難しいだろう。
인생이란 무엇인지를 **깨닫는** 것은 지극히 어려울 것이다.

2101 □□□

心掛ける ★	こころがける	동 유념하다

人は皆誰かの家族であることを心掛けて接してください。
사람은 모두 누군가의 가족임을 **유념하며** 대해 주세요.

관련어 心掛け こころがけ 명 마음가짐

2102 □□□

悔いる	くいる	동 뉘우치다, 후회하다

よく知りもしないで人を勝手に判断したことを悔いた。
잘 알지도 않고 남을 멋대로 판단한 것을 **뉘우쳤다**.

[문형] 동사 ます형 + もしない ~(하)지도 않고

2103 □□□

挫折	ざせつ	명 좌절

失敗に落胆し挫折したとしても、また立ち上がるだけのことだ。 실패에 낙담하고 **좌절**했다고 할지라도, 다시 일어서면 되는 일이다.

[문형] 동사 보통형 + としても ~(하)다고 할지라도 /
동사 사전형 + だけのことだ ~(하)면 되는 일이다

2104 □□□

整然と	せいぜんと	정연하게

店の前には多くの人たちが整然と並んでいた。
가게 앞에는 많은 사람들이 **정연하게** 줄지어 있었다.

2105 □□□

絶大だ ★ | **ぜつだいだ** | **な형** (아주) 크다

この世にある全ての命は何よりも絶大な価値がある。
이 세상에 있는 모든 생명은 무엇보다도 **큰** 가치가 있다.

2106 □□□

是正 | **ぜせい** | **명** 시정, 잘못된 것을 바로잡음

未だ世の中にあるあらゆる不平等を是正していく必要がある。 아직도 세상에 있는 모든 불평등을 **시정**해 갈 필요가 있다.

2107 □□□

戒める ★ | **いましめる** | **동** 훈계하다, 제지하다

私は両親に対する妹の無礼な行動を見て戒めざるを得なかった。
나는 부모님에 대한 여동생의 무례한 행동을 보고 **훈계하**지 않을 수 없었다.

[문형] 명사 + に対する ~에 대한 / 동사 ない형 + ざるを得ない ~(하)지 않을 수 없다

2108 □□□

最良 | **さいりょう** | **명** 가장 좋음, 최선

どんな状況でも正義を貫くための最良の方法は何だろうか。 어떤 상황에서도 정의를 관철하기 위한 **가장 좋은** 방법은 무엇일까?

2109 □□□

望ましい ★ | **のぞましい** | **い형** 바람직하다

人と関わる時は、相手の気持ちを尊重する姿勢を取るのが望ましい。
사람과 관계될 때는, 상대의 기분을 존중하는 자세를 취하는 것이 **바람직하다**.

2110 □□□

正当だ | **せいとうだ** | **な형** 정당하다

正しい目的のためであっても正当な方法でなければ止めるべきだ。 올바른 목적을 위해서라도 **정당한** 방법이 아니라면 그만둬야 한다.

DAY 26

해커스 JLPT 기출 단어장 N1

2111 □□□

あくどい	-	い형 악랄하다

かれ はんこう し こくみん いきどお
彼のあくどい犯行を知った国民は憤った。
그의 **악랄한** 범행을 안 국민들은 분노했다.

2112 □□□

あさましい	-	い형 비열하다, 딱하다

ひと こうい ふ
人の好意を踏みにじるなんて、あさましいといったらない。
사람의 호의를 짓밟다니, **비열하기** 짝이 없다.

[문형] い형용사 사전형 + といったらない ~(하)기 짝이 없다

2113 □□□

偽る	いつわる	동 속이다, 거짓말하다

たにん たい じぶん いつわ すなお せっ ほう よ
他人に対して自分を偽ることなく、素直に接する方が良い。
타인에 대해 자신을 **속이지** 말고, 솔직하게 대하는 편이 좋다.

[문형] 명사 + に対して ~에 대해 / 동사 사전형 + ことなく ~(하)지 말고

2114 □□□

欺く	あざむく	동 기만하다, 속이다, 깔보다

じぶん しん ひと あざむ むく う
自分を信じてくれる人たちを欺くといつか報いを受けるであろう。 자신을 믿어 주는 사람들을 **기만하**면 언젠가 응보를 받을 것이다.

2115 □□□

あざわらう	-	동 비웃다

どうりょう わるくち い かげ
同僚の悪口を言ったり陰であざわらったりしてはいけない。
동료의 험담을 하거나 뒤에서 **비웃거**나 해서는 안 된다.

2116 □□□

強いる	しいる	동 강요하다

あいて なんど じぶん いけん し
相手に何度も自分の意見を強いるのはやめなさい。
상대에게 몇 번이고 자신의 의견을 **강요하**는 것은 그만하세요.

관련어 強いて しいて 부 억지로, 구태여

*<Day별 단어 퀴즈 PDF>를 활용하여 꼭 복습하세요.

완성 단어

2117 □□□	みちすじ	道筋	명 이치, 도리
2118 □□□	ぎょうじょう	行状	명 행실, 몸가짐
2119 □□□	しめい	使命	명 사명
2120 □□□	うやうや	恭しい	い형 공손하다
2121 □□□	かくしき	格式	명 격식
2122 □□□	さきだ	先立つ	동 앞장서다, 앞서다
2123 □□□	さいぜん	最善	명 최선
2124 □□□	しこう	志向	명 지향
2125 □□□	よ あ	善し悪し	명 선악, 좋고 나쁨
2126 □□□	いっかつ	一喝	명 일갈, 큰 소리로 꾸짖음
2127 □□□	ほんしつ	本質	명 본질
2128 □□□	ほんしょう	本性	명 본성
2129 □□□	きしつ	気質	명 기질
2130 □□□	しんり	真理	명 진리
2131 □□□		しがらみ	명 속박, 굴레
2132 □□□	こうえき	公益	명 공익
2133 □□□	こうさつ	考察	명 고찰
2134 □□□	さ で	差し出がましい	い형 주제넘다
2135 □□□	うし ぐら	後ろ暗い	い형 버젓하지 못하다, 뒤가 구리다
2136 □□□	うし	後ろめたい	い형 떳떳하지 못하다, 뒤가 켕기다
2137 □□□		やましい	い형 꺼림칙하다, 뒤가 켕기다

2138 □□□	き とが	気が咎める	양심에 찔리다
2139 □□□	くうきょ	空虚だ	な형 공허하다
2140 □□□	げんしゅく	厳粛だ	な형 엄숙하다
2141 □□□	でき ごころ	出来心	명 우발적인 생각
2142 □□□		かこつける	동 핑계 삼다, 구실 삼다
2143 □□□		ふしだらだ	な형 단정치 못하다, 칠칠맞다
2144 □□□	せいさん	清算	명 청산, 깨끗이 씻어 냄
2145 □□□	ひこう	非行	명 비행, 그릇된 행위
2146 □□□	しいた	虐げる	동 못살게 굴다, 학대하다
2147 □□□	だらく	堕落	명 타락
2148 □□□	みさかい	見境	명 분별, 판별, 구별
2149 □□□	かんよう	肝要だ	な형 중요하다, 매우 요긴하다
2150 □□□	けっぱく	潔白だ	な형 결백하다
2151 □□□	りふじん	理不尽だ	な형 도리에 어긋나다, 불합리하다
2152 □□□	ひじんどうてき	非人道的だ	な형 비인도적이다
2153 □□□	じごうじとく	自業自得	명 자업자득
2154 □□□	ふぎり	不義理だ	な형 의리 없다, 빚을 갚지 않다
2155 □□□	そっこく	即刻	명 즉각, 곧
2156 □□□	おんしょう	温床	명 온상
2157 □□□		はびこる	동 만연하다, 횡행하다
2158 □□□	うらぐち	裏口	명 뒷문, 부정한 수단

DAY 27 역사·전통

MP3 바로 듣기

2159 □□□

遺跡	いせき	명 유적

こだいいせき　れきしてきかち　ほご
古代遺跡はその歴史的価値のゆえに保護されている。
고대 **유적**은 그 역사적 가치 때문에 보호되고 있다.

[문형] 명사 + のゆえに ~때문에

2160 □□□

世界遺産	せかいいさん	명 세계 유산

ぶんかざい　しぜんかんきょう　せかいいさん　してい
文化財のみならず自然環境も世界遺産に指定されている。
문화재뿐만 아니라 자연환경도 **세계 유산**으로 지정되어 있다.

[문형] 명사 + のみならず ~뿐만 아니라

2161 □□□

現存	げんそん / げんぞん	명 현존

てら　げんそん　なか　さいこ　てら
このお寺は現存する中で最古の寺である。
이 사찰은 **현존**하는 중에서 가장 오래된 사찰이다.

2162 □□□

所蔵 ★	しょぞう	명 소장

そふ　しょぞう　ねんいじょうまえ　はんが　はくぶつかん　きぞう
祖父は所蔵していた300年以上前の版画を博物館に寄贈した。 할아버지는 **소장**하고 있던 300년 이상 전의 판화를 박물관에 기증했다.

2163 □□□

証	あかし	명 증거, 증명, 증표

へきが　こだい　ひとびと　のうぎょう　いとな　あかし
この壁画は古代の人々も農業を営んでいたという証になった。 이 벽화는 고대 사람들도 농사를 지었다는 **증거**가 되었다.

2164 □□□

古都	こと	명 옛 수도

きょうと　こと　み　ぶんかざい　おお
京都は古都だけあって、見ごたえのある文化財が多い。
교토는 **옛 수도**인 만큼, 볼 만한 문화재가 많다.

[문형] 명사 + だけあって ~인 만큼

2165 □□□

当時	とうじ	명 당시

はくぶつかん　とうじ　せいかつ　たいけん　てんじぶつ
博物館に当時の生活が体験できる展示物があった。
박물관에 **당시**의 생활을 체험할 수 있는 전시물이 있었다.

2166 □□□

江戸時代	えどじだい	명 에도 시대

ぶけせいけん　なか　いちばんなが　つづ　えどじだい
武家政権の中で、一番長く続いたのは江戸時代である。
무사 정권 중에서, 가장 길게 지속된 것은 **에도 시대**이다.

2167 □□□

滅亡	めつぼう	명 멸망

せかいよんだいぶんめい　ひと　ぶんめい　きげんぜん
世界四大文明の一つであるインダス文明は紀元前1500
ねんごろ　めつぼう
年頃に滅亡した。
세계 4대 문명 중 하나인 인더스 문명은 기원전 1500년경에 **멸망**했다.

2168 □□□

廃れる ★	すたれる	동 쇠퇴하다

じだい　か　すた　こゆうぶんか　しら
時代が変わるにつれ廃れつつある固有文化を調べてみた。
시대가 변함에 따라 **쇠퇴**하고 있는 고유 문화를 조사해 보았다.

[문형] 동사 ます형 + つつある ~(하)고 있다

2169 □□□

滅びる ★	ほろびる	동 멸망하다

げんざい　いた　おお　くに　ほろ　た
現在に至るまで多くの国が滅びて、また建てられてきた。
현재에 이르기까지 많은 나라가 **멸망하고**, 또 세워져 왔다.

[문형] 명사 + に至るまで ~에 이르기까지

2170 □□□

滅ぼす ★ | ほろぼす | 동 멸망시키다, 멸하다

た こく　ほろ　くに　こくない　こんらん　ほろ
他国により滅ぼされた国もあれば国内の混乱により滅んだ
くに
国もある。
다른 나라에 의해 **멸망된** 나라도 있고 국내의 혼란에 의해 멸망한 나라도 있다.

2171 □□□

果てる | はてる | 동 끝나다, (목숨이) 다하다, 죽다

とう じ　は　つづ　せんそう　いま　れき し
当時はいつ果てるともなく続いていた戦争が今や歴史と
なっている。
당시에는 언제 **끝날**지도 모르게 이어졌던 전쟁이 지금은 역사가 되어 있다.

2172 □□□

封建 | ほうけん | 명 봉건

え ど じ だい　ほうけんせい ど　もと　み ぶんしゃかい
江戸時代は封建制度に基づく身分社会であった。
에도 시대는 **봉건** 제도에 기반한 신분 사회였다.

2173 □□□

変遷 ★ | へんせん | 명 변천

てん じ かい　にほん　い ふく　へんせん　しょうかい
この展示会では日本の衣服がどう変遷してきたかを紹介し
ている。
이 전시회에서는 일본의 의복이 어떻게 **변천**해왔는지를 소개하고 있다.

2174 □□□

展開 | てんかい | 명 전개

じょう き き かん　はつめい　せ かい　さんぎょうかくめい　あたら　てんかい
蒸気機関の発明は世界に産業革命という新しい展開をも
たらした。 증기 기관의 발명은 세계에 산업 혁명이라는 새로운 **전개**를 가져왔다.

2175 □□□

近代化 | きんだいか | 명 근대화

にほん　めい じ い しん　さかい　きゅうそく　きんだい か　すす
日本は明治維新を境に、急速に近代化が進んだ。
일본은 메이지 유신을 계기로, 급속히 **근대화**가 진행되었다.

[문형] 명사 + を境に ~을 계기로

2176 □□□

封鎖	ふうさ	명 봉쇄

れきし　み　いこく　こうりゅう　ふうさ　ちょうしょ　たんしょ　おも
歴史から見て異国との交流を**封鎖**するのは長所と短所があると思う。
역사로 볼 때 이국과의 교류를 **봉쇄**하는 것은 장점과 단점이 있다고 생각한다.

2177 □□□

名残	なごり	명 자취, 여운, 여파

ふる　まちな　じょうかまち　なごり
この古い町並みはかつて城下町であった**名残**をとどめている。
이 오래된 시가지는 예전에 성의 중심지였던 **자취**를 간직하고 있다.

2178 □□□

積み重ねる	つみかさねる	동 (겹쳐) 쌓다

じかん　へ　つ　かさ　れきし　みんぞく　こんぽん
時間を経て**積み重ね**てきた歴史は民族の根本になる。
시간을 거쳐 **쌓아**온 역사는 민족의 근본이 된다.

[문형] 명사 + を経て ~을 거쳐

2179 □□□

とっくに ★	-	훨씬 이전에

ごい　つか
この語彙はもう**とっくに**使われなくなりました。
이 어휘는 벌써 **훨씬 이전에** 사용하지 않게 되었습니다.

2180 □□□

遥か	はるか	부 아득히 (먼)

はる　むかし　もくぞうけんちく　がんじょう　おどろ　きん　え
遥か昔の木造建築なのにその頑丈さには驚きを禁じ得ない。 **아득히** 먼 옛날의 목조 건축인데 그 튼튼함에는 놀라움을 금할 수 없다.

[문형] 명사 + を禁じ得ない ~을 금할 수 없다

2181 □□□

もはや ★	-	부 이제는, 어느새

ねん　れきし　も　しにせ　れきしてきけんぞうぶつ　い
100年の歴史を持つこの老舗は**もはや**歴史的建造物と言えるだろう。
100년의 역사를 가진 이 노포는 **이제는** 역사적 건조물이라고 말할 수 있을 것이다.

DAY 27

해커스 JLPT 기출 단어장 N1

2182 □□□

稀だ | **まれだ** | **な형** 드물다

おお　いぶつ　おさ　こふん　はっけん　まれ
こんなに多くの遺物が納められている古墳の発見は稀なことだ。
이렇게 많은 유물이 들어 있는 고분의 발견은 **드문** 일이다.

2183 □□□

膨大だ ★ | **ぼうだいだ** | **な형** 방대하다

れきししりょうかん　ぶんけん　ぼうだい　しりょう　ほぞん
歴史資料館には文献など膨大な史料が保存されていた。
역사 자료관에는 문헌 등 **방대한** 사료가 보존되어 있었다.

2184 □□□

重宝 ★ | **ちょうほう/じゅうほう** | **명** 귀중한 보물, 소중히 여김

せんぞでんらい　ちょうほう　かき　たく　ちょうこく　ほどこ
先祖伝来の重宝であるこの花器は巧みな彫刻が施されている。
조상으로부터 전해지는 **귀중한 보물**인 이 화병은 정교한 조각이 되어 있다.

2185 □□□

由緒 ★ | **ゆいしょ** | **명** 유서

とうげいか　きむら　だいだいつづ　ゆいしょ　かけい　う
陶芸家の木村さんは代々続く由緒ある家系の生まれである。
도예가인 기무라 씨는 대대로 내려오는 **유서** 있는 집안 태생이다.

2186 □□□

子孫 | **しそん** | **명** 자손

げいじゅつさくひん　しそん　のこ　ほぞん　ちから　い
芸術作品を子孫へ残すために保存に力を入れるべきだ。
예술 작품을 **자손**에게 남기기 위해 보존에 힘을 써야 한다.

[문형] 동사 사전형 + べきだ ~(해)야 한다

2187 □□□

後世 | **こうせい** | **명** 후세

むかし　ぶげい　とだ　こうせい　つづ
昔の武芸が途絶えることなく後世まで続いてほしい。
옛날 무예가 끊기지 않고 **후세**까지 계속되기를 바란다.

[문형] 동사 사전형 + ことなく ~(하)지 않고

2188 □□□

由来 | **ゆらい** | 명 유래

「アキレス腱(けん)」はギリシャ神話(しんわ)に**由来(ゆらい)**する医学用語(いがくようご)である。
'아킬레스건'은 그리스 신화에서 **유래**한 의학 용어이다.

2189 □□□

慣行 | **かんこう** | 명 관행

昔(むかし)からの**慣行(かんこう)**でも事(こと)の趣旨(しゅし)にそぐわないなら必(かなら)ずしも守(まも)る必要(ひつよう)はない。
옛날부터의 **관행**이라도 일의 취지에 맞지 않는다면 반드시 지킬 필요는 없다.

2190 □□□

踏襲 ★ | **とうしゅう** | 명 답습

過去(かこ)の物(もの)をそのまま**踏襲(とうしゅう)**してばかりだと発展(はってん)のしようがない。 과거의 것을 그대로 **답습**하기만 하면 발전할 수가 없다.

[문형] 동사 ます형 + ようがない ~(할) 수가 없다

2191 □□□

葬る | **ほうむる** | 동 장사 지내다, 매장하다

遺体(いたい)を焼却(しょうきゃく)し残(のこ)った遺骨(いこつ)を**葬(ほうむ)る**火葬(かそう)は古代(こだい)から行(おこな)われてきたという。
시신을 소각하고 남은 유골을 **장사 지내는** 화장은 고대부터 행해져 왔다고 한다.

2192 □□□

捧げる | **ささげる** | 동 바치다

彼女(かのじょ)は伝統工芸(でんとうこうげい)に一生(いっしょう)を**捧(ささ)げた**といっても過言(かごん)ではない。
그녀는 전통 공예에 일생을 **바쳤다**고 해도 과언이 아니다.

[문형] 동사 보통형 + といっても…ない ~(하)다고 해도 …아니다

2193 □□□

引き継ぐ | **ひきつぐ** | 동 잇다

これは代々(だいだい)**引(ひ)き継(つ)が**れてきた技法(ぎほう)で作(つく)ったお箸(はし)です。
이것은 대대로 **이어지는** 기법으로 만든 젓가락입니다.

2194 □□□

倣う	ならう	동 따르다, 모방하다

でんとう なら ほうほう けっこんしき あ
ここでは伝統に倣った方法で結婚式を挙げることができる。
여기서는 전통을 **따르는** 방법으로 결혼식을 올릴 수 있다.

2195 □□□

経る	へる	동 거치다

なが じかん へ まつ にほん こゆう ふうしゅう ていちゃく
長い時間を経て、ひな祭りという日本固有の風習が定着した。 긴 시간을 **거쳐**, 히나마쓰리라고 하는 일본 고유의 풍습이 자리 잡았다.
↳ 일본의 여자 아이를 위한 어린이날

2196 □□□

折衷	せっちゅう	명 절충

でんとう ぎほう げんだい せっちゅう にんき
伝統技法と現代のデザインを折衷したグラスが人気だ。
전통 기법과 현대 디자인을 **절충**한 유리잔이 인기이다.

2197 □□□

幾多 ★	いくた	명 수많음

しょうじんりょうり いくた へんか へ いま かたち いた
精進料理は幾多の変化を経て、今の形に至ったのである。
사찰음식은 **수많은** 변화를 거쳐, 지금의 형태에 이른 것이다.

[문형] 명사 + に至る ~에 이르다

2198 □□□

誇る	ほこる	동 자랑하다, 자랑으로 여기다

そうぎょう ねん ほこ もちや むかし つく かた もち つく
創業100年を誇るこの餅屋は昔ながらの作り方で餅を作っている。
창업 100년을 **자랑하는** 이 떡집은 옛날 그대로의 만드는 방법으로 떡을 만들고 있다.

[문형] 명사 + ながらの ~그대로의

2199 □□□

異例 ★	いれい	명 이례(적임)

げんさく いれい かぶき さくひん じょうえん
アニメを原作にした異例の歌舞伎作品が上演された。
애니메이션을 원작으로 한 **이례적인** 가부키 작품이 상연되었다.

*<Day별 단어 퀴즈 PDF>를 활용하여 꼭 복습하세요.

완성 단어

2200 □□□	けらい 家来	명 하인, 부하
2201 □□□	ぶけ 武家	명 무가
2202 □□□	ぶし 武士	명 무사
2203 □□□	かいきゅう 階級	명 계급
2204 □□□	さんぶつ 産物	명 산물
2205 □□□	いぎょう 偉業	명 위업
2206 □□□	はせる	동 달리게 하다, 몰다
2207 □□□	せいすい 盛衰	명 성쇠
2208 □□□	ふちん 浮沈	명 부침, 흥망
2209 □□□	ぼつらく 没落	명 몰락
2210 □□□	しゅうえん 終焉	명 종언, 임종
2211 □□□	もんこ 門戸	명 문호, 출입구
2212 □□□	せんりょう 占領	명 점령
2213 □□□	せいふく 征服	명 정복
2214 □□□	こくみんせい 国民性	명 국민성
2215 □□□	こてんは 古典派	명 고전파
2216 □□□	とくゆう 特有だ	な형 특유하다
2217 □□□	とりい 鳥居	명 신사의 기둥문
2218 □□□	うきよえ 浮世絵	명 풍속화, 우키요에
2219 □□□	しんりゃく 侵略	명 침략
2220 □□□	さいげつ 歳月	명 세월
2221 □□□	しょとう 初頭	명 초두, 첫머리
2222 □□□	とうしょ 当初	명 당초
2223 □□□	まつ 末	명 끝
2224 □□□	せそう 世相	명 세상, 세태
2225 □□□	わいきょく 歪曲	명 왜곡
2226 □□□	みかい 未開だ	な형 미개하다
2227 □□□	みなもと 源	명 근원
2228 □□□	きげん 起源	명 기원
2229 □□□	ふうぞく 風俗	명 풍속, 풍습
2230 □□□	かんれい 慣例	명 관례
2231 □□□	てんけい 典型	명 전형
2232 □□□	とめどない	끝없다, 한없다
2233 □□□	お 織る	동 (옷감 등을) 짜다
2234 □□□	さいげん 再現	명 재현
2235 □□□	ふくげん 復元	명 복원
2236 □□□	でんしょう 伝承	명 전승
2237 □□□	へんけい 変形	명 변형
2238 □□□	わら	명 짚
2239 □□□	とうき 陶器	명 도기, 도자기
2240 □□□	えいが 栄華	명 영화, 명성
2241 □□□	きせき 軌跡	명 궤적

DAY 28 자연·환경

MP3 바로 듣기

2242 □□□

生態	せいたい	명 생태

地域の風土は動物の**生態**にも大きな影響を与える。
지역의 풍토는 동물의 **생태**에도 큰 영향을 준다.

2243 □□□

西日	にしび	명 석양, 저녁 해

窓から差し込む**西日**が眩しくてたまらない。
창문으로 들어오는 **석양**이 너무 눈부시다.

[문형] い형용사 て형 + たまらない 너무 ~(하)다

2244 □□□

映える ★	はえる	동 빛나다, 돋보이다

月に**映える**湖が幻のように美しかった。
달에 **빛나는** 호수가 환상처럼 아름다웠다.

2245 □□□

澄む	すむ	동 맑다

3日間にわたって降った大雨の後、空はいつもより**澄んで**見えた。 3일간에 걸쳐 내린 큰비 이후, 하늘은 평소보다 **맑게** 보였다.

[문형] 명사 + にわたって ~에 걸쳐

2246 □□□

樹木 ★	じゅもく	명 수목

後世に豊かな自然を残すため、ここは**樹木**の伐採が禁じられている。
후세에 풍부한 자연을 남기기 위해, 이곳은 **수목**의 벌채가 금지되어 있다.

2247 □□□

巨樹 ★	きょじゅ	명 거목, 큰 나무

たか　にほんいち　きょじゅ　てんねんきねんぶつ　してい
高さが30mもある日本一の**巨樹**は天然記念物に指定されている。 높이가 30m나 되는 일본 제일의 **거목**은 천연기념물로 지정되어 있다.

2248 □□□

幹	みき	명 나무줄기

えどじだい　う　き　みき　しゅうい
江戸時代に植えられたこの木は**幹**の周囲が６ｍにもなる。
에도 시대에 심어진 이 나무는 **나무줄기** 둘레가 6m나 된다.

2249 □□□

雑草	ざっそう	명 잡초

なが　かんり　にわ　ざっそう　か　お　あせ
長く管理していなかった庭の**雑草**を刈り終えたら、汗まみれになった。 오래 관리하지 않았던 정원의 **잡초**를 다 베었더니, 땀투성이가 되었다.

[문형] 명사 + まみれ ~투성이

2250 □□□

絹糸	きぬいと/けんし	명 견사, 명주실

くわばたけ　おお　むかし　ぶんけん　しる　ぐんまけん　いま　きぬいと
桑畑が多いと昔の文献に記されている群馬県は今も**絹糸**の生産量が多い。
せいさんりょう　おお
뽕나무 밭이 많다고 옛 문헌에 기록되어 있는 군마현은 지금도 **견사**의 생산량이 많다.

2251 □□□

昆虫	こんちゅう	명 곤충

おお　いじょう　こんちゅう　おどろ　きん　え
大きさが30センチ以上の**昆虫**がいることに驚きを禁じ得なかった。 크기가 30센티 이상인 **곤충**이 있는 것에 놀라움을 금할 수 없었다.

[문형] 명사 + を禁じ得ない ~을 금할 수 없다

2252 □□□

幼虫	ようちゅう	명 유충

なか　ようちゅう　せいちゅう　ねん　しゅるい
セミの中には**幼虫**から成虫になるまで17年かかる種類もいる。 매미 중에는 **유충**에서 성충이 되기까지 17년 걸리는 종류도 있다.

2253 □□□

害虫	がいちゅう	명 해충

害虫駆除のためヘリコプターで広範囲に農薬を散布した。
해충 박멸을 위해 헬리콥터로 광범위하게 농약을 살포했다.

2254 □□□

深海魚	しんかいぎょ	명 심해어

深海魚の中には暗い環境に適応し、目が大きくなったものもいる。
심해어 중에는 어두운 환경에 적응해, 눈이 커진 것도 있다.

2255 □□□

鳥類	ちょうるい	명 조류

鳥類といっても、全てが飛べるわけではない。
조류라고 해도, 전부가 날 수 있는 것은 아니다.

[문형] 명사 + といっても …ない ~라고 해도 …아니다 /
동사 보통형 + わけではない ~(한) 것은 아니다

2256 □□□

爬虫類	はちゅうるい	명 파충류

従来、恐竜は爬虫類と分類されていたが、最近違う説も出てきた。 종래, 공룡은 **파충류**로 분류되어 있었지만, 최근 다른 설도 나왔다.

2257 □□□

餌	えさ	명 먹이

環境汚染によって魚の餌になるプランクトンが減ってきている。
환경 오염 때문에 물고기의 **먹이**가 되는 플랑크톤이 줄어들고 있다.

2258 □□□

唸る	うなる	동 (동물이) 으르렁거리다, 신음하다

犬が唸る時は、体調が悪い可能性もある。
개가 **으르렁거릴** 때는, 몸 상태가 나쁠 가능성도 있다.

2259 □□□

海水	かいすい	명 해수, 바닷물

かいすい へいきんてき やく えんぶん ふく
海水には平均的に約3.5%の塩分が含まれている。
해수에는 평균적으로 약 3.5%의 염분이 포함되어 있다.

2260 □□□

水温	すいおん	명 수온

ひかり とど しんかい かいめん くら そうたいてき すいおんへんか
光がほぼ届かない深海は海面に比べて相対的に水温変化
すく
が少ない。
빛이 거의 닿지 않는 심해는 해수면에 비하여 상대적으로 **수온** 변화가 적다.

2261 □□□

庭園	ていえん	명 정원

ざしき み ていえん お つ おもむき
お座敷から見える庭園は落ち着いていて 趣 があった。
객실에서 보이는 **정원**은 차분하고 정취가 있었다.

2262 □□□

平たい	ひらたい	い형 평평하다

ふしぎ ちきゅう まる じめん ひら
不思議なことに、地球は丸いが地面は平たい。
신기하게도, 지구는 둥근데 지면은 **평평하다**.

[문형] な형용사 어간 な + ことに ~(하)게도

2263 □□□

繁殖 ★	はんしょく	명 번식

ぜつめつ おそ しょくぶつ はんしょく せいこう けんきゅう
絶滅の恐れがある植物の繁殖を成功させるために研究
をしている。
멸종의 우려가 있는 식물의 **번식**을 성공시키기 위해 연구를 하고 있다.

[문형] 명사 の + 恐れがある ~우려가 있다

2264 □□□

ごくごく	-	부 극히

どうぶつ げんざい こたいすう すく
ナキウサギという動物は現在個体数がごくごく少ない。
우는 토끼라는 동물은 현재 개체 수가 **극히** 적다.

2265 □□□

羽ばたく ★ | **はばたく** | 동 날개를 치다

ひな鳥(どり)が誰(だれ)にも教(おそ)わらずに羽(は)**ばたける**のはそれが本能(ほんのう)だからだ。
새끼 새가 누구에게도 배우지 않고 **날개를 칠** 수 있는 것은 그것이 본능이기 때문이다.

2266 □□□

排卵 | **はいらん** | 명 배란

ニワトリは毎日(まいにち)**排卵**(はいらん)するので毎日(まいにち)卵(たまご)を産(う)むことができます。
닭은 매일 **배란**하기 때문에 매일 알을 낳을 수 있습니다.

2267 □□□

尊い ★ | **とうとい** | い형 소중하다, 고귀하다

人間(にんげん)だろうが、動物(どうぶつ)だろうが全(すべ)ての命(いのち)は**尊**(とうと)**い**ものだ。
인간이든, 동물이든 모든 생명은 **소중한** 것이다.

[문형] 명사 + だろうが、+ 명사 + だろうが ~이든, ~이든 /
い형용사 사전형 + ものだ ~(한) 것이다

2268 □□□

雄大だ ★ | **ゆうだいだ** | な형 웅대하다

この山(やま)の**雄大**(ゆうだい)**な**景色(けしき)から、様々(さまざま)な創作物(そうさくぶつ)が作(つく)られてきた。
이 산의 **웅대한** 경치로부터, 다양한 창작물이 만들어져 왔다.

2269 □□□

複製 | **ふくせい** | 명 복제

動物(どうぶつ)を**複製**(ふくせい)することは自然(しぜん)の秩序(ちつじょ)に逆(さか)らうことではないか。
동물을 **복제**하는 것은 자연의 질서를 거스르는 것이지 않은가?

[문형] 명사 + ではないか ~이지 않은가?

2270 □□□

目先 ★ | **めさき** | 명 눈앞

現在(げんざい)の環境問題(かんきょうもんだい)は**目先**(めさき)の利益(りえき)を優先(ゆうせん)した結果(けっか)だと思(おも)います。
현재의 환경 문제는 **눈앞**의 이익을 우선한 결과라고 생각합니다.

★ 표시 = 2010년 이후 N1 문자·어휘 기출 단어

2271 □□□

天然 | **てんねん** | 명 천연

地球(ちきゅう)にやさしい天然(てんねん)素材(そざい)でできた衣類(いるい)が最近(さいきん)話題(わだい)になっている。 친환경적인 **천연** 소재로 만들어진 의류가 최근 화제가 되고 있다.

2272 □□□

選別 | **せんべつ** | 명 선별

資源(しげん)ごみをひとまとめに収集(しゅうしゅう)し、工場(こうじょう)で選別(せんべつ)する自治体(じちたい)もある。
재활용 쓰레기를 일괄로 수집해, 공장에서 **선별**하는 자치 단체도 있다.

2273 □□□

絶滅 ★ | **ぜつめつ** | 명 멸종, 절멸

絶滅(ぜつめつ)の危機(きき)に瀕(ひん)している生物(せいぶつ)は100万種(まんしゅ)に上(のぼ)ります。
멸종 위기에 처한 생물은 100만 종이나 됩니다.

2274 □□□

途絶える ★ | **とだえる** | 동 끊어지다, 두절되다

ここの自然(しぜん)が豊(ゆた)かになったのは人通(ひとどお)りが途絶(とだ)えてのことだ。
이곳의 자연이 풍요롭게 된 것은 사람의 발걸음이 **끊어졌기** 때문이다.

[문형] 동사 て형 + のこと ~(하)기 때문

2275 □□□

絶える | **たえる** | 동 끊이다, 끊기다

環境(かんきょう)保護(ほご)のための活動(かつどう)が絶(た)えることなく続(つづ)けられている。
환경 보호를 위한 활동이 **끊임**없이 계속되고 있다.

[문형] 동사 사전형 + ことなく ~(함)없이

2276 □□□

流出 ★ | **りゅうしゅつ** | 명 유출

石油(せきゆ)流出(りゅうしゅつ)事故(じこ)は復旧(ふっきゅう)が難(むずか)しい上(うえ)に環境(かんきょう)にもたらす悪影響(あくえいきょう)も大(おお)きい。
석유 **유출** 사고는 복구가 어려운 데다가 환경에 미치는 악영향도 크다.

[문형] い형용사 보통형 + 上に ~(한) 데다가

DAY 28

2277 □□□

濁り ★	にごり	명 탁함, 더러움

この川の濁りの原因は工場から流れる廃水であることが判明した。 이 강의 **탁함**의 원인은 공장에서 흐르는 폐수라는 것이 판명되었다.

2278 □□□

荒廃	こうはい	명 황폐

火事で荒廃した森林の整備活動に多くのボランティアが参加した。 화재로 **황폐**해진 삼림의 정비 활동에 많은 봉사자가 참가했다.

2279 □□□

兆し ★	きざし	명 징조, 조짐

オゾン層に回復の兆しが見えるという記事が科学雑誌に収録された。 오존층에 회복의 **징조**가 보인다는 기사가 과학 잡지에 수록되었다.

2280 □□□

生じる	しょうじる	동 생기다

地球温暖化により海面の上昇や異常気象などの問題が生じている。
지구 온난화에 의해 해수면의 상승이나 이상 기상 등의 문제가 **생기고** 있다.

2281 □□□

開拓 ★	かいたく	명 개척

過度な森林開拓で大規模の洪水が懸念されている。
과도한 삼림 **개척**으로 대규모의 홍수가 우려되고 있다.

2282 □□□

廃棄 ★	はいき	명 폐기

環境のため、有害物質の望ましい廃棄方法を探るべきだ。
환경을 위해, 유해 물질의 바람직한 **폐기** 방법을 찾아야 한다.

[문형] 동사 사전형 + べきだ ~(해)야 한다

*<Day별 단어 퀴즈 PDF>를 활용하여 꼭 복습하세요.

완성 단어

2283 □□□	獣(けもの)	명 짐승
2284 □□□	真珠(しんじゅ)	명 진주
2285 □□□	暗礁(あんしょう)	명 암초
2286 □□□	習性(しゅうせい)	명 습성
2287 □□□	さえずる	동 (새가) 지저귀다
2288 □□□	咲き乱れる(さきみだれる)	동 만발하다
2289 □□□	獲物(えもの)	명 사냥감, 전리품
2290 □□□	採取(さいしゅ)	명 채취
2291 □□□	生息(せいそく)	명 생식, 서식
2292 □□□	共生(きょうせい)	명 공생
2293 □□□	露(つゆ)	명 이슬
2294 □□□	夕闇(ゆうやみ)	명 땅거미
2295 □□□	闇(やみ)	명 어둠
2296 □□□	山岳(さんがく)	명 산악
2297 □□□	山脈(さんみゃく)	명 산맥
2298 □□□	浜(はま)	명 바닷가
2299 □□□	水田(すいでん)	명 논
2300 □□□	海抜(かいばつ)	명 해발
2301 □□□	水源(すいげん)	명 수원, 물의 근원지
2302 □□□	つぼみ	명 꽃봉오리
2303 □□□	鉢(はち)	명 사발, 화분
2304 □□□	くちばし	명 부리
2305 □□□	鈴虫(すずむし)	명 방울벌레
2306 □□□	微生物(びせいぶつ)	명 미생물
2307 □□□	生育(せいいく)	명 생육, 생물이 나서 자람
2308 □□□	発芽(はつが)	명 발아
2309 □□□	退化(たいか)	명 퇴화
2310 □□□	順応(じゅんのう)	명 순응
2311 □□□	埋立地(うめたてち)	명 매립지
2312 □□□	二酸化炭素(にさんかたんそ)	명 이산화탄소
2313 □□□	豊潤だ(ほうじゅんだ)	な형 풍윤하다, 풍족하고 윤택하다
2314 □□□	押し寄せる(おしよせる)	동 밀려오다
2315 □□□	狩り(かり)	명 사냥
2316 □□□	出没(しゅつぼつ)	명 출몰
2317 □□□	長寿(ちょうじゅ)	명 장수
2318 □□□	蜂蜜(はちみつ)	명 벌꿀
2319 □□□	全滅(ぜんめつ)	명 전멸
2320 □□□	地球温暖化(ちきゅうおんだんか)	명 지구 온난화
2321 □□□	微塵(みじん)	명 미세 먼지
2322 □□□	そもそも	접 애당초, 본디
2323 □□□	不可欠だ(ふかけつだ)	な형 불가결하다
2324 □□□	認知(にんち)	명 인지

DAY 28

DAY 29

날씨·재난

MP3 바로 듣기

2325 □□□

大気	たいき	명 대기

大気の動きや状態などを観測した結果に基づいて天気を予測する。 **대기**의 움직임이나 상태 등을 관측한 결과에 근거해서 날씨를 예측한다.

[문형] 명사 + に基づいて ~에 근거해서

2326 □□□

不順だ	ふじゅんだ	な형 순조롭지 못하다, 불순하다

現在、台風により不順な天候が続いています。
현재, 태풍으로 인하여 **순조롭지 못한** 날씨가 계속되고 있습니다.

2327 □□□

猛暑	もうしょ	명 폭염

猛暑による干ばつは農作物に莫大な被害をもたらした。
폭염에 의한 가뭄은 농작물에 막대한 피해를 가져왔다.

2328 □□□

流れ込む	ながれこむ	동 흘러들다

温かい海水が流れ込み、南極の氷河が解けている。
따뜻한 바닷물이 **흘러들어**, 남극의 빙하가 녹고 있다.

2329 □□□

水蒸気	すいじょうき	명 수증기

温度が上がると、空気中に含むことができる水蒸気量は多くなる。 온도가 오르면, 공기 중에 담을 수 있는 **수증기**량은 많아진다.

2330 □□□

じめじめ ★	-	부 축축

最近(さいきん)夜(よる)でも暑(あつ)い上(うえ)にじめじめとしていて寝苦(ねぐる)しい。
최근 밤에도 더운 데다가 **축축**해서 잠들기 어렵다.

[문형] い형용사 보통형 + 上に ~(한) 데다가

2331 □□□

潤う ★	うるおう	동 축축하다

乾(かわ)いている水田(すいでん)が雨(あめ)で潤(うるお)うことを多(おお)くの農民(のうみん)が願(ねが)っている。
말라 있는 논이 비로 **축축해**지는 것을 많은 농민이 바라고 있다.

2332 □□□

湿る	しめる	동 촉촉이 젖다, 축축해지다

朝露(あさつゆ)で湿(しめ)った芝生(しばふ)が芸術作品(げいじゅつさくひん)のように美(うつく)しかった。
아침 이슬로 **촉촉이 젖은** 잔디밭이 예술 작품처럼 아름다웠다.

2333 □□□

ざあざあ	-	부 쏴쏴, 좍좍

ざあざあ降(ふ)っているが、にわか雨(あめ)でしかないからすぐ止(や)むはずだ。
쏴쏴 내리고 있지만, 소나기에 불과하니까 곧 그칠 것이다.

[문형] 명사 + でしかない ~에 불과하다

2334 □□□

どんより ★	-	부 흐린, 어두침침

梅雨(つゆ)の期間(きかん)は、空(そら)も気分(きぶん)もどんよりしがちだ。
장마 기간에는, 하늘도 기분도 **흐리**기 쉽다.

2335 □□□

上昇	じょうしょう	명 상승

海水面上昇(かいすいめんじょうしょう)の原因(げんいん)は地球温暖化(ちきゅうおんだんか)の影響(えいきょう)に相違(そうい)ない。
해수면 **상승**의 원인은 지구 온난화의 영향임에 틀림없다.

[문형] 명사 + に相違ない ~임에 틀림없다

2336 □□□

時期	じき	명 시기

冬(ふゆ)の時期(じき)は空気(くうき)が乾燥(かんそう)しているので、火事(かじ)に注意(ちゅうい)するべきだ。 겨울 **시기**에는 공기가 건조해서, 화재에 주의해야 한다.

[문형] 동사 사전형 + べきだ ~(해)야 한다

2337 □□□

足場	あしば	명 발 디딜 곳, 발판

運動場(うんどうじょう)は昨晩(さくばん)降(ふ)った雨(あめ)のせいで足場(あしば)が悪(わる)い。
운동장은 어젯밤 내린 비 때문에 **발 디딜 곳**이 좋지 않다.

2338 □□□

一層	いっそう	부 한층

大変(たいへん)なことに、台風(たいふう)の勢力(せいりょく)が一層(いっそう)強(つよ)まりました。
큰일이게도, 태풍의 세력이 **한층** 강해졌습니다.

[문형] な형용사 어간 な + ことに ~(이)게도

2339 □□□

さらに	-	부 더욱, 게다가

余震(よしん)はもう収(おさ)まったと思(おも)いきや、今日(きょう)さらに強(つよ)い地震(じしん)が起(お)きた。 여진은 이제 멈췄다고 생각했더니, 오늘 **더욱** 센 지진이 일어났다.

[문형] 동사 보통형 + と思いきや ~(라)고 생각했더니

2340 □□□

極端だ	きょくたんだ	な형 극단적이다

幾多(いくた)の学者(がくしゃ)が異常気象(いじょうきしょう)により極端(きょくたん)な天気(てんき)が増(ふ)えると予想(よそう)している。 수많은 학자들이 이상 기상 때문에 **극단적인** 날씨가 늘어날 것으로 예상하고 있다.

2341 □□□

いずれ	-	부 결국, 머지않아

伐採(ばっさい)や開拓(かいたく)などがいずれもたらす災害(さいがい)は人間(にんげん)の自業自得(じごうじとく)だと思(おも)う。 벌채나 개척 등이 **결국** 초래할 재해는 인간의 자업자득이라고 생각한다.

2342 □□□

信頼度	しんらいど	명 신뢰도

このウェブサイトの天気予報はよく当たるから**信頼度**が高い。 이 웹 사이트의 일기 예보는 잘 맞아서 **신뢰도**가 높다.

2343 □□□

避難	ひなん	명 피난

雷雨時は危険なので屋外での作業を打ち切って**避難**してください。
뇌우 시에는 위험하므로 옥외에서의 작업을 중지하고 **피난**해 주세요.

2344 □□□

遭難	そうなん	명 조난

山で**遭難**した人を捜すために救助隊が出動した。
산에서 **조난**된 사람을 찾기 위해 구조대가 출동했다.

2345 □□□

孤立	こりつ	명 고립

地震の影響で道路が陥没したA町では、約50世帯が一時**孤立**した。
지진의 영향으로 도로가 함몰된 A 마을에서는, 약 50세대가 일시 **고립**되었다.

2346 □□□

氾濫	はんらん	명 범람

氾濫による被害額を算出する前に復旧方法を探ることが重要だ。 **범람**에 의한 피해액을 산출하기 전에 복구 방법을 찾는 것이 중요하다.

2347 □□□

雪崩	なだれ	명 눈사태

スキー場付近で**雪崩**が発生したものの、幸いけが人はいなかった。
스키장 부근에서 **눈사태**가 발생했기는 하지만, 다행히 다친 사람은 없었다.

[문형] 동사 보통형 + ものの ~(하)기는 하지만

★ 표시 = 2010년 이후 N1 문자·어휘 기출 단어

2348 □□□

襲う	おそう	동 덮치다

こんど　かんぱ　とうほく ちほう　にほん ぜんこく　おそ
今度の寒波は東北地方にとどまらず、日本全国を襲った。
이번 한파는 도호쿠 지방에 그치지 않고, 일본 전국을 **덮쳤다**.

[문형] 명사 + にとどまらず ~에 그치지 않고

2349 □□□

復旧 ★	ふっきゅう	명 복구

ひ さい ち　ふっきゅう　かつどう　ひ　つづ　おこな
被災地の復旧のためのボランティア活動が引き続き行われている。 재해 지역의 **복구**를 위한 봉사 활동이 계속되고 있습니다.

2350 □□□

復興 ★	ふっこう	명 부흥

けん　か ざん　ふん か　こうはい　ち いき　ふっこう　じんりょく
県は火山の噴火によって荒廃した地域の復興に尽力している。 현은 화산 분화에 의해 황폐해진 지역의 **부흥**에 힘을 쓰고 있다.

2351 □□□

想定	そうてい	명 상정

じ しんはっせい　そうてい　ぼうさいくんれん　そ　おこな
地震発生を想定した防災訓練はガイドラインに沿って行う
よ てい
予定だ。 지진 발생을 **상정**한 방재 훈련은 가이드라인을 따라 진행할 예정이다.

[문형] 명사 + に沿って ~을 따라

2352 □□□

前触れ	まえぶれ	명 전조, 예고, 조짐

じ しん　まえ ぶ　じ しんぐも　あらわ　い　か がくてき
地震の前触れとして地震雲が現れると言われるが科学的
こんきょ
根拠はない。
지진의 **전조**로서 지진운이 나타난다고 말해지는데 과학적 근거는 없다.

2353 □□□

頻繁だ ★	ひんぱんだ	な형 빈번하다

ひんぱん　はんらん　か せん　ていぼう　たか　こう じ　おこな
頻繁に氾濫する河川の堤防を高くする工事を行った。
빈번하게 범람하는 하천의 제방을 높게 하는 공사를 실시했다.

2354 □□□

手遅れ | **ておくれ** | 명 때를 놓침, 때늦음

手遅れになる前に、災害に対する備えをしっかりしておくべきだ。 **때를 놓치**기 전에, 재해에 대한 대비를 철저히 해 두어야 한다.

[문형] 명사 + に対する ~에 대한

2355 □□□

内陸部 | **ないりくぶ** | 명 내륙부

日本は海岸部だけでなく、内陸部でも地震が多々発生している。 일본은 해안부뿐 아니라, **내륙부**에서도 지진이 많이 발생하고 있다.

2356 □□□

取り入れる | **とりいれる** | 동 도입하다

本県は防災のために新しい研修プログラムを取り入れました。 본 현은 방재를 위해 새로운 연수 프로그램을 **도입했**습니다.

2357 □□□

禁物 ★ | **きんもつ** | 명 금물

災害に遭った時、安全な所に避難するまで油断は禁物だ。
재해를 당했을 때, 안전한 곳에 피난할 때까지 방심은 **금물**이다.

2358 □□□

寄付 | **きふ** | 명 기부

洪水で畑が浸かって挫折しかけた時、人々からの寄付に助けられた。
홍수로 밭이 잠겨 좌절할 뻔했을 때, 사람들로부터의 **기부**가 도움이 되었다.

[문형] 동사 ます형 + かける ~(할) 뻔하다

2359 □□□

無謀だ ★ | **むぼうだ** | な형 무모하다

避難時に忘れ物をしたからといって取りに戻るのは無謀な行動だ。
피난 시에 두고 온 물건이 있다고 해서 가지러 돌아가는 것은 **무모한** 행동이다.

[문형] 동사 보통형 + からといって ~(하)다고 해서

2360 □□□

突如	とつじょ	부 갑자기, 돌연

災害は突如起こるものだから日頃から備えることが大事だ。
재해는 **갑자기** 일어나기 때문에 평소부터 대비하는 것이 중요하다.

[문형] 동사 보통형 + ものだから ~(하)기 때문에

2361 □□□

緊迫 ★	きんぱく	명 긴박

余震が起こるかもしれない緊迫の状況でも人々は整然と避難した。 여진이 일어날지도 모르는 **긴박**한 상황에서도 사람들은 정연하게 피난했다.

2362 □□□

及ぼす ★	およぼす	동 미치다, 끼치다

災害は被災者に金銭的被害のみならず精神的被害まで及ぼす。 재해는 이재민에게 금전적 피해뿐만 아니라 정신적 피해까지 **미친다**.

[문형] 명사 + のみならず ~뿐만 아니라

2363 □□□

段階	だんかい	명 단계

日本では災害を危険度により5段階に分けている。
일본에서는 재해를 위험도에 따라 5**단계**로 나누고 있다.

2364 □□□

危うい	あやうい	い형 위험하다

町は洪水で浸水の兆しが見え始めた危うい状態だ。
마을은 홍수로 침수의 조짐이 보이기 시작한 **위험한** 상태이다.

2365 □□□

食い止める ★	くいとめる	동 막다

防災訓練は災害による被害を最小限に食い止めるために重要だ。 방재 훈련은 재해에 의한 피해를 최소한으로 **막기** 위해 중요하다.

*<Day별 단어 퀴즈 PDF>를 활용하여 꼭 복습하세요.

완성 단어

2366 □□□	気候変動	きこうへんどう	명 기후 변동
2367 □□□	日増し	ひまし	명 날이 갈수록 더함
2368 □□□	染まる	そまる	동 물들다
2369 □□□	麗らかだ	うららかだ	な형 화창하다, 명랑하다
2370 □□□	ひんやり		부 싸늘히, 썰렁
2371 □□□	寒気	さむけ	명 한기, 오한
2372 □□□	雪解け	ゆきどけ	명 (봄이 되어) 눈이 녹음
2373 □□□	強風	きょうふう	명 강풍
2374 □□□	炎天	えんてん	명 폭염, 염천
2375 □□□	かんかん		부 쨍쨍, 꽝꽝
2376 □□□	日焼け止め	ひやけどめ	명 자외선 차단제
2377 □□□	熱帯夜	ねったいや	명 열대야
2378 □□□	湿気る	しける	동 습기가 차다
2379 □□□	集中豪雨	しゅうちゅうごうう	명 집중 호우
2380 □□□	ぽつぽつ		부 똑똑, 조금씩
2381 □□□	しとしと		부 부슬부슬, 조용히
2382 □□□	ちらつく		동 조금씩 흩날리다, 어른거리다
2383 □□□	ちらちら		부 팔랑팔랑, 조금씩
2384 □□□	ずぶ濡れ	ずぶぬれ	명 흠뻑 젖음
2385 □□□	霜	しも	명 서리
2386 □□□	薄暗い	うすぐらい	い형 좀 어둡다, 어둑하다
2387 □□□	例年	れいねん	명 예년, 매년
2388 □□□	数値	すうち	명 수치, 값
2389 □□□	弱まる	よわまる	동 약해지다
2390 □□□	墜落	ついらく	명 추락
2391 □□□	食糧	しょくりょう	명 식량
2392 □□□	荒らす	あらす	동 황폐하게 하다
2393 □□□	下火	したび	명 불이 약해짐, 기운이 꺾임
2394 □□□	根こそぎ	ねこそぎ	명 뿌리째 뽑음
2395 □□□	連日	れんじつ	명 연일
2396 □□□	天災	てんさい	명 천재, 자연재해
2397 □□□	暴風	ぼうふう	명 폭풍
2398 □□□	渦	うず	명 소용돌이
2399 □□□	噴出	ふんしゅつ	명 분출, 내뿜음
2400 □□□	遭遇	そうぐう	명 조우, 뜻하지 않게 만남
2401 □□□	被災	ひさい	명 재해를 입음
2402 □□□	難	なん	명 어려움, 재난, 결점
2403 □□□	みるみる		부 순식간에
2404 □□□	未然に	みぜんに	미연에
2405 □□□	兆候	ちょうこう	명 징후
2406 □□□	募金	ぼきん	명 모금
2407 □□□	隊員	たいいん	명 대원

DAY 30 산업

MP3 바로 듣기

2408 □□□

従事 ★	じゅうじ	명 종사

全国で医療関係の仕事に従事している人は3百万人を超える。 전국에서 의료 관련 일에 **종사**하고 있는 사람은 3백만 명을 넘는다.

2409 □□□

営む	いとなむ	동 경영하다, 영위하다

新たに事業を営むにあたり、国税庁に申告しなければならない。 새롭게 사업을 **경영함**에 앞서, 국세청에 신고해야 한다.

[문형] 동사 사전형 + にあたり ~(함)에 앞서

2410 □□□

乗り出す ★	のりだす	동 착수하다

我が社は金融事業にとどまらず、不動産事業に乗り出した。
우리 회사는 금융 사업에 그치지 않고, 부동산 사업에 **착수했다**.

[문형] 명사 + にとどまらず ~에 그치지 않고

2411 □□□

見込み ★	みこみ	명 전망, 가망, 예상

まだ倫理的問題があるものの、AI産業は今後も成長する見込みだ。 아직 윤리적 문제가 있기는 하지만, AI 산업은 앞으로도 성장할 **전망**이다.

[문형] 동사 보통형 + ものの ~(하)기는 하지만

2412 □□□

見通す	みとおす	동 전망하다, 멀리까지 내다보다

専門家は電気自動車産業の将来を楽観的に見通した。
전문가는 전기 자동차 산업의 장래를 낙관적으로 **전망했다**.

2413 □□□

目論む ★ | もくろむ | 동 계획하다, 꾀하다

しゃちょう　れんじつげんしょう　うりあげ　じぎょうかくだい　もくろ
社長は連日減少する売上をよそに事業拡大を目論んでいる。
사장님은 연일 감소하는 매상에도 아랑곳하지 않고 사업 확장을 **계획하고** 있다.

[문형] 명사 + をよそに ~에도 아랑곳하지 않고

관련어 目論見 もくろみ 명 계획, 의도

2414 □□□

急がす ★ | いそがす | 동 재촉하다

きじつ　しゅうかん　のこ　のうひん　いそ
期日まであと１週間も残っているのに納品を急がされた。
기일까지 앞으로 1주일이나 남아 있는데 납품을 **재촉받았다**.

2415 □□□

躍進 ★ | やくしん | 명 약진

さいきん　すいたい　おも　さんぎょう　やくしん
最近、衰退したと思われていたカメラレンズ産業が躍進している。 최근, 쇠퇴했다고 생각되었던 카메라 렌즈 산업이 **약진**하고 있다.

2416 □□□

存続 ★ | そんぞく | 명 존속

すうねんつづ　あかじ　かいしゃ　そんぞく　あや
数年続いている赤字により、会社の存続が危ぶまれている。
수년 이어지고 있는 적자로 인해, 회사의 **존속**이 위태롭다.

2417 □□□

振興 ★ | しんこう | 명 진흥

せいぞうぎょう　しんこう　さまざま　たいさく　こう
製造業の振興のために様々な対策を講じている。
제조업의 **진흥**을 위해 여러 대책을 강구하고 있다.

2418 □□□

めど | - | 명 목표, 전망

ことし　あき　しゅっか　せいさん　すす
今年の秋の出荷をめどに、生産を進めています。
올해 가을 출하를 **목표**로, 생산을 진행하고 있습니다.

2419 □□□

脱する | **だっする** | 동 벗어나다

うりあげげんしょう　きき　だっ　しんしょうひん
売上減少の危機を脱せられるかどうかはこの新商品にかかっている。
매상 감소의 위기를 **벗어날** 수 있을지 어떨지는 이 신상품에 달려 있다.

[문형] 명사 + にかかっている ~에 달려 있다

2420 □□□

幅広い ★ | **はばひろい** | い형 폭넓다

げんざい　ぶんや　と　はばひろ　さんぎょう　はんどうたい　しよう
現在は分野を問わず幅広い産業で半導体を使用している。
현재는 분야를 불문하고 **폭넓은** 산업에서 반도체를 사용하고 있다.

[문형] 명사 + を問わず ~를 불문하고

2421 □□□

有数 ★ | **ゆうすう** | 명 유수, 손꼽음

おお　せかいゆうすう　とうなん　こうじょう　せつりつ
多くの世界有数のメーカーが東南アジアに工場を設立した。
많은 세계 **유수**의 제조업 회사가 동남아시아에 공장을 설립했다.

2422 □□□

農園 | **のうえん** | 명 농원

さいきん　ぎじゅつ　と　い　さくもつ　かんり　のうえん　ふ
最近IT技術を取り入れて作物を管理する農園が増えている。
최근 IT 기술을 도입하여 작물을 관리하는 **농원**이 늘고 있다.

2423 □□□

現場 | **げんば** | 명 현장

けんせつげんば　ひんぱん　はっせい　じこ　みぜん　ふせ　あんぜんたいさく　ひつよう
建設現場で頻繁に発生する事故を未然に防げる安全対策が必要だ。
건설 **현장**에서 빈번하게 발생하는 사고를 미연에 방지할 수 있는 안전 대책이 필요하다.

2424 □□□

問屋 | **とんや** | 명 도매상

みせ　う　はち　とんや　やす　しい
店で売る鉢を問屋から安く仕入れることができた。
가게에서 팔 화분을 **도매상**에서 싸게 사들일 수 있었다.

2425 □□□

投入	とうにゅう	명 투입

せつ び かいぜん　し ほん　とうにゅう　せいさんりょう　いっそう
設備改善に資本を投入しただけあって、生産量が一層
ぞう か
増加した。 설비 개선에 자본을 **투입**한 만큼, 생산량이 한층 증가했다.

[문형] 동사 보통형 + だけあって ~(한) 만큼

2426 □□□

斡旋	あっせん	명 알선

がいこくじん　ふ ほうしゅうろう　あっせん　ひと　ほう　もと　ばっ
外国人に不法就労を斡旋した人は法に基づいて罰せら
れる。 외국인에게 불법 취업을 **알선**한 사람은 법에 근거하여 처벌받는다.

[문형] 명사 + に基づいて ~에 근거하여

2427 □□□

培う	つちかう	동 기르다, 배양하다

しゃ　ながねんつちか　えきしょう ぎ じゅつ　ま
A社は長年培った液晶技術をもとに曲がるディスプレイを
かいはつ
開発した。 A사는 긴 세월 **기른** 액정 기술을 바탕으로 휘어지는 디스플레이를 개발했다.

2428 □□□

搬送 ★	はんそう	명 운반, 반송

だい　へんどう　か もつはんそう ひ よう　あ　か のうせい
ガソリン代の変動いかんで貨物搬送費用が上がる可能性
がある。 휘발윳값의 변동 여하로 화물 **운반** 비용이 오를 가능성이 있다.

[문형] 명사 + いかんで ~여하로

2429 □□□

調達 ★	ちょうたつ	명 조달

ゆいしょ　しょくひん　すべ　ざいりょう　こくない　ちょうたつ
あの由緒ある食品メーカーは全ての材料を国内で調達し
ているそうだ。
그 유서 깊은 식품 제조사는 모든 재료를 국내에서 **조달**하고 있다고 한다.

2430 □□□

便宜	べんぎ	명 편의

さいきん し ごと ば　しゃいん　べん ぎ　はか　し せつ　せっ ち　き ぎょう
最近仕事場に社員の便宜を図った施設を設置する企業が
ふ
増えた。 최근 일터에 사원의 **편의**를 도모한 시설을 설치하는 기업이 늘었다.

2431 □□□

委託 ★ | **いたく** | 명 위탁

製品(せいひん)や部品(ぶひん)などを他社(たしゃ)に**委託**(いたく)して生産(せいさん)することをOEM生産(せいさん)という。
제품이나 부품 등을 타사에 **위탁**해서 생산하는 것을 OEM 생산이라고 한다.

2432 □□□

原材料 | **げんざいりょう** | 명 원재료

原油(げんゆ)などの**原材料**(げんざいりょう)は国内生産量(こくないせいさんりょう)が少(すく)ないため輸入(ゆにゅう)が不可欠(ふかけつ)である。
원유 등의 **원재료**는 국내 생산량이 적기 때문에 수입이 불가결하다.

2433 □□□

供給 | **きょうきゅう** | 명 공급

商品(しょうひん)の需要(じゅよう)が予想(よそう)を上回(うわまわ)っていても**供給**(きょうきゅう)の増加(ぞうか)は慎重(しんちょう)にするべきだ。
상품의 수요가 예상을 웃돌고 있어도 **공급**의 증가는 신중해야 한다.

[문형] 동사 사전형 + べきだ ~(해)야 한다

2434 □□□

統合 ★ | **とうごう** | 명 통합

業務(ぎょうむ)の効率(こうりつ)を高(たか)めるため、生産部署(せいさんぶしょ)と開発部署(かいはつぶしょ)を**統合**(とうごう)するという。 업무 효율을 높이기 위해, 생산 부서와 개발 부서를 **통합**한다고 한다.

2435 □□□

推進 | **すいしん** | 명 추진

観光産業(かんこうさんぎょう)の増進(ぞうしん)のために政府(せいふ)は色(いろ)んな政策(せいさく)を**推進**(すいしん)している。 관광 산업의 증진을 위해 정부는 여러 정책을 **추진**하고 있다.

2436 □□□

再考 | **さいこう** | 명 재고, 다시 생각함

B社(しゃ)との契約締結(けいやくていけつ)を**再考**(さいこう)することも念頭(ねんとう)に置(お)いている。
B사와의 계약 체결을 **재고**하는 것도 염두에 두고 있다.

2437 □□□

直面 ★ | **ちょくめん** | 명 직면

資金(しきん)不足(ぶそく)問題(もんだい)に直面(ちょくめん)し、会社(かいしゃ)が所有(しょゆう)していた不動産(ふどうさん)を売却(ばいきゃく)した。 자금 부족 문제에 **직면**하여, 회사가 소유하고 있던 부동산을 매각했다.

2438 □□□

緊密だ ★ | **きんみつだ** | な형 긴밀하다

会社(かいしゃ)の危機(きき)は労働者(ろうどうしゃ)と雇用者(こようしゃ)の緊密(きんみつ)な協力(きょうりょく)なくしては克服(こくふく)できない。
회사의 위기는 노동자와 고용자의 **긴밀한** 협력 없이는 극복할 수 없다.

[문형] 명사 + なくしては ~없이는

2439 □□□

蓄える ★ | **たくわえる** | 동 저장하다, 대비하다

急(きゅう)な発注(はっちゅう)に対応(たいおう)できるよう、ある程度(ていど)の在庫(ざいこ)は蓄(たくわ)えている。 갑작스러운 발주에 대응할 수 있도록, 어느 정도의 재고는 **저장해** 두고 있다.

2440 □□□

支援 ★ | **しえん** | 명 지원

A県(けん)は、県内(けんない)に工場(こうじょう)を設立(せつりつ)する企業(きぎょう)に金銭的(きんせんてき)支援(しえん)をしている。 A현은, 현 내에 공장을 설립하는 기업에게 금전적 **지원**을 하고 있다.

2441 □□□

装備 | **そうび** | 명 장비, 갖추어 차림

この機械(きかい)は部品(ぶひん)交換(こうかん)の時期(じき)を知(し)らせる機能(きのう)を装備(そうび)している。 이 기계는 부품 교환의 시기를 알려주는 기능을 **장비**하고 있다.

2442 □□□

不備 ★ | **ふび** | 명 미비, 제대로 갖추지 않음

この現場(げんば)は安全装置(あんぜんそうち)と保護具(ほごぐ)に不備(ふび)があるので是正(ぜせい)が必要(ひつよう)です。 이 현장은 안전장치와 보호구에 **미비**가 있어서 시정이 필요합니다.

2443 □□□

混乱 ★	こんらん	명 혼란

原油の急騰にともない、生産費用が上がって製造業界に混乱が生じた。
원유 가격이 갑자기 오름에 따라, 생산 비용이 올라 제조 업계에 **혼란**이 발생했다.

[문형] 명사 + にともない ~에 따라

2444 □□□

渋る ★	しぶる	동 원활하지 않다, 주저하다

莫大な予算を使って開発した新製品の売れ行きはまだ渋っている。 막대한 예산을 사용해 개발한 신제품의 팔림새는 아직 **원활하지 않다**.

2445 □□□

術 ★	すべ	명 방법, 방도

このセミナーでは事業拡大に成功する術を教えます。
이 세미나에서는 사업 확대에 성공하는 **방법**을 가르칩니다.

2446 □□□

支障 ★	ししょう	명 지장

商品の無断複製は関連産業の発達に支障をきたします。
상품의 무단 복제는 관련 산업의 발달에 **지장**을 초래합니다.

2447 □□□

錯誤	さくご	명 착오

担当者が錯誤したばかりに、納期が遅れてしまった。
담당자가 **착오**한 탓에, 납기가 늦어져 버렸다.

[문형] 동사 た형 + ばかりに ~(한) 탓에

2448 □□□

枯渇 ★	こかつ	명 고갈

エネルギーの枯渇に備え、新エネルギー産業に関心が集まっている。 에너지 **고갈**에 대비해, 신에너지 산업에 관심이 모이고 있다.

*<Day별 단어 퀴즈 PDF>를 활용하여 꼭 복습하세요.

완성 단어

2449 □□□	ま	蒔く	동 (씨를) 뿌리다, 파종하다
2450 □□□	つ	接ぐ	동 이어 붙이다
2451 □□□	ひりょう	肥料	명 비료
2452 □□□	かちく	家畜	명 가축
2453 □□□	ぼうせき	紡績	명 방적
2454 □□□	てんぼう	展望	명 전망
2455 □□□	しんてん	進展	명 진전
2456 □□□	かくしん	革新	명 혁신
2457 □□□	かっせいか	活性化	명 활성화
2458 □□□	しょうごう	照合	명 대조하여 확인함
2459 □□□	とうそつ	統率	명 통솔
2460 □□□	つかさど	司る	동 담당하다, 감독하다
2461 □□□	はきゅう	波及	명 파급
2462 □□□	ゆうごう	融合	명 융합
2463 □□□	きょうさく	凶作	명 흉작
2464 □□□	むのうやく	無農薬	명 무농약
2465 □□□	らくのう	酪農	명 낙농
2466 □□□	ぎょせん	漁船	명 어선
2467 □□□	ぎょかくりょう	漁獲量	명 어획량
2468 □□□	まいぞう	埋蔵	명 매장, 묻혀있음
2469 □□□	こうえき	交易	명 교역
2470 □□□	だいこう	代行	명 대행
2471 □□□	かんべつ	鑑別	명 감별
2472 □□□	しょぶん	処分	명 처분
2473 □□□	ぎのう	技能	명 기능, 기술
2474 □□□	しょうきょ	消去	명 소거
2475 □□□	げんどうりょく	原動力	명 원동력
2476 □□□	たほう	他方	명 다른 방향, 한편으로
2477 □□□	ぶんや	分野	명 분야
2478 □□□	くきょう	苦境	명 괴로운 처지, 역경
2479 □□□	ちゃくしゅ	着手	명 착수
2480 □□□	じゅうろうどう	重労働	명 중노동
2481 □□□	じんいん	人員	명 인원
2482 □□□	じんけんひ	人件費	명 인건비
2483 □□□	せつびとうし	設備投資	명 설비 투자
2484 □□□	よくせい	抑制	명 억제
2485 □□□	げきげん	激減	명 격감
2486 □□□	きょうさん	協賛	명 협찬
2487 □□□	せいやく	制約	명 제약
2488 □□□	さんじ	惨事	명 참사
2489 □□□	せとぎわ	瀬戸際	명 (성패 등의) 갈림길
2490 □□□	まこと	誠に	부 참으로

DAY 31 기술·과학

MP3 바로 듣기

2491 □□□

著しい	いちじるしい	い형 현저하다

現代(げんだい)の技術(ぎじゅつ)は産業革命(さんぎょうかくめい)を経(へ)て著(いちじる)しい進歩(しんぽ)を成(な)し遂(と)げてきたという。 현대의 기술은 산업 혁명을 거쳐 **현저한** 진보를 이뤄 왔다고 한다.

[문형] 명사 + を経て ~을 거쳐

2492 □□□

飛躍 ★	ひやく	명 비약

ロケット打(う)ち上(あ)げの成功(せいこう)により、宇宙航空技術(うちゅうこうくうぎじゅつ)は飛躍(ひやく)を遂(と)げた。 로켓 발사 성공에 의해, 우주 항공 기술은 **비약**을 이뤘다.

2493 □□□

人工的だ	じんこうてきだ	な형 인공적이다

日照(ひで)りの対策(たいさく)として人工的(じんこうてき)に雨(あめ)を降(ふ)らせる技術(ぎじゅつ)を開発(かいはつ)した。
가뭄의 대책으로 **인공적으로** 비를 내리게 하는 기술을 개발했다.

2494 □□□

画期的だ ★	かっきてきだ	な형 획기적이다

彼(かれ)は革新(かくしん)とでもいうべき画期的(かっきてき)な技術(ぎじゅつ)を開発(かいはつ)した。
그는 혁신이라고 할 만한 **획기적인** 기술을 개발했다.

[문형] 명사 + とでもいうべき ~이라고 할 만한

2495 □□□

念願 ★	ねんがん	명 염원

卒業後(そつぎょうご)、念願(ねんがん)の研究所(けんきゅうじょ)に入(はい)り、人工知能(じんこうちのう)の研究(けんきゅう)を続(つづ)けている。 졸업 후, **염원**하던 연구소에 들어와, 인공 지능의 연구를 계속하고 있다.

2496 □□□

腕前 ★ **うでまえ** 명 솜씨

時計修理にかけて、田中さんの腕前に匹敵する人はいない。

시계 수리에 관한 한, 다나카 씨의 **솜씨**에 필적할 사람이 없다.

[문형] 명사 + にかけて ~에 관한 한

2497 □□□

網羅 ★ **もうら** 명 망라

我が社は先端技術を網羅したスマホの開発に乗り出すつもりだ。

우리 회사는 첨단 기술을 **망라**한 스마트폰 개발에 착수할 예정이다.

2498 □□□

促進 **そくしん** 명 촉진

樹木の生育を促進する肥料は有機肥料と無機肥料に分けられる。

수목의 생육을 **촉진**하는 비료는 유기 비료와 무기 비료로 나눌 수 있다.

2499 □□□

抽出 **ちゅうしゅつ** 명 추출

廃プラスチックから再生燃料を抽出することができる。

폐플라스틱에서 재생 연료를 **추출**하는 것이 가능하다.

2500 □□□

中枢 ★ **ちゅうすう** 명 중추

半導体技術は様々な産業の中枢を担っている。

반도체 기술은 다양한 산업의 **중추**를 담당하고 있다.

2501 □□□

難点 ★ **なんてん** 명 난점, 어려운 점

技術上難点があり、水素自動車はまだ広く普及していない。

기술상 **난점**이 있어, 수소 자동차는 아직 널리 보급되지 않았다.

2502 □□□

実用化	じつようか	명 실용화

ドローン配送(はいそう)の実用化(じつようか)には衝突(しょうとつ)の危険(きけん)などいくつかの問題(もんだい)がある。 드론 배송의 **실용화**에는 충돌의 위험 등 몇 가지 문제가 있다.

2503 □□□

稼働 ★	かどう	명 가동

こちらの機械(きかい)は検査中(けんさちゅう)のゆえに今(いま)は稼働(かどう)を停止(ていし)しています。 이 기계는 검사 중이기 때문에 지금은 **가동**을 정지하고 있습니다.

[문형] 명사 + のゆえに ~이기 때문에

2504 □□□

機械式	きかいしき	명 기계식

機械式時計(きかいしきどけい)といえばスイスを思(おも)い浮(う)かべる人(ひと)が多(おお)いだろう。 **기계식** 시계라고 하면 스위스를 떠올리는 사람이 많을 것이다.

[문형] 명사 + といえば ~라고 하면

2505 □□□

噛み合う	かみあう	동 (서로) 맞물리다

ギアが完全(かんぜん)に噛(か)み合(あ)っているかの確認(かくにん)は車(くるま)を組(く)み立(た)てる上(うえ)で肝要(かんよう)だ。
기어가 완전히 **맞물려** 있는지의 확인은 자동차를 조립하는 데에 있어 중요하다.

2506 □□□

画質	がしつ	명 화질

技術(ぎじゅつ)の進歩(しんぽ)とともにテレビの画質(がしつ)はますます上(あ)がっている。
기술의 진보와 함께 텔레비전의 **화질**은 점점 오르고 있다.

[문형] 명사 + とともに ~와 함께

2507 □□□

端末	たんまつ	명 단말

スマートウオッチなどのウエアラブル端末(たんまつ)が注目(ちゅうもく)を浴(あ)びている。 스마트 워치 등의 웨어러블 **단말**이 주목을 받고 있다.

2508 □□□

装置 | そうち | 명 장치

昔(むかし)の車(くるま)にひきかえ今(いま)の車(くるま)には安全装置(あんぜんそうち)がたくさんついている。 옛날의 차와 대조적으로 지금의 차에는 안전**장치**가 많이 붙어 있다.

[문형] 명사 + にひきかえ ~와 대조적으로

2509 □□□

車体 | しゃたい | 명 차체

燃費(ねんぴ)をよくするために、車体(しゃたい)を軽(かる)くする技術(ぎじゅつ)を開発(かいはつ)している。 연비를 좋게 하기 위해, **차체**를 가볍게 하는 기술을 개발하고 있다.

2510 □□□

整備 | せいび | 명 정비

災害(さいがい)による被害(ひがい)を防(ふせ)ぐため、防災情報(ぼうさいじょうほう)システムの整備(せいび)が必要(ひつよう)だ。 재해에 의한 피해를 막기 위해, 방재 정보 시스템의 **정비**가 필요하다.

2511 □□□

操縦 | そうじゅう | 명 조종

飛行機(ひこうき)に自動操縦(じどうそうじゅう)機能(きのう)があるといえども離陸(りりく)は手動(しゅどう)で行(おこな)うという。
비행기에 자동 **조종** 기능이 있다고 할지라도 이륙은 수동으로 한다고 한다.

[문형] 동사 보통형 + といえども ~(하)다고 할지라도

2512 □□□

軌道 ★ | きどう | 명 궤도

通信(つうしん)や観測(かんそく)など、用途(ようと)によって人工衛星(じんこうえいせい)の軌道(きどう)が違(ちが)います。
통신이나 관측 등, 용도에 따라 인공위성의 **궤도**가 다릅니다.

2513 □□□

搭載 | とうさい | 명 탑재

人工知能(じんこうちのう)が搭載(とうさい)されたスピーカーなどが普遍化(ふへんか)している。
인공 지능이 **탑재**된 스피커 등이 보편화되고 있다.

2514

遮断 ★	しゃだん	명 차단

こども　ゆうがい　じょうほう　しゃだん　きのう　ほきょう
子供から有害なサイトや情報を**遮断**する機能を補強するべきだ。 어린이에게서 유해한 사이트나 정보를 **차단**하는 기능을 보강해야 한다.

[문형] 동사 사전형 + べきだ ~(해)야 한다

2515

従来 ★	じゅうらい	명 종래

かくしんぎじゅつ　う　だ　じゅうらい　じょうしき　う　やぶ　はっそう
革新技術を生み出すには**従来**の常識を打ち破る発想が
ひつよう
必要だ。
혁신 기술을 만들어내기 위해서는 **종래**의 상식을 타파하는 발상이 필요하다.

2516

改良	かいりょう	명 개량

ひんしゅかいりょう　かさ　かくち　さまざま　ひんしゅ　しゅうかく
イチゴは品種**改良**を重ね、各地で様々な品種が収穫されている。 딸기는 품종 **개량**을 거듭해, 각지에서 다양한 품종이 수확되고 있다.

2517

合成	ごうせい	명 합성

えいがさんぎょう　ごうせいぎじゅつ　か
映画産業にあってCG**合成**技術はもう欠かせないものになった。 영화 산업에 있어 CG **합성** 기술은 이제 빼놓을 수 없는 것이 되었다.

[문형] 명사 + にあって ~에 있어

2518

設定	せってい	명 설정

こうれいしゃむ　せってい　かのう　けいたい　そぼ
高齢者向けの**設定**が可能な携帯を祖母にプレゼントした。
고령자용 **설정**이 가능한 휴대 전화를 할머니에게 선물했다.

2519

試みる	こころみる	동 시도하다, 시험하다

あたら　りろん　はっけん　いた　かぞ　じっけん
新しい理論の発見に至るまで数えきれないほどの実験を
こころ
試みた。 새로운 이론의 발견에 이르기까지 다 셀 수 없을 정도의 실험을 **시도했다**.

[문형] 명사 + に至るまで ~에 이르기까지 / 동사 ます형 + きる 다 ~(하)다

2520 □□□

結合 | **けつごう** | 명 결합

水分子は酸素原子１個と水素原子２個が結合した構造をしている。
(みずぶんし さんそげんし こ すいそげんし こ けつごう こうぞう)
물 분자는 산소 원자 1개와 수소 원자 2개가 **결합**한 구조를 하고 있다.

2521 □□□

凝縮 ★ | **ぎょうしゅく** | 명 응축

露は大気中の水蒸気が凝縮してできたものである。
(つゆ たいきちゅう すいじょうき ぎょうしゅく)
이슬은 대기 중의 수증기가 **응축**하여 생긴 것이다.

2522 □□□

膨張 | **ぼうちょう** | 명 팽창

宇宙は誕生して以来、ずっと膨張しているという。
(うちゅう たんじょう いらい ぼうちょう)
우주는 탄생한 이래, 계속 **팽창**하고 있다고 한다.

[문형] 동사 て형 + 以来 ~(한) 이래

2523 □□□

恐竜 | **きょうりゅう** | 명 공룡

恐竜の復元図は長年の研究によって変遷しつつある。
(きょうりゅう ふくげんず ながねん けんきゅう へんせん)
공룡의 복원도는 오랜 세월의 연구에 따라 변천하고 있다.

[문형] 동사 ます형 + つつある ~(하)고 있다

2524 □□□

化石 | **かせき** | 명 화석

化石から生物の進化のみならず地球の歴史を探ることもできる。
(かせき せいぶつ しんか ちきゅう れきし さぐ)
화석에서 생물의 진화뿐만 아니라 지구의 역사를 탐색할 수도 있다.

[문형] 명사 + のみならず ~뿐만 아니라

2525 □□□

紫外線 | **しがいせん** | 명 자외선

研究により紫外線が皮膚がんの原因になることが明らかになった。
(けんきゅう しがいせん ひふ げんいん あき)
연구에 의해 **자외선**이 피부암의 원인이 되는 것이 밝혀졌다.

2526 □□□

吸収	きゅうしゅう	명 흡수

珪藻土は水分をたくさん**吸収**できるといった特長がある。
규조토는 수분을 많이 **흡수**할 수 있다는 특장점이 있다.

2527 □□□

遺伝子	いでんし	명 유전자

身長や目の色といった形態的特徴は**遺伝子**によって形成される。 키나 눈 색 같은 형태적 특징은 **유전자**에 의해 형성된다.

2528 □□□

有機	ゆうき	명 유기

化学肥料などを使わずに栽培した**有機**農産物に関心が集まっている。
화학 비료 등을 사용하지 않고 재배한 **유기** 농산물에 관심이 모이고 있다.

2529 □□□

並列	へいれつ	명 병렬

乾電池 2 個を**並列**に繋いでも電圧は 1 個の時と変わらない。 건전지 2개를 **병렬**로 연결해도 전압은 1개일 때와 변하지 않는다.

2530 □□□

元素	げんそ	명 원소

現在、**元素**は118個あるが新しい元素が発見されないとも限らない。 현재, **원소**는 118개 있지만 새로운 원소가 발견될지도 모른다.

[문형] 동사 ない형 + ないとも限らない ~(할)지도 모른다

2531 □□□

浮力	ふりょく	명 부력

物体の**浮力**が重力より大きくないことには、水面に浮かばない。 물체의 **부력**이 중력보다 크지 않으면, 수면에 뜨지 않는다.

[문형] い형용사 ない형 + ないことには ~(하)지 않으면

*<Day별 단어 퀴즈 PDF>를 활용하여 꼭 복습하세요.

완성 단어

2532 □□□	きかい	器械	명 기계, 기구
2533 □□□	じゅくれん	熟練	명 숙련
2534 □□□	さきがける	先駆ける	동 (남보다) 앞서다
2535 □□□	ゆうえつ	優越	명 우월
2536 □□□	なしとげる	成し遂げる	동 완수하다, 달성하다
2537 □□□	ひじゅう	比重	명 비중
2538 □□□	しよう	仕様	명 방법, 사양
2539 □□□	さいぶんか	細分化	명 세분화
2540 □□□	でんどうか	電動化	명 전동화
2541 □□□	かいせん	回線	명 회선
2542 □□□	えんかく	遠隔	명 원격
2543 □□□	どうりょくげん	動力源	명 동력원
2544 □□□	はぐるま	歯車	명 톱니바퀴
2545 □□□	でんしきき	電子機器	명 전자 기기
2546 □□□	さいくつ	採掘	명 채굴
2547 □□□	しんがた	新型	명 신형
2548 □□□	ふか	負荷	명 부하, 에너지를 소비하는 것
2549 □□□	じょうか	浄化	명 정화
2550 □□□	ふめい	不明だ	な형 불명하다, 불명확하다
2551 □□□	よういん	要因	명 요인
2552 □□□	めもり	目盛り	명 눈금
2553 □□□	そくてい	測定	명 측정
2554 □□□	はんべつ	判別	명 판별, 식별, 구별
2555 □□□	たんち	探知	명 탐지
2556 □□□	せいし	静止	명 정지
2557 □□□	くっせつ	屈折	명 굴절
2558 □□□	きょうめい	共鳴	명 공명
2559 □□□	まさつねつ	摩擦熱	명 마찰열
2560 □□□	ほんのう	本能	명 본능
2561 □□□	ぶんれつ	分裂	명 분열
2562 □□□	ほうわ	飽和	명 포화
2563 □□□	ほにゅうるい	哺乳類	명 포유류
2564 □□□	りょうせいるい	両生類	명 양서류
2565 □□□	かく	核	명 핵
2566 □□□	けっしょう	結晶	명 결정
2567 □□□	わくせい	惑星	명 혹성, 행성
2568 □□□	ざひょう	座標	명 좌표
2569 □□□	しんどう	振動	명 진동
2570 □□□	ねんしょう	燃焼	명 연소, 불탐
2571 □□□	れいきゃく	冷却	명 냉각, 차가워짐
2572 □□□	さんか	酸化	명 산화
2573 □□□	ほうしゃのう	放射能	명 방사능

DAY 32 건강·의학

MP3 바로 듣기

2574 □□□

処置 ★	**しょち**	명 처치, 조치

けがをした時(とき)、処置(しょち)が手遅(ておく)れになると傷跡(きずあと)が残(のこ)る可能性(かのうせい)がある。 상처를 입었을 때, **처치**가 늦어지면 흉터가 남을 가능성이 있다.

2575 □□□

診る	**みる**	동 진찰하다, 진단하다

一人(ひとり)で多(おお)くの患者(かんじゃ)を診(み)るあまり、食事(しょくじ)をとる時間(じかん)もなかった。 혼자서 많은 환자를 **진찰한** 나머지, 식사를 할 시간도 없었다.

[문형] 동사 사전형 + あまり ~(한) 나머지

2576 □□□

克服 ★	**こくふく**	명 극복

長(なが)い期間(きかん)続(つづ)いている腰痛(ようつう)を克服(こくふく)するため運動(うんどう)を始(はじ)めました。 오랜 기간 계속되고 있는 허리 통증을 **극복**하기 위해 운동을 시작했습니다.

2577 □□□

安静 ★	**あんせい**	명 안정

手術(しゅじゅつ)の後(あと)、回復(かいふく)するまでは安静(あんせい)にするものだ。
수술 후, 회복할 때까지는 **안정**을 취해야 하는 법이다.

[문형] 동사 보통형 + ものだ ~(하)는 법이다

2578 □□□

快復	**かいふく**	명 쾌유, 쾌차

大雪(おおゆき)の日(ひ)、道(みち)で転(ころ)んでけがしたが、今(いま)は快復(かいふく)した。
큰 눈이 내리는 날, 길에서 굴러서 다쳤지만, 지금은 **쾌유**했다.

2579 □□□

治癒 ★ | **ちゆ** | 명 치유

免疫力(めんえきりょく)がある人(ひと)にとって風邪(かぜ)は自然治癒(しぜんちゆ)できる軽(かる)い病気(びょうき)にすぎない。
면역력이 있는 사람에게 있어 감기란 자연 **치유**되는 가벼운 병일 뿐이다.

[문형] 명사 + にすぎない ~일 뿐이다

2580 □□□

治療法 | **ちりょうほう** | 명 치료법

医学(いがく)が著(いちじる)しい進歩(しんぽ)を遂(と)げた現在(げんざい)でも治療法(ちりょうほう)が不明(ふめい)な病気(びょうき)がある。 의학이 현저한 진보를 이룬 현재에도 **치료법**이 불분명한 병이 있다.

2581 □□□

癒す | **いやす** | 동 치유하다

お医者(いしゃ)さんのカウンセリングを通(とお)して心(こころ)の傷(きず)が癒(いや)された。
의사 선생님의 카운슬링을 통해서 마음의 상처가 **치유되었**다.

2582 □□□

介護 | **かいご** | 명 간호, 간병

高齢化(こうれいか)による需要(じゅよう)の増大(ぞうだい)にもかかわらず介護人材(かいごじんざい)は不足(ふそく)している。 고령화에 의한 수요 증대에도 불구하고 **간호** 인재는 부족하다.

[문형] 명사 + にもかかわらず ~에도 불구하고

2583 □□□

介抱 | **かいほう** | 명 돌봄, 간호

今日(きょう)は一日中体調(いちにちじゅうたいちょう)が悪(わる)かった息子(むすこ)を介抱(かいほう)しました。
오늘은 하루 종일 몸 상태가 나빴던 아들을 **돌봤**습니다.

2584 □□□

労る | **いたわる** | 동 돌보다, (노고를) 위로하다

老人(ろうじん)ホームで介護士(かいごし)がお年寄(としよ)りを労(いたわ)っていた。
양로원에서 간병인이 노인을 **돌보고** 있었다.

2585 □□□

診療	しんりょう	명 진료

めいい なだか すずき せんせい しんりょう だいにんき よやく と

名医と名高い鈴木先生の**診療**は大人気で予約の取りようがない。

명의라고 이름 높은 스즈키 선생님의 **진료**는 큰 인기라 예약을 잡을 수가 없다.

[문형] 동사 ます형 + ようがない ~(할) 수가 없다

2586 □□□

往診	おうしん	명 왕진

ほんいん からだ ふじゆう かた おうしん おこな

本院は体が不自由な方のため、**往診**サービスを行っています。 본원은 몸이 불편한 분들을 위해, **왕진** 서비스를 시행하고 있습니다.

2587 □□□

処方箋	しょほうせん	명 처방전

しょほうせん こうにゅう せいやく やくひん

処方箋なしには購入できないという制約がある薬品もある。 **처방전** 없이는 구입할 수 없다는 제약이 있는 약품도 있다.

[문형] 명사 + なしに ~없이

2588 □□□

診断書	しんだんしょ	명 진단서

びょうききゅうか しゅとく びょういん しんだんしょ はっこう

病気休暇を取得するため、病院で**診断書**を発行してもらった。 질병 휴가를 취득하기 위해, 병원에서 **진단서**를 발행받았다.

2589 □□□

断つ	たつ	동 끊다, 자르다

けんこう かんぜん た

健康のため、タバコを完全に**断ち**ました。

건강을 위해, 담배를 완전히 **끊었**습니다.

2590 □□□

疾病	しっぺい	명 질병

かたよ しょくせいかつ かくしゅしっぺい げんいん

偏った食生活は各種**疾病**の原因となるおそれがある。

치우친 식생활은 각종 **질병**의 원인이 될 우려가 있다.

[문형] 동사 사전형 + おそれがある ~(할) 우려가 있다

2591 □□□

くじける ★	-	동 접질리다, 삐다, 꺾이다

漁船の上で足がくじけた船員の手当てをしてあげた。
어선 위에서 발이 **접질린** 선원의 치료를 해 주었다.

2592 □□□

損なう ★	そこなう	동 해치다, 파손하다

工事現場から出る砂埃により健康を損なうこともある。
공사 현장에서 나오는 모래 먼지에 의해 건강을 **해치는** 경우도 있다.

2593 □□□

損ねる	そこねる	동 (감정, 건강을) 상하게 하다

過度なストレスは気分だけでなく健康も損ねる。
과도한 스트레스는 기분뿐만 아니라 건강도 **상하게 한다**.

2594 □□□

伴う	ともなう	동 동반하다

今流行っているインフルエンザは高熱、頭痛などの症状を伴う。
지금 유행하고 있는 독감은 고열, 두통 등의 증상을 **동반한다**.

2595 □□□

痺れる ★	しびれる	동 저리다, 마비되다

不自然な姿勢で何時間も自動車を整備したので体が痺れた。
부자연스러운 자세로 몇 시간이나 자동차를 정비해서 몸이 **저렸다**.

2596 □□□

ばてる ★	-	동 지치다, 녹초가 되다

猛暑日なのに登山するなんてばてて当たり前ですよ。
매우 더운 날인데 등산하다니 **지치는** 게 당연해요.

2597 □□□

かれる | - | 동 (목이) 쉬다

はな　のど　とき　あたた
話しすぎて喉がかれた時は温めたほうがいいです。
너무 많이 말해서 목이 **쉬었을** 때는 따뜻하게 하는 편이 좋습니다.

2598 □□□

腫れる | **はれる** | 동 (염증 등으로) 붓다

もも　た　くちびる　は
アレルギーがあるのについ桃を食べてしまい、唇が腫れた。
알레르기가 있는데 무심코 복숭아를 먹어 버려서, 입술이 **부었다**.

2599 □□□

致命的だ | **ちめいてきだ** | な형 치명적이다

さいわ　きのう　じこ　ちめいてき　ふしょう　お　ひと
幸いなことに、昨日の事故で致命的な負傷を負った人はいなかった。
다행히도, 어제의 사고로 **치명적인** 부상을 입은 사람은 없었다.

[문형] な형용사 어간 な + ことに ~(히)도

2600 □□□

かぶれる | - | 동 (피부에) 독이 오르다

やま　ながそで　き　どくせいしょくぶつ
山では長袖を着ないと毒性植物にかぶれることもありうる。
산에서는 긴 소매를 입지 않으면 독성 식물로 **피부에 독이 오르는** 경우도 있을 수 있다.

[문형] 동사 ます형 + うる ~(할) 수 있다

2601 □□□

発作 | **ほっさ** | 명 발작

ほっさ　と　ばあい　かぎ　はや　きゅうきゅうしゃ　よ
発作が止まらない場合はできる限り早く救急車を呼ぶべきだ。
발작이 멈추지 않는 경우에는 할 수 있는 최대한 빨리 구급차를 불러야 한다.

[문형] 동사 사전형 + 限り ~(할) 수 있는 최대한 / 동사 사전형 + べきだ ~(해)야 한다

2602 □□□

感染 | **かんせん** | 명 감염

ことし　れいねん　かんせんしゃ　おお
今年は例年よりインフルエンザ感染者が多いです。
올해는 예년보다 독감 **감염**자가 많습니다.

★ 표시 = 2010년 이후 N1 문자·어휘 기출 단어

2603 □□□

慢性 | **まんせい** | 명 만성

まんせい ひ ふ えん　　　だいひょうてき
慢性皮膚炎といえば、アトピーが代表的である。
만성 피부염이라고 하면, 아토피가 대표적이다.

[문형] 명사 + といえば ~이라고 하면

2604 □□□

殺菌 ★ | **さっきん** | 명 살균

や さい　なま　た　とき　さっきん　　　　あんぜん
野菜を生で食べる時は殺菌してからにしたほうが安全だ。
야채를 생으로 먹을 때는 **살균**하고 나서 하는 편이 안전하다.

2605 □□□

発散 ★ | **はっさん** | 명 발산

はっさん　けんこう　　しゅうちゅうりょく　たか　げんどうりょく
ストレス発散は健康にもいいし、集中力を高める原動力にもなる。
스트레스 **발산**은 건강에도 좋고, 집중력을 높이는 원동력도 된다.

2606 □□□

精密だ | **せいみつだ** | な형 정밀하다

い がく ぎ じゅつ　かがや　はってん　せいみつ　しんたいけん さ　か のう
医学技術の輝かしい発展とともに精密な身体検査が可能になった。
의학 기술의 눈부신 발전과 함께 **정밀한** 신체검사가 가능하게 되었다.

[문형] 명사 + とともに ~과 함께

2607 □□□

気力 | **きりょく** | 명 기력

ろう か　ひと　き りょく　てい か
老化によって人の気力は低下する。
노화에 의해 사람의 **기력**은 저하한다.

2608 □□□

寝不足 | **ねぶそく** | 명 수면 부족

ね ぶ そく　つづ　じゅうびょう　ひ　お
寝不足が続くと重病を引き起こすおそれがある。
수면 부족이 계속되면 중병을 야기할 우려가 있다.

2609 □□□

疲労	ひろう	명 피로

適切な**疲労**回復は健康な体を維持するために欠かせない。 적절한 **피로** 회복은 건강한 몸을 유지하기 위해 빼놓을 수 없다.

2610 □□□

ほうっておく	-	동 방치하다

けがしたところを洗わずに**ほうっておく**のは禁物だ。
상처 난 곳을 씻지 않고 **방치하는** 것은 금물이다.

2611 □□□

器官	きかん	명 기관(생물체의 부분)

消化不良が長期間続く場合、消化**器官**に問題があるのかもしれない。
소화 불량이 장기간 계속되는 경우, 소화 **기관**에 문제가 있는 것일지도 모른다.

2612 □□□

脳	のう	명 뇌

脳の様々な機能の中で一番重要なのは認知機能だと思う。
뇌의 다양한 기능 중에서 제일 중요한 것은 인지 기능이라고 생각한다.

2613 □□□

前頭葉	ぜんとうよう	명 전두엽

前頭葉に異常が起きたら感情のコントロールができなくなるという。
전두엽에 이상이 생기면 감정 컨트롤을 할 수 없게 된다고 한다.

2614 □□□

視覚	しかく	명 시각

人間の**視覚**は生まれた後も発達し続け、6歳頃に完成する。
인간의 **시각**은 태어난 후에도 계속 발달해, 6살 경에 완성된다.

*<Day별 단어 퀴즈 PDF>를 활용하여 꼭 복습하세요.

완성 단어

2615 □□□	そうけん	壮健だ	な형 건강하다, 장건하다
2616 □□□	にゅうたいいん	入退院	명 입퇴원
2617 □□□	きゅうきゅう	救急	명 구급
2618 □□□	せいめいいじ	生命維持	명 생명 유지
2619 □□□	な	さじを投げる	가망이 없어 단념하다
2620 □□□	ふくさよう	副作用	명 부작용
2621 □□□	き め	効き目	명 효과, 효능
2622 □□□	とうよ	投与	명 투여
2623 □□□	きょよう	許容	명 허용
2624 □□□	けいか	経過	명 경과
2625 □□□	かいぼう	解剖	명 해부
2626 □□□	りんしょう	臨床	명 임상
2627 □□□	けんこうしんだん	健康診断	명 건강 진단
2628 □□□	さいけつ	採血	명 채혈
2629 □□□	ますい	麻酔	명 마취
2630 □□□	まひ	麻痺	명 마비
2631 □□□	よぼうせっしゅ	予防接種	명 예방 접종
2632 □□□	げり	下痢	명 설사
2633 □□□	やまい	病	명 병
2634 □□□	じびょう	持病	명 지병
2635 □□□	ひ お	引き起こす	동 일으키다
2636 □□□	はつびょう	発病	명 발병
2637 □□□	さいはつ	再発	명 재발
2638 □□□	わずら	患う	동 (병을) 앓다
2639 □□□	じゅうしょう	重傷	명 중상
2640 □□□	せいかつしゅうかんびょう	生活習慣病	명 생활 습관병
2641 □□□	ねっちゅうしょう	熱中症	명 열사병
2642 □□□	きんがん	近眼	명 근시
2643 □□□	ちゅうどく	中毒	명 중독
2644 □□□	ちっそく	窒息	명 질식
2645 □□□	ふせっせい	不摂生	명 건강에 주의하지 않음
2646 □□□	ね こ	寝込む	동 푹 잠들다, (병으로) 눕다
2647 □□□	ふみん	不眠	명 불면
2648 □□□	ひへい	疲弊	명 피폐
2649 □□□	ししつ	脂質	명 지질
2650 □□□	とうしつ	糖質	명 당질
2651 □□□	さいきん	細菌	명 세균
2652 □□□	めんえきりょく	免疫力	명 면역력
2653 □□□	けっこう	血行	명 혈행, 혈액 순환
2654 □□□	にんしん	妊娠	명 임신
2655 □□□	じりつしんけい	自律神経	명 자율 신경
2656 □□□	ふくこうかんしんけい	副交感神経	명 부교감 신경

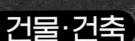

DAY 33 건물·건축

MP3 바로 듣기

2657 □□□

建造物	けんぞうぶつ	명 건조물

京都の町中には数多くの歴史的**建造物**がある。
교토의 시내에는 수많은 역사적 **건조물**이 있다.

2658 □□□

老舗	しにせ	명 노포, 역사가 오랜 가게

創業100年以上の**老舗**らしく建物からも昔の情趣が感じられる。 창업 100년 이상의 **노포**답게 건물에서도 옛 정취가 느껴진다.

2659 □□□

屋敷	やしき	명 저택, 집의 부지

祖母から広い庭園がある**屋敷**を譲り受けた。
할머니로부터 넓은 정원이 있는 **저택**을 양도받았다.

2660 □□□

一軒家	いっけんや	명 외딴집, 독채

叔父は森の奥にある**一軒家**で一人悠々自適に暮らしています。 삼촌은 숲속에 있는 **외딴집**에서 혼자 유유자적하게 살고 있습니다.

2661 □□□

飲食店	いんしょくてん	명 음식점

この中華街には腕前のいい料理人が営む**飲食店**がたくさんある。
이 중화 거리에는 솜씨가 좋은 요리사가 경영하는 **음식점**이 많이 있다.

2662 □□□

介護施設	かいごしせつ	명 간병 시설

し　こうれいしゃ　じんこう　おお　かいごしせつ　じゅうじつ
わが市は高齢者の人口が多く、介護施設も充実している。
우리 시는 고령자 인구가 많아, **간병 시설**도 충실하다.

2663 □□□

家電量販店	かでんりょうはんてん	명 가전 양판점

そうさ　もと　かでんりょうはんてん　まわ
操作しやすいカメラを求めて家電量販店を回ることにした。
조작하기 쉬운 카메라를 찾아 **가전 양판점**을 돌기로 했다.

2664 □□□

宮殿	きゅうでん	명 궁전

せんそう　こわ　きゅうでん　ふっきゅう さぎょう　おこな
戦争で壊れてしまった宮殿の復旧作業を行うべきだ。
전쟁으로 무너지고 만 **궁전**의 복구 작업을 시행해야 한다.

[문형] 동사 사전형 + べきだ ~(해)야 한다

2665 □□□

居住	きょじゅう	명 거주

きょじゅうしゃ　ちゅうしゃとうろく　ちゅうしゃ
居住者でも駐車登録をしてからでないと、駐車はできかねます。 거주자라도 주차 등록을 하고 나서가 아니면, 주차는 하기 어렵습니다.

[문형] 동사 て형 + からでないと ~(하)고 나서가 아니면 /
동사 ます형 + かねる ~(하)기 어렵다

2666 □□□

収容 ★	しゅうよう	명 수용

がっこう　しゅうちゅうごうう　ひなん　ひと　しゅうよう　ばしょ
この学校は集中豪雨で避難した人たちを収容する場所
つか
として使われた。
이 학교는 집중 호우로 피난한 사람들을 **수용**하는 장소로 사용되었다.

2667 □□□

まばらだ ★	-	な형 드문드문하다, 성기다

いなか　とし　ちが　いえ　しょうぎょうしせつ
田舎は都市と違って家や商業施設がまばらにある。
시골은 도시와 달리 집이나 상업 시설이 **드문드문하게** 있다.

2668 □□□

過密だ ★	**かみつだ**	な형 과밀하다

だいとし　じんこうしゅうちゅう　とし　かみつ
大都市への人口集中で、都市はより過密になりつつある。
대도시로의 인구 집중으로, 도시는 보다 **과밀해**지고 있다.

[문형] 동사 ます형 + つつある ~(하)고 있다

2669 □□□

備え付ける ★	**そなえつける**	동 설치하다, 비치하다

ひ　こ　いえ　かくへや　そな　つ
引っ越しする家には各部屋にエアコンが備え付けられている。 이사하는 집에는 각 방에 에어컨이 **설치되어** 있다.

2670 □□□

きしむ	-	동 삐걱거리다

きゅうこうしゃ　ある　ゆか　おと　ひび
旧校舎は歩くたびに床がきしむ音が響いた。
옛 교사는 걸을 때마다 바닥이 **삐걱거리는** 소리가 울렸다.

[문형] 동사 사전형 + たびに ~(할) 때마다

2671 □□□

施錠 ★	**せじょう**	명 잠금

あさ で　とき　げんかん　せじょう　おも　だ
朝出る時にきちんと玄関の施錠をしたかどうか思い出せない。 아침에 나올 때 제대로 현관을 **잠갔**는지 아닌지 기억나지 않는다.

2672 □□□

柱	**はしら**	명 기둥

こだい　しんでん　えんとうがた　はしら　とくちょうてき
古代ギリシャの神殿は円筒型の柱が特徴的である。
고대 그리스의 신전은 원통형 **기둥**이 특징적이다.

2673 □□□

装飾	**そうしょく**	명 장식

がつ　へや　じぶん　しよう　そうしょく
12月になったので、部屋を自分なりにクリスマス仕様に装飾した。
12월이 되었기 때문에, 방을 내 나름대로 크리스마스 사양으로 **장식**했다.

[문형] 명사 + なりに ~나름대로

2674 □□□

調和	ちょうわ	명 조화

壁紙と家具の色が調和して部屋の雰囲気が一層明るく見える。 벽지와 가구의 색이 **조화**되어 방의 분위기가 한층 밝게 보인다.

2675 □□□

空間	くうかん	명 공간

階段下の狭い空間を活用し、収納スペースを作る予定です。
계단 아래의 좁은 **공간**을 활용하여, 수납 스페이스를 만들 예정입니다.

2676 □□□

改修	かいしゅう	명 보수, 개수

自宅の風呂場が古くなったので改修するよりほかない。
자택의 욕실이 오래돼서 **보수**하는 수밖에 없다.

[문형] 동사 사전형 + よりほかない ~(하)는 수밖에 없다

2677 □□□

沈下	ちんか	명 침하, 침강, 가라앉음

地震で地盤が沈下し、家が傾いてしまった。
지진으로 지반이 **침하**해, 집이 기울어 버렸다.

2678 □□□

漏水 ★	ろうすい	명 누수

工事が完了したばかりの建物で漏水事故が発生した。
공사가 완료된 지 얼마 안 된 건물에서 **누수** 사고가 발생했다.

2679 □□□

朽ちる	くちる	동 썩다, 쇠퇴하다

木造の空き家を放置すると、朽ちて壊れるおそれがあります。
나무로 된 빈 집을 방치하면, **썩어서** 무너질 우려가 있습니다.

[문형] 동사 사전형 + おそれがある ~(할) 우려가 있다

2680 □□□

歪む | **ゆがむ** | **동 비뚤어지다, 일그러지다**

襖が開閉しづらい時は、襖の枠が歪んでいるかもしれない。
장지문을 여닫기 어려울 때는, 장지문의 틀이 **비뚤어져** 있을지도 모른다.

2681 □□□

建築 | **けんちく** | **명 건축**

アパートを建築するにあたって、予算を検討した。
아파트를 **건축**함을 앞두고, 예산을 검토했다.

[문형] 동사 사전형 + にあたって ~(함)을 앞두고

2682 □□□

加工 ★ | **かこう** | **명 가공**

紫外線が遮断できるようビルの窓ガラスを加工した。
자외선을 차단할 수 있도록 빌딩의 창문 유리를 **가공**했다.

2683 □□□

迅速だ | **じんそくだ** | **な형 신속하다, 재빠르다**

災害で被害を受けた建物の解体撤去を迅速に行った。
재해로 피해를 입은 건물의 해체 철거를 **신속하게** 진행했다.

2684 □□□

跨る | **またがる** | **동 걸치다, 걸터타다**

A町の市街地再開発事業は10年に跨る大掛かりな計画だ。
A 마을의 시가지 재개발 사업은 10년에 **걸친** 대규모 계획이다.

2685 □□□

修復 ★ | **しゅうふく** | **명 복원, 수복**

暴風に対する備えが十分でなく壊れた教会の外壁を修復した。
폭풍에 대한 대비가 충분하지 않아 망가진 교회의 외벽을 **복원**했다.

[문형] 명사 + に対する ~에 대한

2686 □□□

再建	さいけん	명 재건

火事で焼失した寺院の再建が計画されているそうだ。
화재로 소실된 사원의 **재건**이 계획되고 있다고 한다.

2687 □□□

築く	きずく	동 쌓다

数年前に築いた石垣が崩れそうな兆しがあって補修するつもりだ。 수년 전에 **쌓은** 돌담이 무너질 것 같은 조짐이 보여서 보수할 생각이다.

2688 □□□

仕組み ★	しくみ	명 구조, 짜임

Aビルは強い地震にも耐えられる仕組みになっている。
A 빌딩은 강한 지진에도 견딜 수 있는 **구조**로 되어 있다.

2689 □□□

規模 ★	きぼ	명 규모

郊外にある町に規模の大きい農場ができた。
교외에 있는 마을에 **규모**가 큰 농장이 생겼다.

2690 □□□

遮る ★	さえぎる	동 차단하다, 방해하다

ぐっすり安眠できるよう、寝室に日光を遮るカーテンを取りつけた。 깊고 편히 잘 수 있도록, 침실에 햇빛을 **차단하는** 커튼을 달았다.

2691 □□□

斬新だ ★	ざんしんだ	な형 참신하다

どこにもないような画期的で斬新なデザインの家を建ててみせる。
어디에도 없을 것 같은 획기적이고 **참신한** 디자인의 집을 짓고야 말겠다.

[문형] 동사 て형 + みせる ~(하)고야 말겠다

2692 □□□

密度 | **みつど** | 명 밀도

東京(とうきょう)の都心(としん)は高層(こうそう)ビルの密度(みつど)が高(たか)く、流動人口(りゅうどうじんこう)も多(おお)い。
도쿄의 도심은 고층 빌딩의 **밀도**가 높고, 유동 인구도 많다.

2693 □□□

軽量化 | **けいりょうか** | 명 경량화

耐震性(たいしんせい)を向上(こうじょう)させるべく、屋根(やね)を軽量化(けいりょうか)する工事(こうじ)を行(おこな)った。
내진성을 향상시키기 위해, 지붕을 **경량화**하는 공사를 시행했다.

[문형] 동사 사전형 + べく ~(하)기 위해

2694 □□□

閉鎖 ★ | **へいさ** | 명 폐쇄

工事(こうじ)のため１月(がつ)から４月(がつ)にかけて当(とう)ホテルのプールを閉鎖(へいさ)します。 공사를 위해 1월부터 4월에 걸쳐 이 호텔의 수영장을 **폐쇄**합니다.

[문형] 명사 + から + 명사 + にかけて ~부터 …에 걸쳐

2695 □□□

跡地 ★ | **あとち** | 명 철거하고 난 땅

廃校(はいこう)した小学校(しょうがっこう)の跡地(あとち)に公園(こうえん)が作(つく)られるという話(はなし)がある。
폐교한 초등학교를 **철거하고 난 땅**에 공원이 만들어진다는 이야기가 있다.

2696 □□□

撤去 ★ | **てっきょ** | 명 철거

会社(かいしゃ)が倒産(とうさん)して以来(いらい)稼働(かどう)していなかった工場(こうじょう)の撤去(てっきょ)が決(き)まった。 회사가 도산한 이래로 가동하지 않았던 공장의 **철거**가 결정되었다.

[문형] 동사 て형 + 以来 ~(한) 이래로

2697 □□□

崩れる ★ | **くずれる** | 동 무너지다, 붕괴하다

異例(いれい)の雪崩(なだれ)により橋(はし)が崩(くず)れてしまったので修復(しゅうふく)が必要(ひつよう)です。 이례적인 눈사태에 의해 다리가 **무너지고** 말아서 복원이 필요합니다.

*<Day별 단어 퀴즈 PDF>를 활용하여 꼭 복습하세요.

완성 단어

2698 □□□	こみんか	古民家	명 전통 양식의 오래된 민가
2699 □□□	さいこ	最古	명 가장 오래됨, 최고
2700 □□□	さんばし	桟橋	명 부두
2701 □□□	じどうかん	児童館	명 아동 복지 센터
2702 □□□	しょうぎょうしせつ	商業施設	명 상업 시설
2703 □□□	もくぞうけんちく	木造建築	명 목조 건축
2704 □□□	やくば	役場	명 관공서, 사무소
2705 □□□	ていたく	邸宅	명 저택
2706 □□□	とくせつ	特設	명 특설
2707 □□□	ものおき	物置	명 헛간, 창고, 광
2708 □□□	くら	蔵	명 창고
2709 □□□	なや	納屋	명 곳간, 헛간
2710 □□□	かべがみ	壁紙	명 벽지
2711 □□□	いしずえ	礎	명 주춧돌
2712 □□□	えんがわ	縁側	명 툇마루
2713 □□□	ひかえしつ	控室	명 대기실
2714 □□□	ふろば	風呂場	명 욕실
2715 □□□	みぞ	溝	명 도랑, 틈
2716 □□□	げすいどう	下水道	명 하수도
2717 □□□	じょうそう	上層	명 상층
2718 □□□	ふち	縁	명 가장자리, 테두리
2719 □□□	かいへい	開閉	명 개폐, 여닫음
2720 □□□	しきい	敷居	명 문지방, 문턱
2721 □□□	どぼく	土木	명 토목, 토목 공사
2722 □□□	てぬ	手抜き	명 절차를 생략함, 날림
2723 □□□	きずあ	築き上げる	동 구축하다, 쌓아 올리다
2724 □□□	てこ	手が込む	손이 많이 가다, 복잡하다
2725 □□□	ろうきゅうか	老朽化	명 노후화
2726 □□□	かいたい	解体	명 해체
2727 □□□	けんちくし	建築士	명 건축사
2728 □□□	へいめんず	平面図	명 평면도
2729 □□□	まど	間取り	명 방 배치
2730 □□□	みずまわ	水回り	명 (건물에서) 물을 사용하는 곳
2731 □□□	ふくごう	複合	명 복합
2732 □□□	げんけい	原形	명 원형, 원래의 형태
2733 □□□	たいきゅうせい	耐久性	명 내구성
2734 □□□	ないそう	内装	명 내장, 내부 설비
2735 □□□	ふる	古めかしい	い형 고풍스럽다, 예스럽다
2736 □□□	ようふう	洋風	명 서양풍, 서양식
2737 □□□	てっこう	鉄鋼	명 철강
2738 □□□	たいそう	大層	부 매우, 굉장히
2739 □□□	の	延べ	명 연, 합계

DAY 34

상업·경제

MP3 바로 듣기

2740 □□□

商う	あきなう	동 장사하다, 매매하다

せんぞだいだい　しにせ　わがし　あきな　せいけい　た
先祖代々の老舗で和菓子を**商い**ながら生計を立てている。
선조 대대로 내려오는 노포에서 일본식 과자를 **장사하**며 생계를 꾸리고 있다.

2741 □□□

貴店	きてん	명 귀하의 가게

あした ごご　じ　きてん　うかが
では、明日午後１時に**貴店**に伺います。
그러면, 내일 오후 1시에 **귀하의 가게**에 찾아뵙겠습니다.

2742 □□□

定価	ていか	명 정가

かいてん　きねん　てんないしょうひんすべ　ていか　わりびき　はんばい
開店を記念して、店内商品全て**定価**の２割引で販売しています。 개점을 기념해서, 점내 상품 모두 **정가**의 20% 할인으로 판매하고 있습니다.

2743 □□□

差額	さがく	명 차액

もと　しょうひん　ねだん　たか　もの　こうかん　さい　さがく　しはら
元の商品より値段が高い物に交換する際は**差額**をお支払いください。
원래 상품보다 가격이 높은 것으로 교환할 때에는 **차액**을 지불해 주세요.

2744 □□□

高額	こうがく	명 고액

しんがた　こうがく　ばくはつてき　う
新型スマホは**高額**にもかかわらず爆発的に売れた。
신형 스마트폰은 **고액**임에도 불구하고 폭발적으로 팔렸다.

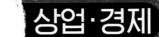

[문형] 명사 + にもかかわらず ~임에도 불구하고

2745 □□□

客層 | **きゃくそう** | **명 고객층**

かんこうち いち しょうてんがい おも きゃくそう がいこくじん
観光地に位置しているこの商店街の主な客層は外国人
かんこうきゃく
観光客だ。 관광지에 위치하고 있는 이 상점가의 주된 **고객층**은 외국인 관광객이다.

2746 □□□

買い手 | **かいて** | **명 구매자**

か て とち ねさ けんとう
なかなか買い手がつかないので土地の値下げを検討した。
좀체 **구매자**가 생기지 않아서 토지의 가격 인하를 검토했다.

2747 □□□

売り | **うり** | **명 셀링 포인트**

けいりょうか も はこ
軽量化による持ち運びやすさがこのノートパソコンの
う
売りだ。 경량화로 인한 휴대의 용이함이 이 노트북의 **셀링 포인트**이다.

2748 □□□

受け渡し | **うけわたし** | **명 수수, 주고받음**

ちゅうもんしょうひん う わた しだい れんらく
注文商品の受け渡しができるようになり次第、ご連絡いたします。 주문 상품의 **수수**가 가능하게 되는 대로, 연락드리겠습니다.

[문형] 동사 ます형 + 次第 ~(하)는 대로

2749 □□□

売り切れ | **うりきれ** | **명 품절**

かし だいにんき のうひん う き
あのお菓子は大人気で、納品されたそばから売り切れになる。 그 과자는 큰 인기라, 납품받는 족족 **품절**된다.

[문형] 동사 보통형 + そばから ~(하)는 족족

2750 □□□

転売 | **てんばい** | **명 되팔기**

とう てんばい かた きん
当コンサートのチケットを転売することを固く禁じます。
본 콘서트 티켓을 **되파는** 것을 엄하게 금지합니다.

2751 □□□

内訳 ★	うちわけ	명 내역

みつもりしょ　けいひ うちわけ　しょうごう　けいさん　まちが　かくにん
見積書と経費内訳を照合し、計算に間違いがないか確認した。 견적서와 경비 **내역**을 대조하여, 계산에 잘못이 없는지 확인했다.

2752 □□□

需要 ★	じゅよう	명 수요

しんねん　いっ　げつご　ひか　ちょう　じゅよう　いちじる
新年を一か月後に控えてスケジュール帳の需要が 著 しく
の
伸びた。 새해를 한 달 후로 앞두고 스케줄러의 **수요**가 현저하게 늘었다.

[문형] 명사 + を + 명사 + に控えて ~를 …로 앞두고

2753 □□□

相場 ★	そうば	명 시세

きん　そうば　せかいじょうせい　さまざま　よういん　ふくごうてき
金の相場には世界情勢などの様々な要因が複合的な
えいきょう　およ
影響を及ぼす。
금의 **시세**에는 세계정세 등의 다양한 요인이 복합적인 영향을 미친다.

2754 □□□

低迷 ★	ていめい	명 침체, 저미

わ　しゃ　ことし　う　あ　れいねん　ていめい
我が社の今年の売り上げは例年にもまして低迷している。
우리 회사의 올해 매상은 예년보다 더 **침체**되어 있다.

[문형] 명사 + にもまして ~보다 더

2755 □□□

貯蓄	ちょちく	명 저축

しゅうにゅう　さいてい　わり　ちょちく　まわ　い
収入の最低 1 割は貯蓄に回したほうがいいと言われている。
수입의 최저 10%는 **저축**으로 돌리는 편이 좋다고 말해지고 있다.

2756 □□□

浪費	ろうひ	명 낭비

かけいぼ　つ　ししゅつ　しょうさい　わ　ろうひ　ふせ
家計簿を付けることで支出の詳細が分かり、浪費が防げる。 가계부를 적는 것으로 지출의 상세 내용을 알 수 있어, **낭비**를 막을 수 있다.

2757 □□□

大幅だ ★	おおはばだ	な형 큰 폭이다, 대폭적이다

ねん　きょうさく　やさい　ねだん　おおはば　じょうしょう
20年ぶりの凶作で野菜の値段が大幅に上昇した。
20년 만의 흉작으로 야채 가격이 **큰 폭으로** 상승했다.

2758 □□□

かさむ	-	동 (부피, 비용, 수량이) 늘어나다

ふけいき　あかじ
いくら不景気といえども、ここまで赤字がかさんではかなわない。 아무리 불경기라고 한들, 이렇게까지 적자가 **늘어나**면 곤란하다.

[문형] 명사 + といえども ~라고 한들 / 동사 て형 + はかなわない ~(하)면 곤란하다

2759 □□□

報酬	ほうしゅう	명 보수, 대가

ひばら　そくじつ　ほうしゅう　う　と
このアルバイトは日払いで、即日に報酬の受け取りができる。 이 아르바이트는 당일 지급이라, 바로 그날에 **보수** 수령이 가능하다.

2760 □□□

削減	さくげん	명 감축, 삭감

さんゆこく　げんゆ　きょうきゅうさくげん　かかく
産油国の原油供給削減にともない、ガソリンの価格が
こうとう
高騰した。 산유국의 원유 공급 **감축**에 따라, 휘발유 가격이 올랐다.

[문형] 명사 + にともない ~에 따라

2761 □□□

上限	じょうげん	명 상한

かい　ひ　だ　じょうげんがく　まんえん
このATMは１回あたりの引き出し上限額が50万円に
せってい
設定されている。 이 ATM은 1회당 인출 **상한**액이 50만 엔으로 설정되어 있다.

2762 □□□

決算	けっさん	명 결산

けっさん　けっか　かみはんき　えいぎょうせいせき　ぜんれい
決算の結果、上半期の営業成績は前例がないほどの
くろじ
黒字だった。 **결산** 결과, 상반기의 영업 성적은 전례가 없을 정도의 흑자였다.

2763 □□□

賄う	まかなう	동 제공하다, 조달하다

しゅっちょう こうつうひ しょけいひ かいしゃ まかな
出張における交通費などの諸経費は会社で賄うらしい。
출장에서의 교통비 등의 모든 경비는 회사에서 **제공한다**고 한다.

[문형] 명사 + における ~에서의

2764 □□□

組み込む	くみこむ	동 편성하다

ちゅうしょうきぎょうむ せつびとうし ほじょきん せいふよさん く こ
中小企業向けの設備投資の補助金が政府予算に組み込まれた。 중소기업용 설비 투자 보조금이 정부 예산으로 **편성되었다**.

2765 □□□

工面 ★	くめん	명 마련함, 변통

がいしゃ きぎょう しほんきん くめん
IT会社を起業するための資本金を工面している。
IT 회사를 창업하기 위한 자본금을 **마련하**고 있다.

2766 □□□

融通	ゆうずう	명 융통

ぎんこう ゆうずう しきん けいえいかいぜん と く
銀行から融通してもらった資金で経営改善に取り組んでいます。
은행에서 **융통**받은 자금으로 경영 개선에 매진하고 있습니다.

2767 □□□

融資	ゆうし	명 융자

ゆめ かな ぎんこう ゆうし う
マイホームの夢を叶えんがため、銀行から融資を受けた。
마이 홈의 꿈을 이루기 위해, 은행에서 **융자**를 받았다.

[문형] 동사 ない형 + んがため ~(하)기 위해

2768 □□□

利子	りし	명 이자

むり しゃっきん がんきん りし かえ せいいっぱい
無理な借金をして、元金はおろか利子を返すので精一杯だ。
무리하게 돈을 꿔서, 원금은커녕 **이자**를 돌려주는 것이 고작이다.

[문형] 명사 + はおろか ~은커녕

2769 □□□

利息 | りそく | 명 이자, 금리

ていきつみきん　ねん　りそく　つ
この定期積金は年0.1%の利息が付きます。
이 정기 적금은 연 0.1%의 **이자**가 붙습니다.

2770 □□□

債務 ★ | さいむ | 명 채무

きんせん　か　さいけんしゃ　たい　さいむ　りこう
金銭を借りたら債権者に対して債務を履行せねばならない。 금전을 빌렸다면 채권자에 대해 **채무**를 이행하지 않으면 안 된다.

[문형] 명사 + に対して ~에 대해 / 동사 ない형 + ねばならない ~(하)지 않으면 안 된다
★예외 する → せねばならない

2771 □□□

返済 | へんさい | 명 변제, 반제

しゃっきん　へんさい　そしょう　はってん
借金を返済せずほうっておくと訴訟にまで発展するおそれがある。 빚을 **변제**하지 않고 방치하면 소송으로까지 발전할 우려가 있다.

[문형] 동사 사전형 + おそれがある ~(할) 우려가 있다

2772 □□□

株式 | かぶしき | 명 주식

わ　しゃ　かぶ　しほんきん　ちょうたつ　かぶしきがいしゃ
我が社は株で資本金を調達する、いわゆる株式会社である。 우리 회사는 주식으로 자본금을 조달하는, 이른바 **주식**회사이다.

2773 □□□

利益 ★ | りえき | 명 이익

しつげん　かいちょう　しっきゃく　さかい　えいぎょうりえき　げきげん
失言により会長が失脚したのを境に営業利益が激減した。
실언에 의해 회장이 실각한 것을 계기로 영업 **이익**이 격감했다.

[문형] 명사 + を境に ~을 계기로

2774 □□□

利潤 | りじゅん | 명 이윤

おお　きぎょう　いちじてき　もくてき　りじゅん　かくとく
多くの企業にとって、一次的な目的は利潤の獲得であろう。
많은 기업에게 있어, 일차적인 목적은 **이윤** 획득일 것이다.

2775 □□□

儲け | **もうけ** | 명 이득, 소득, 벌이

原材料費が高いがゆえに**儲け**が少ないのなら単価を上げるまでだ。
원재료비가 비싸기 때문에 **이득**이 적은 것이라면 단가를 올리면 그만이다.

[문형] い형용사 보통형 + がゆえに ~(하)기 때문에 / 동사 사전형 + までだ ~(하)면 그만이다

2776 □□□

差し引く ★ | **さしひく** | 동 빼다, 차감하다, 공제하다

収益から人件費などを**差し引く**と、純利益はそこまで高くもない。 수익에서 인건비 등을 **빼**면, 순이익은 그렇게까지 높지도 않다.

2777 □□□

控除 ★ | **こうじょ** | 명 공제

給与から税金などが**控除**された額を手取りという。
급여에서 세금 등이 **공제**된 액수를 실수령액이라고 한다.

2778 □□□

買い占める | **かいしめる** | 동 매점하다

物を**買い占め**、不正に利益を得ようとしてはならない。
물건을 **매점해**, 부정하게 이득을 얻으려 해서는 안 된다.

[문형] 동사 て형 + はならない ~(해)서는 안 된다

2779 □□□

駆け引き | **かけひき** | 명 흥정, 상술

部長は**駆け引き**が上手で、いつも価格交渉を有利に導く。
부장님은 **흥정**을 잘해서, 언제나 가격 교섭을 유리하게 이끈다.

2780 □□□

取り決め | **とりきめ** | 명 약정, 약속, 계약

昨年の10月、我が国は某国と経済協力に関わる**取り決め**を結んだ。 작년 10월, 우리 나라는 모 나라와 경제 협력과 관련된 **약정**을 맺었다.

[문형] 명사 + に関わる ~과 관련된

*<Day별 단어 퀴즈 PDF>를 활용하여 꼭 복습하세요.

완성 단어

2781 □□□	かへい	貨幣	명 화폐
2782 □□□	こぎって	小切手	명 수표
2783 □□□	すいとう	出納	명 출납
2784 □□□	ねう	値打ち	명 값어치, 가치
2785 □□□	あ あま	有り余る	동 남아돌다
2786 □□□	おろし う	卸売り	명 도매
2787 □□□	げんか	原価	명 원가
2788 □□□	こうきょう	好況	명 호황
2789 □□□	ざいげん	財源	명 재원, 수입원
2790 □□□	ざんきん	残金	명 잔금
2791 □□□	つ た	積み立てる	동 적금하다, 적립하다
2792 □□□	しさん	資産	명 자산
2793 □□□	じばら	自腹	명 자기 배, 자기 돈
2794 □□□	たいきん	大金	명 거금, 큰돈
2795 □□□	おうごん	黄金	명 황금
2796 □□□	はいとう	配当	명 배당
2797 □□□	いっきょ	一挙に	일거에, 단번에
2798 □□□		もろに	부 정면으로
2799 □□□	きょうこう	恐慌	명 공황
2800 □□□	かせん	寡占	명 과점, 소수 기업이 독차지함
2801 □□□	どくせん	独占	명 독점
2802 □□□	きゅうぼう	窮乏	명 궁핍
2803 □□□	しゅうし	収支	명 수지, 수입과 지출
2804 □□□	かんさん かんざん	換算/換算	명 환산
2805 □□□	しきゅうきん	支給金	명 지급금
2806 □□□	ふさい	負債	명 부채
2807 □□□	たいのう	滞納	명 체납
2808 □□□	さいさん	採算	명 채산, 수입과 지출을 계산함
2809 □□□	げっぷ	月賦	명 월부, 금액을 달마다 나눠 냄
2810 □□□	えんたい	延滞	명 연체
2811 □□□	のうにゅう	納入	명 납입, 납부
2812 □□□	しょとくぜい	所得税	명 소득세
2813 □□□	しょうひぜい	消費税	명 소비세
2814 □□□	かんぜい	関税	명 관세
2815 □□□	ぜいかん	税関	명 세관
2816 □□□	ぜいりつ	税率	명 세율
2817 □□□	ぞうぜい	増税	명 증세
2818 □□□	こうとう	高騰	명 등귀, 고등, 물가가 오름
2819 □□□	み つ	見積もる	동 어림하다, 견적하다
2820 □□□	さんしゅつ	算出	명 산출
2821 □□□	じっぴ	実費	명 실비, 실제 비용
2822 □□□	しゅっし	出資	명 출자

DAY 35 법률

MP3 바로 듣기

2823 □□□

規定	きてい	명 규정

かいしゃ　きてい　ふび　ろうむし　そうだん
会社の規定に不備がないか労務士に相談することにした。
회사 **규정**에 미비가 없는지 노무사에게 상담하기로 했다.

2824 □□□

審議	しんぎ	명 심의

ぎあん　さいけつ　ぎかい　しんぎ
その議案が採決されるかどうかは議会の審議にかかっている。 그 의안이 채결될지 어떨지는 의회의 **심의**에 달려 있다.

[문형] 명사 + にかかっている ~에 달려 있다

2825 □□□

法人	ほうじん	명 법인

ちち　ほうじん　せつりつ　こじんじぎょうぬし　じぎょう　いとな
父は法人を設立せずに個人事業主として事業を営んでいます。 아버지는 **법인**을 설립하지 않고 개인 사업주로서 사업을 경영하고 있습니다.

2826 □□□

規制 ★	きせい	명 규제

かんきょうきせい　えいきょう　およ　きぎょう　かぎ
環境規制が影響を及ぼすのは企業に限ったことではない。
환경 **규제**가 영향을 미치는 것은 기업에 국한된 것은 아니다.

[문형] 명사 + に限ったことではない ~에 국한된 것은 아니다

2827 □□□

措置 ★	そち	명 조치

あくしつ　か　こ　とうこうしゃ　たい　ほうてきそち　と
悪質な書き込みをする投稿者に対して法的措置を取るか
けんとう
検討している。
악질적인 답글을 하는 투고자에 대해 법적 **조치**를 취할지 검토하고 있다.

[문형] 명사 + に対して ~에 대해

2828 □□□

強制 ★	きょうせい	명 강제

その事件は現在、検察が強制捜査に着手している。
(じけん げんざい けんさつ きょうせいそうさ ちゃくしゅ)
그 사건은 현재, 검찰이 **강제** 수사에 착수하고 있다.

2829 □□□

解除 ★	かいじょ	명 해제

入居者と契約解除に至った要因は、家賃の滞納です。
(にゅうきょしゃ けいやくかいじょ いた よういん やちん たいのう)
입주자와 계약 **해제**에 이른 요인은, 집세의 체납입니다.

[문형] 명사 + に至る ~에 이르다

2830 □□□

免除 ★	めんじょ	명 면제

経済的状況のいかんによっては国民年金保険料を全額免除します。
(けいざいてきじょうきょう こくみんねんきんほけんりょう ぜんがく めんじょ)
경제적 상황 여하에 따라서는 국민연금 보험료를 전액 **면제**합니다.

[문형] 명사 の + いかんによって ~여하에 따라

2831 □□□

和らぐ ★	やわらぐ	동 완화되다, 부드러워지다

近隣トラブルを弁護士に相談したことで不安が和らいだ。
(きんりん べんごし そうだん ふあん やわ)
이웃 문제를 변호사에게 상담한 것으로 불안이 **완화되었다**.

2832 □□□

枠 ★	わく	명 범위, 틀

定められた労働時間の枠を超えて労働することは禁じられている。
(さだ ろうどうじかん わく こ ろうどう きん)
정해진 노동 시간의 **범위**를 넘어서 노동하는 것은 금지되어 있다.

2833 □□□

強行	きょうこう	명 강행

野党の反対にもかかわらず、その法案は強行採決された。
(やとう はんたい ほうあん きょうこうさいけつ)
야당의 반대에도 불구하고, 그 법안은 **강행** 채결되었다.

[문형] 명사 + にもかかわらず ~에도 불구하고

2834 □□□

制裁 | **せいさい** | 명 제재, 제한

規約を違反されたからには**制裁**を加えるしかありません。
규약을 위반당한 이상에는 **제재**를 가할 수밖에 없습니다.

[문형] 동사 보통형 + からには ~(하)는 이상에는

2835 □□□

厳密だ | **げんみつだ** | な형 엄밀하다

厳密に言うと、車に規格外の装置を取り付けるのは違法です。 **엄밀히** 말하면, 차에 규격 외의 장치를 설치하는 것은 위법입니다.

2836 □□□

釈明 ★ | **しゃくめい** | 명 해명, 석명

裁判所は事件に不明瞭な点があるとして当事者に**釈明**を求めた。
재판소는 사건에 불명료한 점이 있다 하여 당사자에게 **해명**을 요구했다.

2837 □□□

証拠 ★ | **しょうこ** | 명 증거

その主張が事実か否か判断するには**証拠**が必要だ。
그 주장이 사실인지 아닌지 판단하려면 **증거**가 필요하다.

[문형] 명사 + か否か ~인지 아닌지

2838 □□□

手がかり ★ | **てがかり** | 명 단서

医学的な情報が犯人を特定する有力な**手がかり**となった。
의학적인 정보가 범인을 특정하는 유력한 **단서**가 되었다.

2839 □□□

明白だ ★ | **めいはくだ** | な형 명백하다

犯人は**明白**なアリバイを作るべく、トリックを利用した。
범인은 **명백한** 알리바이를 만들기 위해, 트릭을 이용했다.

[문형] 동사 사전형 + べく ~(하)기 위해

2840 □□□

歴然と ★	れきぜんと	분명한, 역력한

その事故(じこ)の背景(はいけい)に交通違反(こうつういはん)があったことは**歴然(れきぜん)と**した事実(じじつ)だ。 그 사고의 배경에 교통 위반이 있었던 것은 **분명한** 사실이다.

2841 □□□

非 ★	ひ	명 잘못

確実(かくじつ)な証拠(しょうこ)を掴(つか)んで犯人(はんにん)に**非(ひ)**を認(みと)めさせてみせる。
확실한 증거를 잡아서 범인이 **잘못**을 인정하게 하고야 말겠다.

[문형] 동사 て형 + みせる ~(하)고야 말겠다

2842 □□□

不当 ★	ふとう	명 부당

彼(かれ)らは私有地(しゆうち)を不法占拠(ふほうせんきょ)し、建造物(けんぞうぶつ)を建(た)てて**不当(ふとう)**利益(りえき)を得(え)ている。 그들은 사유지를 불법 점거하고, 건조물을 세워서 **부당** 이익을 얻고 있다.

2843 □□□

偽造	ぎぞう	명 위조

身分証(みぶんしょう)を**偽造(ぎぞう)**することはれっきとした犯罪(はんざい)です。
신분증을 **위조**하는 것은 엄연한 범죄입니다.

2844 □□□

妨害 ★	ぼうがい	명 방해

店(みせ)の入(い)り口(ぐち)にバイクを止(と)めるのは営業(えいぎょう)**妨害(ぼうがい)**にあたります。
가게 입구에 오토바이를 세우는 것은 영업 **방해**에 해당합니다.

2845 □□□

巧妙だ ★	こうみょうだ	な형 교묘하다

その泥棒(どろぼう)は３年(ねん)にわたって**巧妙(こうみょう)な**手口(てぐち)で大量(たいりょう)の宝石(ほうせき)を盗(ぬす)んだ。 그 도둑은 3년에 걸쳐 **교묘한** 수법으로 대량의 보석을 훔쳤다.

[문형] 명사 + にわたって ~에 걸쳐

2846 □□□

故意 ★	こい	명 고의

証拠を故意に隠すのが犯罪行為でなくてなんだろう。
증거를 **고의**로 숨기는 것이 범죄 행위가 아니면 무엇이란 말인가?

[문형] 명사 + でなくてなんだろう ~가 아니면 무엇이란 말인가?

2847 □□□

探し出す	さがしだす	동 찾아내다

現場に残った指紋から犯人を探し出すことができると思います。 현장에 남은 지문으로 범인을 **찾아낼** 수 있다고 생각합니다.

2848 □□□

可能性	かのうせい	명 가능성

ビッグデータで犯罪の可能性が予測できる時代が来るらしい。 빅데이터로 범죄의 **가능성**이 예측 가능한 시대가 온다고 한다.

2849 □□□

指摘	してき	명 지적

その法律改正案は国民の権利を侵害しうると指摘された。
그 법률 개정안은 국민의 권리를 침해할 수 있다고 **지적**되었다.

[문형] 동사 ます형 + うる ~(할) 수 있다

2850 □□□

根拠 ★	こんきょ	명 근거

これは科学的根拠に基づいた証拠なので裁判で十分使える。 이것은 과학적 **근거**에 기초한 증거이기 때문에 재판에서 충분히 쓸 수 있다.

[문형] 명사 + に基づいた ~에 기초한

2851 □□□

経緯 ★	けいい	명 경위

これからあの事件が裁判に至るまでの経緯を説明します。
이제부터 그 사건이 재판에 이르기까지의 **경위**를 설명하겠습니다.

[문형] 명사 + に至るまで ~에 이르기까지

2852 □□□

不審だ ★	ふしんだ	な형 의심스럽다

邸宅の周りをずっとうろうろしている人を不審に思って通報した。
저택 주위를 계속 어슬렁거리고 있는 사람을 **의심스럽게** 생각하여 신고했다.

2853 □□□

綿密だ ★	めんみつだ	な형 면밀하다

新しい法案を作る前に、関連法を綿密に検討する必要がある。 새로운 법안을 만들기 전에, 관련 법을 **면밀하게** 검토할 필요가 있다.

2854 □□□

拘束	こうそく	명 구속

現在、事件の容疑者は警察に身柄を拘束されている。
현재, 사건의 용의자는 경찰에 신병이 **구속**되어 있다.

2855 □□□

捜索	そうさく	명 수색

税金滞納者の家宅捜索を行い、発見された現金などを差し押さえた。
세금 체납자의 가택 **수색**을 행하여, 발견된 현금 등을 압류했다.

2856 □□□

発覚 ★	はっかく	명 발각

芸能人がひき逃げ事件を起こしたことが発覚し世間に衝撃を与えた。
연예인이 뺑소니 사건을 일으킨 것이 **발각**되어 세간에 충격을 주었다.

2857 □□□

一掃 ★	いっそう	명 일소, 한꺼번에 제거함

法人破産とは、法人の財産を整理して債務を一掃することです。 법인 파산이란, 법인의 재산을 정리해서 채무를 **일소**하는 것입니다.

2858 □□□

押収 ★ **おうしゅう** **명 압수**

ぜいかん　てきはつ　ふせいやくぶつ　おうしゅうりょう　ねんかん　こ
税関で摘発される不正薬物の押収量は年間1トンを超える。 세관에서 적발되는 부정 약물의 **압수**량은 연간 1톤을 넘는다.

2859 □□□

督促 ★ **とくそく** **명 독촉**

しはらいきじつ　す　しゃっきん　へんさい　うなが　とくそくじょう　とど
支払期日が過ぎたばかりに、借金の返済を促す督促状が届いた。 지불 기일이 지나는 바람에, 빚 변제를 재촉하는 **독촉**장이 도착했다.

[문형] 동사 た형 + ばかりに ~(하)는 바람에

2860 □□□

押し通す **おしとおす** **동 억지로 통과시키다, 끝까지 해내다**

みんい　はんえい　むり　ほうあん　お　とお
民意を反映させず、無理やり法案を押し通そうとするなんて。 민의를 반영시키지 않고, 무리하게 법안을 **억지로 통과시키려**고 하다니.

2861 □□□

威嚇 **いかく** **명 위협**

きょうふ　あた　ことば　もち　あいて　いかく　はんざい
恐怖を与える言葉を用いて相手を威嚇するのは犯罪です。
공포를 주는 말을 사용하여 상대를 **위협**하는 것은 범죄입니다.

2862 □□□

凶器 **きょうき** **명 흉기**

きょうき　も　ごうとう　ていこう　あぶ
凶器を持った強盗にむやみに抵抗したところで、危ないだけだ。 **흉기**를 지닌 강도에게 무턱대고 저항해 보았자, 위험할 뿐이다.

[문형] 동사 た형 + ところで ~(해) 보았자

2863 □□□

匿名 **とくめい** **명 익명**

とくめい　たにん　す　かって　ちゅうしょう
匿名なのをいいことに他人を好き勝手中傷してはいけません。 **익명**을 구실로 타인을 마음대로 비방해서는 안 됩니다.

[문형] 명사 な + のをいいことに ~을 구실로

*<Day별 단어 퀴즈 PDF>를 활용하여 꼭 복습하세요.

완성 단어

2864 □□□	執行(しっこう)	명 집행
2865 □□□	面会(めんかい)	명 면회
2866 □□□	特許(とっきょ)	명 특허
2867 □□□	条約(じょうやく)	명 조약
2868 □□□	改(あらた)まる	동 고쳐지다, 변경되다, 격식을 차리다
2869 □□□	確立(かくりつ)	명 확립
2870 □□□	合法(ごうほう)	명 합법
2871 □□□	司法(しほう)	명 사법
2872 □□□	譲渡(じょうと)	명 양도
2873 □□□	手錠(てじょう)	명 수갑
2874 □□□	懸賞(けんしょう)	명 현상, 상금을 제공함
2875 □□□	振(ふ)り出(だ)し	명 출발점, (사물의) 출발
2876 □□□	取(と)り調(しら)べる	동 취조하다
2877 □□□	裁(さば)く	동 심판하다
2878 □□□	訴訟(そしょう)	명 소송
2879 □□□	白状(はくじょう)	명 자백
2880 □□□	合議(ごうぎ)	명 합의
2881 □□□	控訴(こうそ)	명 항소
2882 □□□	証言(しょうげん)	명 증언
2883 □□□	見極(みきわ)める	동 끝까지 지켜보다, 진위를 가려내다
2884 □□□	踏(ふ)まえる	동 판단의 근거로 삼다, 입각하다
2885 □□□	不明瞭(ふめいりょう)だ	な형 불명료하다
2886 □□□	刑罰(けいばつ)	명 형벌
2887 □□□	乗(の)っ取(と)る	동 빼앗다, 납치하다
2888 □□□	罵(ののし)る	동 매도하다, 비난하다
2889 □□□	踏(ふ)み込(こ)む	동 발을 들여놓다
2890 □□□	侵害(しんがい)	명 침해
2891 □□□	危害(きがい)	명 위해
2892 □□□	防火(ぼうか)	명 방화
2893 □□□	誘拐(ゆうかい)	명 유괴
2894 □□□	加担(かたん)	명 가담
2895 □□□	詐欺(さぎ)	명 사기
2896 □□□	密輸(みつゆ)	명 밀수
2897 □□□	略奪(りゃくだつ)	명 약탈
2898 □□□	賄賂(わいろ)	명 뇌물
2899 □□□	収賄(しゅうわい)	명 뇌물을 받음
2900 □□□	企(くわだ)てる	동 기도하다, 계획하다
2901 □□□	脅迫(きょうはく)	명 협박
2902 □□□	恐喝(きょうかつ)	명 공갈
2903 □□□	搾取(さくしゅ)	명 착취
2904 □□□	確(かく)たる	확실한
2905 □□□	処罰(しょばつ)	명 처벌

DAY 36 행정·사회

MP3 바로 듣기

2906 □□□

行政	ぎょうせい	명 행정

ちいき　じつじょう　そく　ぎょうせい　ていきょう　ひつよう
地域の実情に即した行政サービスを提供する必要があるだろう。 지역의 실정에 맞는 **행정** 서비스를 제공할 필요가 있을 것이다.

[문형] 명사 + に即した ~에 맞는

2907 □□□

公	おおやけ	명 공공, 정부

まいとし しない　おおやけ　しせつ　もうら　かんり じょうきょう　ひょうか
毎年市内の 公 の施設を網羅して管理状況を評価します。
매년 시내의 **공공**시설을 망라하여 관리 상황을 평가합니다.

2908 □□□

政府	せいふ	명 정부

こくみん　さいていげんど　せいかつ　ほしょう　せいふ　せきにん
国民に最低限度の生活を保障するのは政府の責任だ。
국민에게 최저한도의 생활을 보장하는 것은 **정부**의 책임이다.

2909 □□□

樹立	じゅりつ	명 수립, 확립

じもと　しんりん　ちょうさ　うえ　せいび けいかく　じゅりつ
地元の森林を調査した上で整備計画を樹立した。
고장의 삼림을 조사한 후에 정비 계획을 **수립**했다.

[문형] 동사 た형 + 上で ~(한) 후에

2910 □□□

指図 ★	さしず	명 지시, 지휘

ぎょうせい いいんかい　しゅちょう　さしず　う　ちゅうりつせい　かくほ
行政委員会は首長の指図を受けないため、中立性が確保されている。
행정 위원회는 수장의 **지시**를 받지 않기 때문에, 중립성이 확보되어 있다.

2911 □□□

補償	ほしょう	명 보상

公害により疾病にかかった人に療養費などを補償する制度がある。 공해에 의해 질병에 걸린 사람에게 요양비 등을 **보상**하는 제도가 있다.

2912 □□□

助成	じょせい	명 조성, 사업 등의 완성을 도움

政府は新技術の開発を助成するために中小企業を支援している。 정부는 신기술 개발을 **조성**하기 위해 중소기업을 지원하고 있다.

2913 □□□

縮小	しゅくしょう	명 축소

あの国は環境団体の心配をよそに環境保全経費の予算を縮小した。
그 나라는 환경 단체의 걱정을 아랑곳하지 않고 환경 보전 경비의 예산을 **축소**했다.

[문형] 명사 + をよそに ~을 아랑곳하지 않고

2914 □□□

割り当てる	わりあてる	동 할당하다, 배당하다

課税権を地方政府に割り当てることで、地方分権の推進ができます。 과세권을 지방 정부에 **할당함**으로써, 지방 분권 추진이 가능합니다.

2915 □□□

紛糾 ★	ふんきゅう	명 분규, 분쟁

増税の問題で政府や政党、関係者団体が紛糾を続けている。 증세 문제로 정부나 정당, 관계자 단체가 **분규**를 계속하고 있다.

2916 □□□

決議	けつぎ	명 결의

評議会で漁獲量の制限に関する決議案が出された。
평의회에서 어획량 제한에 관한 **결의**안이 나왔다.

2917 □□□

一環 ★	**いっかん**	명 일환

さいがいはいきぶつしょり じぎょう いっかん ぜんかい じゅうたく し
災害廃棄物処理事業の一環として全壊した住宅を市が
てっきょ
撤去します。
재해 폐기물 처리 사업의 **일환**으로 완전히 파괴된 주택을 시가 철거합니다.

2918 □□□

市役所	**しやくしょ**	명 시청

しやくしょ しみん く しごと
市役所は市民の暮らしにかかわるあらゆる仕事をしています。 **시청**은 시민의 생활과 관련된 온갖 일을 하고 있습니다.

[문형] 명사 + にかかわる ~과 관련된

2919 □□□

地方自治体	**ちほうじちたい**	명 지방 자치 단체

ちほうじちたい ざいげんかくほ じゅうみんぜい ぞうぜい
地方自治体の財源確保のために、住民税を増税することにした。 **지방 자치 단체**의 재원 확보를 위해, 주민세를 증세하기로 했다.

2920 □□□

唯一	**ゆいいつ**	명 유일

こっかい こっかきかん なか ゆいいつ りっぽうきかん
国会は国家機関の中で唯一の立法機関である。
국회는 국가 기관 중에서 **유일**한 입법 기관이다.

2921 □□□

集団	**しゅうだん**	명 집단

にんげん だれ かぞく がっこう かいしゃ しゃかいしゅうだん ぞく
人間は誰でも家族や学校、会社といった社会集団に属している。 인간은 누구나 가족이나 학교, 회사와 같은 사회 **집단**에 속해 있다.

2922 □□□

権利	**けんり**	명 권리

だんたい こ けんり ふ きょういくしえんかつどう
この団体は子どもの権利を踏まえ、教育支援活動をしている。 이 단체는 어린이의 **권리**에 입각하여, 교육 지원 활동을 하고 있다.

[문형] 명사 + を踏まえ ~에 입각하여

2923 □□□

還元 ★ **かんげん** 명 환원

A大学は研究成果を社会に**還元**する活動をしている。
A 대학은 연구 성과를 사회에 **환원**하는 활동을 하고 있다.

2924 □□□

改革 ★ **かいかく** 명 개혁

より良い労働環境のために雇用制度を**改革**する必要がある。 더 좋은 노동 환경을 위해서 고용 제도를 **개혁**할 필요가 있다.

2925 □□□

打開 ★ **だかい** 명 타개

アメリカでは恐慌を**打開**するべく、ニューディール政策を実施した。 미국에서는 공황을 **타개**하기 위해, 뉴딜 정책을 실시했다.

[문형] 동사 사전형 + べく ~(하)기 위해

2926 □□□

方策 **ほうさく** 명 방책

議会で市の観光事業を振興するための**方策**を議論した。
의회에서 시의 관광 사업을 진흥하기 위한 **방책**을 의논했다.

2927 □□□

水準 **すいじゅん** 명 수준

国の飛躍的な経済成長は国民の生活**水準**を著しく向上させた。 나라의 비약적인 경제 성장은 국민의 생활 **수준**을 현저하게 향상시켰다.

2928 □□□

予断 ★ **よだん** 명 예측, 예단

景気回復についてはまだ**予断**を許さない状況だという。
경기 회복에 대해서는 아직 **예측**을 불허하는 상황이라고 한다.

2929 □□□

格差	かくさ	명 격차

深刻になっている所得格差を国を挙げて解決すべきだ。
심각해지고 있는 소득 **격차**를 거국적으로 해결해야 한다.

[문형] 동사 사전형 + べきだ ~(해)야 한다 ★ 예외 する → すべきだ

2930 □□□

基盤 ★	きばん	명 기반

道路や下水道などの都市基盤施設の整備を充実させる必要がある。 도로나 하수도 등의 도시 **기반** 시설의 정비를 충실하게 할 필요가 있다.

2931 □□□

均等 ★	きんとう	명 균등

誰もが能力を発揮できるような雇用機会の均等を目指しています。 누구나가 능력을 발휘할 수 있는 고용 기회의 **균등**을 목표로 하고 있습니다.

2932 □□□

未だ	いまだ	부 아직

市民たちの反対が激しいばかりに火葬場の建設は未だ確定していない。 시민들의 반대가 격한 탓에 화장터 건설이 **아직** 확정되지 않았다.

[문형] い형용사 보통형 + ばかりに ~(한) 탓에

2933 □□□

超える	こえる	동 넘다

65歳以上の人口の比率が７%を超えた社会を高齢化社会と言う。 65세 이상 인구의 비율이 7%를 **넘은** 사회를 고령화 사회라고 한다.

2934 □□□

寄与 ★	きよ	명 기여

地域社会に寄与する企業が増えつつあるのはいい現象だ。
지역 사회에 **기여**하는 기업이 늘고 있는 것은 좋은 현상이다.

[문형] 동사 ます형 + つつある ~(하)고 있다

2935 □□□

貢献 ★ | **こうけん** | 명 공헌

社会貢献の一環として被災地で生活再建を支援する活動をした。 사회 공헌의 일환으로 재해지에서 생활 재건을 지원하는 활동을 했다.

2936 □□□

取り戻す ★ | **とりもどす** | 동 되찾다

約４年ぶりの経済の好況に国中が活気を取り戻した。
약 4년 만의 경제 호황에 전국이 활기를 되찾았다.

2937 □□□

免れる | **まぬがれる/まぬかれる** | 동 모면하다, 피하다

労働災害が発生したが企業は法的責任を免れようとしている。 노동 재해가 발생했지만 기업은 법적 책임을 모면하려고 하고 있다.

2938 □□□

手薄だ ★ | **てうすだ** | な형 (일손이) 적다, 불충분하다

労働力が手薄になっていくことに対し、政府は対策を練っている。 노동력이 적어져 가는 것에 대해, 정부는 대책을 강구하고 있다.

[문형] 명사 + に対し ~에 대해

2939 □□□

取り組み | **とりくみ** | 명 대처, 맞붙음

地域の状況に応じて、災害に備えるための取り組みが行われている。 지역의 상황에 맞춰, 재해에 대비하기 위한 대처가 행해지고 있다.

[문형] 명사 + に応じて ~에 맞춰

2940 □□□

揺らぐ ★ | **ゆらぐ** | 동 흔들리다

教育水準の低下は致命的な問題で、国の基盤が揺らぐおそれがある。 교육 수준의 저하는 치명적인 문제로, 나라의 기반이 흔들릴 우려가 있다.

[문형] 동사 사전형 + おそれがある ~(할) 우려가 있다

2941 □□□

貧富 ★ | **ひんぷ** | 명 빈부

貧富の差にかかわらず、誰にでも平等な機会が与えられるべきだ。 **빈부**의 차에 관계없이, 누구에게나 평등한 기회가 주어져야 한다.

[문형] 명사 + にかかわらず ~에 관계없이

2942 □□□

触発 ★ | **しょくはつ** | 명 촉발, 자극

ある記事に触発されて、社会福祉事業に関心を持つようになった。 어느 기사에 **촉발**되어, 사회 복지 사업에 관심을 가지게 되었다.

2943 □□□

暴動 ★ | **ぼうどう** | 명 폭동

その昔、米の値段が上がったことが原因で全国で暴動が起こった。 그 옛날, 쌀값이 오른 것이 원인으로 전국에서 **폭동**이 일어났다.

2944 □□□

騒動 | **そうどう** | 명 소동

あの国会議員は自分が起こした一連の騒動に関して謝罪した。 그 국회 의원은 자신이 일으킨 일련의 **소동**에 관해 사죄했다.

2945 □□□

無縁 ★ | **むえん** | 명 무연함, 인연이 없음

共同体から孤立して他人と関わることと無縁に生きる人が増えている。
공동체로부터 고립하여 타인과 관련되는 것과 **무연하**게 사는 사람이 늘고 있다.

2946 □□□

過疎 | **かそ** | 명 과소, 지나치게 적음

北海道は札幌市など一部の地域を除いて過疎化が進行している。 홋카이도는 삿포로시 등 일부 지역을 제외하고는 **과소**화가 진행되고 있다.

[문형] 명사 + を除いて ~을 제외하고는

*<Day별 단어 퀴즈 PDF>를 활용하여 꼭 복습하세요.

완성 단어

2947 □□□	権限 (けんげん)	명 권한
2948 □□□	正す (ただ)	동 바로잡다
2949 □□□	介入 (かいにゅう)	명 개입
2950 □□□	撤廃 (てっぱい)	명 철폐
2951 □□□	罷業 (ひぎょう)	명 파업
2952 □□□	座談会 (ざだんかい)	명 좌담회
2953 □□□	公認 (こうにん)	명 공인, 공식적으로 인정함
2954 □□□	国家資格 (こっかしかく)	명 국가 자격
2955 □□□	人選 (じんせん)	명 인선
2956 □□□	機構 (きこう)	명 기구, 구조
2957 □□□	財団 (ざいだん)	명 재단, 재단 법인
2958 □□□	階層 (かいそう)	명 계층
2959 □□□	救済 (きゅうさい)	명 구제
2960 □□□	供与 (きょうよ)	명 공여, 필요로 하는 물품을 줌
2961 □□□	配給 (はいきゅう)	명 배급
2962 □□□	後援 (こうえん)	명 후원, 원조
2963 □□□	一丸 (いちがん)	명 한 덩어리
2964 □□□	分散 (ぶんさん)	명 분산
2965 □□□	変革 (へんかく)	명 변혁
2966 □□□	局面 (きょくめん)	명 국면
2967 □□□	社会進出 (しゃかいしんしゅつ)	명 사회 진출
2968 □□□	未婚化 (みこんか)	명 미혼화
2969 □□□	飢える (う)	동 굶주리다
2970 □□□	統制 (とうせい)	명 통제
2971 □□□	改悪 (かいあく)	명 개악, 도리어 나빠지게 함
2972 □□□	声明 (せいめい)	명 성명, 어떤 사건에 대한 입장
2973 □□□	放置 (ほうち)	명 방치
2974 □□□	無理強い (むりじ)	명 강제
2975 □□□	年金制度 (ねんきんせいど)	명 연금 제도
2976 □□□	社会保障費用 (しゃかいほしょうひよう)	명 사회 보장 비용
2977 □□□	事態 (じたい)	명 사태
2978 □□□	濫用 (らんよう)	명 남용
2979 □□□	蔓延 (まんえん)	명 만연
2980 □□□	投じる (とう)	동 뛰어들다, 던지다
2981 □□□	物議 (ぶつぎ)	명 물의
2982 □□□	弊害 (へいがい)	명 폐해
2983 □□□	尊厳 (そんげん)	명 존엄
2984 □□□	抗争 (こうそう)	명 항쟁
2985 □□□	闘争 (とうそう)	명 투쟁
2986 □□□	襲撃 (しゅうげき)	명 습격
2987 □□□	収束 (しゅうそく)	명 수습, 결말이 남
2988 □□□	乖離 (かいり)	명 괴리

DAY 37

국제·정치

MP3 바로 듣기

2989 □□□

国連	こくれん	명 국제 연합, 국련

こくさいへいわ　たも　つく　こくれん　こく　かめい
国際平和を保つべく作られた国連には193か国が加盟している。
국제 평화를 지키기 위해 만들어진 **국제 연합**에는 193개국이 가맹하고 있다.

[문형] 동사 사전형 + べく ~(하)기 위해

2990 □□□

単一民族	たんいつみんぞく	명 단일 민족

かんこく　にほん　だいひょうてき　たんいつみんぞくこっか
韓国と日本は代表的な単一民族国家である。
한국과 일본은 대표적인 **단일 민족** 국가이다.

2991 □□□

緩和 ★	かんわ	명 완화

いちじきたか　りょうこく　きんちょうかん　すこ　かんわ
一時期高まっていた両国の緊張感は少し緩和されたとみえる。 한때 고조됐던 양국의 긴장감은 조금 **완화**된 것처럼 보인다.

[문형] 동사 보통형 + とみえる ~(한) 것처럼 보인다

2992 □□□

基調 ★	きちょう	명 기조

あたら　たんじょう　せいけん　すす　たいがいせいさく　へいわ　きちょう
新しく誕生した政権が進める対外政策は平和を基調としている。 새로 탄생한 정권이 추진하는 대외 정책은 평화를 **기조**로 하고 있다.

2993 □□□

援助	えんじょ	명 원조

ざいむしょう　まいとしかいはつとじょうこく　えんじょ　よさん　さくてい
財務省は毎年開発途上国の援助のため予算を策定している。
재무성은 매년 개발 도상국의 **원조**를 위해 예산을 책정하고 있다.

2994 □□□

様相 ★ **ようそう** 명 양상

A国とB国は合意点が見つからず葛藤の様相を呈している。 A국과 B국은 합의점을 찾지 못해 갈등의 **양상**을 보이고 있다.

2995 □□□

一変 **いっぺん** 명 일변

戦争を原因に国際社会の動向が一変しつつある。
전쟁을 원인으로 국제 사회의 동향이 **일변**하고 있다.

[문형] 동사 ます형 + つつある ~(하)고 있다

2996 □□□

態勢 **たいせい** 명 태세

大統領からの命令を受けて軍は警戒態勢に入った。
대통령으로부터의 명령을 받아 군은 경계 **태세**에 들어갔다.

2997 □□□

布告 **ふこく** 명 포고

万国平和会議で制定された宣戦布告に関する条約に諸国が従っている。
만국 평화 회의에서 제정된 선전 **포고**에 관한 조약에 여러 나라가 따르고 있다.

2998 □□□

逃れる ★ **のがれる** 동 벗어나다, 피하다

母国を逃れた難民は平和な国を目指して船や列車に乗った。
모국을 **벗어난** 난민은 평화로운 나라를 향해 배나 기차에 올랐다.

2999 □□□

調印 **ちょういん** 명 조인

長年の戦争を終え、両国は平和協定に調印する意志を表明した。 오랜 전쟁을 끝내고, 양국은 평화 협정에 **조인**할 의지를 표명했다.

3000 □□□

強硬だ ★	きょうこうだ	な형 강경하다

対外政策は必ずしも強硬な対応を取ることだけが正解ではない。 대외 정책은 반드시 **강경한** 대응을 취하는 것만이 정답은 아니다.

3001 □□□

中立的だ	ちゅうりつてきだ	な형 중립적이다

A国は隣国間の問題には中立的な立場を保つという姿勢を見せた。
A 국은 이웃 나라 간의 문제에는 **중립적인** 입장을 유지하겠다는 자세를 보였다.

3002 □□□

返還	へんかん	명 반환

A国は100年以上にわたって占領していたB国の領土を返還した。 A 국은 100년 이상에 걸쳐 점령하고 있던 B 국의 영토를 **반환**했다.

[문형] 명사 + にわたって ~에 걸쳐

3003 □□□

放棄	ほうき	명 포기

15か国間で戦争を放棄するという条約が結ばれた。
15개국 간에 전쟁을 **포기**하겠다는 조약이 맺어졌다.

3004 □□□

仲裁 ★	ちゅうさい	명 중재

国家間の戦争を仲裁するのも国連の役割である。
국가 간 전쟁을 **중재**하는 것도 국제 연합의 역할이다.

3005 □□□

民主主義	みんしゅしゅぎ	명 민주주의

自由民主主義のもとで、全ての国民は自由と平等を保障されている。
자유 **민주주의** 아래에서, 모든 국민은 자유와 평등을 보장받고 있다.

[문형] 명사 + のもとで ~아래에서

3006 □□□

出馬 ★ | **しゅつば** | 명 출마

こんかいせんきょ　しゅつば　ぎいん　しさん　きょぎしんこく
今回選挙に**出馬**するA議員が資産を虚偽申告したことが
わ
分かった。 이번에 선거에 **출마**하는 A 의원이 자산을 허위 신고한 것이 판명되었다.

3007 □□□

競争 ★ | **きょうそう** | 명 경쟁

とうしゅ　ざ　きょうそう　げきか
党首の座をめぐって**競争**が激化した。
당 대표의 자리를 둘러싸고 **경쟁**이 격화되었다.

3008 □□□

採決 | **さいけつ** | 명 채결, 표결

かいき　しゅうりょう　ちか　よさんあん　きょうこうさいけつ
会期の終了が近いものだから予算案を強行**採決**するしかなかった。 회기 종료가 가깝기 때문에 예산안을 강행 **채결**할 수밖에 없었다.

[문형] い형용사 보통형 + ものだから ~(하)기 때문에

3009 □□□

可決 ★ | **かけつ** | 명 가결

とうひょう　かん　かいていあん　かけつ　つた
投票に関する改定案が**可決**されたというニュースが伝えられた。 투표에 관한 개정안이 **가결**되었다는 뉴스가 전달되었다.

3010 □□□

却下 ★ | **きゃっか** | 명 기각, 각하

せいがん　だ　こま　しんさ　きゃっか
請願を出したが、困ったことに審査で**却下**された。
청원을 제출했지만, 곤란하게도 심사에서 **기각**되었다.

[문형] 동사 た형 + ことに ~(하)게도

3011 □□□

統治 | **とうち** | 명 통치

にほん　とうちきこう　さだ　こっかい　ないかく
日本で**統治**機構に定められているのは国会や内閣などである。 일본에서 **통치** 기구로 정하고 있는 것은 국회나 내각 등이다.

3012 □□□

実情 ★	じつじょう	명 실정

我が国における資源問題の**実情**について調査した。
우리나라의 자원 문제 **실정**에 대해 조사했다.

[문형] 명사 + における ~의

3013 □□□

一任 ★	いちにん	명 일임

米国には貿易に関する権限を大統領に**一任**する法案があるそうだ。
미국에는 무역에 관한 권한을 대통령에게 **일임**하는 법안이 있다고 한다.

3014 □□□

枠組み	わくぐみ	명 틀, 짜임새

全ての政策は憲法の**枠組み**のもと行われるものである。
모든 정책은 헌법의 **틀** 아래 시행되는 법이다.

[문형] 동사 보통형 + ものだ ~(하)는 법이다

3015 □□□

世論	よろん/せろん	명 여론

現政権は**世論**を反映させず税率の引き下げは行わないと言った。 현 정권은 **여론**을 반영시키지 않고 세율 인하는 시행하지 않겠다고 말했다.

3016 □□□

財政	ざいせい	명 재정

窮迫した国の**財政**を打開できる名案が必要だ。
궁핍한 나라의 **재정**을 타개할 수 있는 명안이 필요하다.

3017 □□□

調整	ちょうせい	명 조정

市ごとに、市行政の企画や**調整**を行う課が存在する。
시마다, 시 행정의 기획이나 **조정**을 하는 과가 존재한다.

3018 □□□

締結 ★	ていけつ	명 체결, 조약을 맺음

し　ぼうさいじ　そな　かくきかん　さまざま　きょうてい　ていけつ
市は防災時に備えて各機関と様々な協定を締結した。
시는 방재 시를 대비하여 각 기관과 다양한 협정을 **체결**했다.

3019 □□□

失脚 ★	しっきゃく	명 실각

もとしゅしょう　しっきゃく　いま　せいかい　おお　えいきょう
A元首相は失脚したとはいえ未だに政界に大きな影響を
あた
与えている。A 전 수상은 **실각**했다고는 하지만 아직도 정계에 큰 영향을 주고 있다.

[문형] 동사 보통형 + とはいえ ~(라)고는 하지만

3020 □□□

口実	こうじつ	명 구실

せいふ　かんきょうもんだいかいぜん　こうじつ　ぞうぜい　はか
政府は環境問題改善を口実に増税を図っているのではないか。 정부는 환경 문제 개선을 **구실**로 증세를 꾀하고 있지 않은가?

[문형] 동사 보통형 + のではないか ~(하)지 않은가?

3021 □□□

おびただしい ★	-	い형 매우 많다, 엄청나다

そうり　ぐんしゅう　まえ　くに　みらい　えんぜつ
総理はおびただしい群衆の前で国の未来について演説を
はじ
始めた。 총리는 **매우 많은** 군중 앞에서 나라의 미래에 대해 연설을 시작했다.

3022 □□□

促す ★	うながす	동 촉진하다, 재촉하다

かっぱつ　わかもの　せいじさんか　うなが　そち　ひつよう
活発ではない若者の政治参加を促す措置が必要だ。
활발하지 않은 젊은이들의 정치 참가를 **촉진할** 조치가 필요하다.

3023 □□□

要請 ★	ようせい	명 요청

せいふ　ちんあ　ようせい　けいえいしゃ　いま　じょうきょう
政府の賃上げ要請に、経営者たちは今はできる状況では
い
ないと言った。
정부의 임금 인상 **요청**에, 경영자들은 지금은 할 수 있는 상황이 아니라고 말했다.

3024 □□□

撤回 ★	てっかい	명 철회

ぎかい　ていしゅつ　ぎあん　てっかい　りゆう　けいさい
議会に提出した議案が**撤回**された理由がサイトに掲載されている。 의회에 제출한 의안이 **철회**된 이유가 사이트에 게재되어 있다.

3025 □□□

諸々	もろもろ	명 여러 가지, 여러 사람

こくないがい　お　もろもろ　もんだい　しょり　せいふ　しごと
国内外で起こる**諸々**の問題を処理するのが政府の仕事である。 국내외에서 일어나는 **여러 가지** 문제를 처리하는 것이 정부의 일이다.

3026 □□□

度合い	どあい	명 정도

わかもの　たいしょう　せいふ　まんぞく　どあ　ちょうさ
若者を対象に政府への満足の**度合い**を調査してみた。
젊은이들을 대상으로 정부에의 만족 **정도**를 조사해 보았다.

3027 □□□

賛同	さんどう	명 찬동

あんけん　ぎかい　さんどう　え　むずか　そうい
この案件は議会で**賛同**を得るには難しいに相違ない。
이 안건은 의회에서 **찬동**을 얻기에는 어려울 것임에 틀림없다.

[문형] い형용사 보통형 + に相違ない ~임에 틀림없다

3028 □□□

探索	たんさく	명 탐색

じきそうりこうほ　とうろんかい　たが　たんさく　あ
次期総理候補たちは討論会でお互いを**探索**し合った。
차기 총리 후보들은 토론회에서 서로를 상호 **탐색**했다.

3029 □□□

媒介	ばいかい	명 매개

さいきん　どうが　ばいかい　せんきょうんどう　く　ひろ
最近は動画サイトやSNSを**媒介**にして選挙運動が繰り広げられている。
최근에는 동영상 사이트나 SNS를 **매개**로 해서 선거 운동이 벌어지고 있다.

*<Day별 단어 퀴즈 PDF>를 활용하여 꼭 복습하세요.

완성 단어

3030 □□□	きやく	規約	명 규약
3031 □□□	こっこう	国交	명 국교
3032 □□□	こくさいか	国際化	명 국제화
3033 □□□	はんきょう	反響	명 반향
3034 □□□	りょういき	領域	명 영역
3035 □□□	だげき	打撃	명 타격
3036 □□□	きょうい	脅威	명 위협
3037 □□□	どうめい	同盟	명 동맹
3038 □□□	じゅうぞく	従属	명 종속
3039 □□□	ぐんぷく	軍服	명 군복
3040 □□□	せんとう	戦闘	명 전투
3041 □□□	ふんとう	奮闘	명 분투
3042 □□□	ふんそう	紛争	명 분쟁
3043 □□□	いくさ	戦	명 전쟁, 싸움
3044 □□□	きっこう	拮抗	명 길항, 맞버팀
3045 □□□	せんさい	戦災	명 전재, 전쟁으로 인한 재앙
3046 □□□	しゅうそく	終息	명 종식
3047 □□□	はいせん	敗戦	명 패전
3048 □□□	きょうてい	協定	명 협정
3049 □□□	ごえい	護衛	명 호위
3050 □□□	ぼうえい	防衛	명 방위, 방어
3051 □□□	りっこうほ	立候補	명 입후보
3052 □□□	ゆうぜい	遊説	명 유세
3053 □□□	ないかく	内閣	명 내각
3054 □□□	せいさく	政策	명 정책
3055 □□□	きょうぎ	協議	명 협의
3056 □□□	さいたく	採択	명 채택
3057 □□□	ききん	基金	명 기금
3058 □□□	きじょう くうろん	机上の空論	명 탁상공론
3059 □□□	わかい	和解	명 화해
3060 □□□	ごくひ	極秘	명 극비
3061 □□□	ばいしょう	賠償	명 배상
3062 □□□	きめい	記名	명 기명
3063 □□□	しゅうけい	集計	명 집계
3064 □□□	ひなん	非難	명 비난
3065 □□□	かんよ	関与	명 관여
3066 □□□	お き	押し切る	동 무릅쓰다
3067 □□□	いろん	異論	명 이론, 이의
3068 □□□	しこう	試行	명 시행, 시험적으로 행함
3069 □□□		あらわだ	な형 드러나다, 공공연하다
3070 □□□	しゅどうけん	主導権	명 주도권
3071 □□□	こうせい	更正	명 경정, 바로잡아 고침

DAY 38 가타카나 단어 1

MP3 바로 듣기

3072 □□□	スライス	★	명 슬라이스, 얇게 썲
3073 □□□	デコレーション		명 데코레이션, 장식
3074 □□□	インターホン		명 인터폰
3075 □□□	オーダーメード		명 오더 메이드, 맞춤 제작
3076 □□□	カテゴリー		명 카테고리
3077 □□□	コンパクトだ	★	な형 작고 실속이 있다
3078 □□□	シンプルだ	★	な형 심플하다, 단순하다
3079 □□□	ストロー		명 빨대
3080 □□□	タイトだ		な형 타이트하다, 꼭 끼다
3081 □□□	タイマー		명 타이머
3082 □□□	ナチュラルだ		な형 자연스럽다, 천연이다
3083 □□□	パッケージ		명 패키지, 포장
3084 □□□	バッジ		명 배지
3085 □□□	ハンガー		명 옷걸이
3086 □□□	フィット		명 몸에 꼭 맞음

★ 표시 = 2010년 이후 N1 문자·어휘 기출 단어

3087 □□□	ブティック		명 부티크
3088 □□□	ユニークだ		な형 유니크하다, 독특하다
3089 □□□	ラフだ		な형 거칠다, 엉성하다
3090 □□□	レバー		명 레버, 지렛대
3091 □□□	キープ	★	명 (그 상태를) 유지함, 확보함
3092 □□□	シチュエーション		명 시추에이션, 상황
3093 □□□	シニア		명 시니어, 연장자
3094 □□□	スローライフ		명 슬로 라이프, 느긋하게 인생을 즐기는 것
3095 □□□	ドタキャン		명 직전에 취소함
3096 □□□	プライバシー		명 프라이버시
3097 □□□	ブランク	★	명 공란, 공백 기간
3098 □□□	ワークライフバランス		명 워크 라이프 밸런스, 일과 생활의 조화
3099 □□□	エゴ		명 자아, 에고이즘, 이기주의
3100 □□□	シビアだ	★	な형 엄격하다
3101 □□□	センシティブだ		な형 센시티브하다, 민감하다
3102 □□□	センス	★	명 센스

DAY 38

3103 □□□	デリケートだ		な형 섬세하다, 미묘하다
3104 □□□	プライド	★	명 프라이드, 자존심
3105 □□□	リーダーシップ		명 리더십
3106 □□□	ルーズだ	★	な형 루스하다, 칠칠치 못하다, 헐렁하다
3107 □□□	エレガントだ	★	な형 우아하다, 고상하다
3108 □□□	ゴージャスだ		な형 호화롭다
3109 □□□	シックだ		な형 세련되다
3110 □□□	シャープだ		な형 날카롭다, 예민하다, 선명하다
3111 □□□	ドライだ		な형 건조하다, 무정하다
3112 □□□	ウエート/ウエイト	★	명 무게, 중점
3113 □□□	エール		명 성원
3114 □□□	スポーツジム		명 체육관
3115 □□□	チームワーク		명 팀워크
3116 □□□	ナイター		명 야간 시합
3117 □□□	ハードル	★	명 장애물, 허들
3118 □□□	ハンディキャップ		명 핸디캡, 불리한 조건

★ 표시 = 2010년 이후 N1 문자·어휘 기출 단어

3119 □□□	ピッチ	명 일의 속도, 능률
3120 □□□	ピンチ	명 핀치, 위기
3121 □□□	フットサル	명 풋살
3122 □□□	プレーヤー/プレイヤー	명 플레이어, 선수
3123 □□□	ペース	명 페이스, 속도
3124 □□□	リード	명 리드, 앞섬
3125 □□□	リタイア/リタイヤ ★	명 리타이어, 기권, 은퇴
3126 □□□	アクセル	명 액셀
3127 □□□	サービスエリア	명 (고속 도로) 휴게소
3128 □□□	ダンプカー	명 덤프트럭
3129 □□□	パトカー	명 경찰차, 순찰차
3130 □□□	ブザー	명 버저
3131 □□□	ペーパードライバー	명 장롱면허
3132 □□□	レジャーシート	명 레저 시트, 돗자리
3133 □□□	レンタカー	명 렌터카, 임대 자동차
3134 □□□	ロープウエー	명 로프웨이, 케이블카

*<Day별 단어 퀴즈 PDF>를 활용하여 꼭 복습하세요.

DAY 39

가타카나 단어 2

MP3 바로 듣기

3135 □□□	アドバイス	★	명	어드바이스, 충고
3136 □□□	カンニング		명	커닝
3137 □□□	グループディスカッション		명	집단 토의
3138 □□□	チャイム		명	벨, 차임
3139 □□□	アプローチ		명	어프로치, 접근
3140 □□□	エッセンス		명	에센스, 정수
3141 □□□	カリキュラム		명	커리큘럼, 교육과정
3142 □□□	シンポジウム		명	심포지엄
3143 □□□	ヒント	★	명	힌트, 단서
3144 □□□	ストレートだ	★	な형	곧다, 직접적이다
3145 □□□	ニュアンス	★	명	뉘앙스
3146 □□□	コメント		명	코멘트, 논평
3147 □□□	アットホームだ		な형	편안하다, 집에 있는 것 같다
3148 □□□	ジレンマ		명	딜레마, 진퇴양난
3149 □□□	ロマンチックだ		な형	로맨틱하다, 낭만적이다

★ 표시 = 2010년 이후 N1 문자·어휘 기출 단어

3150 □□□	インターン		명 인턴
3151 □□□	インターンシップ		명 인턴십
3152 □□□	インプット		명 인풋, 입력
3153 □□□	キャリア	★	명 커리어
3154 □□□	クレーム	★	명 클레임, 불만
3155 □□□	コネ		명 연줄, 관계
3156 □□□	ストック	★	명 재고
3157 □□□	ストライキ		명 동맹 파업, 스트라이크
3158 □□□	データベース		명 데이터베이스
3159 □□□	ノウハウ	★	명 노하우
3160 □□□	ノルマ	★	명 기준량, 노르마
3161 □□□	バックアップ	★	명 백업, 보조
3162 □□□	パワハラ		명 권력을 이용한 직장 내 괴롭힘
3163 □□□	ビジネス		명 비즈니스
3164 □□□	フォロー	★	명 지원, 보조
3165 □□□	プレゼンテーション		명 프레젠테이션

3166 □□□	ポテンシャル		명 가능성, 잠재력
3167 □□□	マニュアル		명 매뉴얼, 설명서
3168 □□□	マンネリ		명 매너리즘, 타성
3169 □□□	リストアップ	★	명 리스트 업, 표로 만들어 정리함
3170 □□□	インフルエンサー		명 인플루언서, 영향력 있는 사람
3171 □□□	カメラワーク		명 카메라 워크
3172 □□□	コーナー		명 코너
3173 □□□	コンテスト		명 콘테스트, 경연 대회
3174 □□□	コンテンツ		명 콘텐츠, 내용
3175 □□□	スケール	★	명 스케일, 규모
3176 □□□	ジャーナリズム		명 저널리즘, 언론
3177 □□□	ジャンル		명 장르
3178 □□□	セレモニー		명 세리머니, 식전, 의식
3179 □□□	タイムリーだ		な형 때에 알맞다
3180 □□□	デビュー		명 데뷔, 첫 등장
3181 □□□	ノミネート		명 노미네이트, 지명, 추천

3182 □□□	ファン		명 팬
3183 □□□	ブレーク/ブレイク		명 정지, 휴식, 히트, 대박
3184 □□□	メディア	★	명 미디어, 매체
3185 □□□	メロディー		명 멜로디
3186 □□□	リアリティー		명 리얼리티, 현실성
3187 □□□	ロケ		명 로케이션, 야외 촬영
3188 □□□	アトリエ		명 아틀리에, 화실, 공방
3189 □□□	アマチュア		명 아마추어
3190 □□□	インスピレーション		명 영감, 기발한 발상이나 자극
3191 □□□	コントラスト	★	명 대비, 대조
3192 □□□	トリックアート		명 트릭 아트
3193 □□□	オノマトペ		명 의성어, 의태어
3194 □□□	ノンフィクション		명 논픽션
3195 □□□	ベストセラー		명 베스트셀러
3196 □□□	レイアウト	★	명 배치, 레이아웃
3197 □□□	モラル		명 모럴, 도덕, 윤리

*<Day별 단어 퀴즈 PDF>를 활용하여 꼭 복습하세요.

DAY 40

가타카나 단어 3

MP3 바로 듣기

3198 □□□	ウオームビズ		명 웜비즈, 겨울철 캐주얼 정장 차림
3199 □□□	クールビズ		명 쿨비즈, 여름철 캐주얼 정장 차림
3200 □□□	エコ		명 생태학, 환경 보호
3201 □□□	サイクル	★	명 사이클, 주기, 자전거
3202 □□□	サボテン		명 선인장
3203 □□□	エキスパート	★	명 전문가
3204 □□□	メーカー		명 메이커, 제조 회사, 제조업자
3205 □□□	オートマチックだ		な형 자동적이다
3206 □□□	コントロール		명 컨트롤, 조절, 관리
3207 □□□	スペースシャトル		명 스페이스 셔틀, 우주 왕복선
3208 □□□	センサー	★	명 센서
3209 □□□	ソフトウェア		명 소프트웨어
3210 □□□	タブレット		명 태블릿 피시, 알약
3211 □□□	デジタル		명 디지털
3212 □□□	ハイブリッドカー		명 하이브리드 자동차

3213 □□□	ハッカー	명 해커
3214 □□□	バッテリー	명 배터리
3215 □□□	フィルター	명 필터
3216 □□□	メカニズム ★	명 매커니즘, 구조
3217 □□□	オブラート	명 오블라투, 가루약 등을 싸는 얇은 막
3218 □□□	カウンセリング	명 카운슬링, 상담
3219 □□□	カフェイン	명 카페인
3220 □□□	カルテ	명 진료 기록부
3221 □□□	グルテン	명 글루텐
3222 □□□	ノイローゼ	명 노이로제, 신경증
3223 □□□	プラセボ効果(こうか)	명 플라세보 효과
3224 □□□	ホームシック	명 향수병
3225 □□□	レントゲン	명 뢴트겐, 엑스레이
3226 □□□	ワクチン	명 백신
3227 □□□	ガレージ	명 차고
3228 □□□	キャパシティー	명 수용 능력

3229 □□□	シャッター		명 셔터
3230 □□□	シャンデリア		명 샹들리에
3231 □□□	テナント		명 세입자
3232 □□□	バリアフリー		명 배리어 프리
3233 □□□	オークションサイト		명 경매 사이트
3234 □□□	ガイドライン		명 가이드라인
3235 □□□	キャッチフレーズ		명 캐치프레이즈, 선전 문구
3236 □□□	クレーマー		명 블랙 컨슈머
3237 □□□	シフト		명 시프트, 교대 근무제
3238 □□□	シェア	★	명 셰어, 시장 점유율
3239 □□□	フリーマーケット		명 벼룩시장
3240 □□□	ブローカー		명 브로커, 중개인
3241 □□□	リーズナブルだ		な형 합리적이다, (가격 등이) 적당하다
3242 □□□	コンスタントだ	★	な형 일정하다
3243 □□□	リスク	★	명 리스크, 위험
3244 □□□	レート		명 비율, 환율

★ 표시 = 2010년 이후 N1 문자·어휘 기출 단어

3245 □□□	ローン	명 론, 대출
3246 □□□	ロス	명 낭비, 손실, 상실
3247 □□□	フィッシング	명 피싱, 피싱 사기
3248 □□□	アリバイ	명 알리바이
3249 □□□	インテリ	명 인텔리, 지식인
3250 □□□	インフラ	명 인프라, 생산이나 생활의 기반이 되는 구조물
3251 □□□	エリア	명 구역, 지역
3252 □□□	カンパ	명 (정치, 사회적 활동을 위한) 모금, 헌금
3253 □□□	ギャップ	명 간격, 차이
3254 □□□	スローガン	명 슬로건, 표어
3255 □□□	デモンストレーション	명 시위, 시연, 발표
3256 □□□	ハーフ	명 하프, 혼혈
3257 □□□	ボイコット	명 보이콧, 불매 동맹
3258 □□□	ホームレス	명 노숙자
3259 □□□	マイノリティー	명 마이너리티, 소수파
3260 □□□	グローバルだ	な형 국제적이다, 세계적이다

*<Day별 단어 퀴즈 PDF>를 활용하여 꼭 복습하세요.

JLPT N1 단어
인덱스

교재에 수록된 모든 N1 표제어와 완성단어가 오십음도 순으로 정리되어 있어요.
특정 단어가 있는 본문 페이지를 바로 찾아갈 수 있어요.

★ 잘 모르겠는 단어에 체크하여 더 꼼꼼히 학습하세요. 파란색 글자는 N1 문자·어휘 기출 단어입니다.

あ

□ 愛好	あいこう	206
□ 愛着	あいちゃく	94
□ 曖昧だ	あいまいだ	206
□ あえぐ	-	111
□ 敢えて	あえて	201
□ 和える	あえる	15
□ 仰ぐ	あおぐ	115
□ 仰向け	あおむけ	87
□ 煽る	あおる	63
□ 証	あかし	216
□ 暁	あかつき	31
□ 赤の他人	あかのたにん	42
□ 崇める	あがめる	191
□ 空き	あき	115
□ 商う	あきなう	272
□ 諦める	あきらめる	124
□ 悪臭	あくしゅう	15
□ アクセル	-	307
□ あくどい	-	214
□ 憧れ	あこがれ	125
□ 浅はかだ	あさはかだ	159
□ あさましい	-	214
□ 欺く	あざむく	214
□ 朝飯前	あさめしまえ	159
□ 鮮やかだ	あざやかだ	197
□ あざわらう	-	214
□ 足が出る	あしがでる	111
□ あしからず	-	151
□ 味付け	あじつけ	15
□ 足止め	あしどめ	111
□ 足場	あしば	234
□ 汗だくだ	あせだくだ	79
□ 汗まみれ	あせまみれ	72
□ 褪せる	あせる	23
□ 焦る	あせる	60
□ 値する	あたいする	153
□ 頭が下がる	あたまがさがる	103
□ 頭ごなし	あたまごなし	71
□ あちこち	-	107
□ 圧巻	あっかん	199
□ あっけない	-	83
□ 斡旋	あっせん	243
□ アットホームだ	-	308
□ 圧迫	あっぱく	167
□ あつらえる	-	11
□ 当て字	あてじ	207
□ 当てはめる	あてはめる	69
□ 艶やかだ	あでやかだ	79
□ 後片付け	あとかたづけ	95
□ あどけない	-	95
□ 跡地	あとち	270
□ アドバイス	-	308
□ 後回し	あとまわし	127
□ アトリエ	-	311
□ あながち	-	151
□ 暴れる	あばれる	60
□ 油絵	あぶらえ	192
□ アプローチ	-	308
□ あべこべだ	-	181
□ 海女	あま	47
□ 天下り	あまくだり	47
□ 甘口	あまくち	15
□ アマチュア	-	311
□ 網	あみ	15
□ 危うい	あやうい	238
□ 危ぶむ	あやぶむ	154
□ あやふやだ	-	81
□ 誤る	あやまる	181
□ 歩む	あゆむ	132
□ 予め	あらかじめ	139
□ 荒らす	あらす	239
□ 改まる	あらたまる	287
□ 荒っぽい	あらっぽい	53
□ あらまし	-	207
□ あらわだ	-	303
□ 有り余る	ありあまる	279
□ ありあり	-	86
□ ありきたりだ	-	82
□ 有様	ありさま	80
□ ありのまま	-	86
□ アリバイ	-	315
□ ありふれる	-	82
□ 荒れ地	あれち	119
□ 淡い	あわい	10
□ 暗算	あんざん	127
□ 暗示	あんじ	207
□ 暗礁	あんしょう	231
□ 案じる	あんじる	35
□ 安静	あんせい	256
□ 安泰だ	あんたいだ	81
□ 安堵	あんど	168
□ 案の定	あんのじょう	155

★ 잘 모르겠는 단어에 체크하여 더 꼼꼼히 학습하세요. 파란색 글자는 N1 문자·어휘 기출 단어입니다.

□ いやいや	-	175
□ 卑しい	いやしい	54
□ 癒す	いやす	257
□ いやに	-	167
□ 嫌み	いやみ	149
□ 嫌らしい	いやらしい	167
□ 意欲	いよく	64
□ 威力	いりょく	103
□ 異例	いれい	222
□ 入れ替わる	いれかわる	103
□ 色合い	いろあい	197
□ 異論	いろん	303
□ 違和感	いわかん	167
□ 陰気	いんき	55
□ 隠居	いんきょ	27
□ 陰湿だ	いんしつだ	71
□ 飲食店	いんしょくてん	264
□ インスピレーション	-	311
□ 引率	いんそつ	127
□ インターホン	-	304
□ インターン	-	309
□ インターンシップ	-	309
□ 引退	いんたい	102
□ インテリ	-	315
□ インプット	-	309
□ インフラ	-	315
□ インフルエンサー	-	310
□ 飲料	いんりょう	15
□ 初々しい	ういういしい	127

□ ウエート/ウエイト	-	306
□ 飢える	うえる	295
□ ウオームビズ	-	312
□ 浮かぬ顔	うかぬかお	79
□ 浮かれる	うかれる	109
□ うきうき	-	111
□ 浮世絵	うきよえ	223
□ 承る	うけたまわる	58
□ 受け止める	うけとめる	102
□ 受け流す	うけながす	103
□ 受け持つ	うけもつ	120
□ 受け渡し	うけわたし	273
□ 憂さ晴らし	うさばらし	31
□ うさんくさい	-	167
□ 後ろ暗い	うしろぐらい	215
□ 後ろめたい	うしろめたい	215
□ 渦	うず	239
□ うすうす	-	165
□ うずうず	-	166
□ 薄暗い	うすぐらい	239
□ 宴	うたげ	15
□ うたた寝	うたたね	31
□ 内気だ	うちきだ	55
□ 打ち切る	うちきる	188
□ 打ち込む	うちこむ	121
□ 打ち解ける	うちとける	39
□ 内向き	うちむき	95
□ 内輪	うちわ	95
□ 内訳	うちわけ	274
□ 鬱陶しい	うっとうしい	173
□ うっとり	-	87

□ うつらうつら	-	87
□ 移り住む	うつりすむ	31
□ 空ろ	うつろ	87
□ 器	うつわ	15
□ 腕前	うでまえ	249
□ 促す	うながす	301
□ うなだれる	-	58
□ 海原	うなばら	119
□ 唸る	うなる	226
□ うぬぼれる	-	87
□ 埋立地	うめたてち	231
□ 恭しい	うやうやしい	215
□ 敬う	うやまう	33
□ うやむやだ	-	84
□ 裏打ち	うらうち	23
□ 裏口	うらぐち	215
□ 裏づけ	うらづけ	157
□ 裏腹だ	うらはらだ	86
□ 麗らかだ	うららかだ	239
□ 売り	うり	273
□ 売り切れ	うりきれ	273
□ 売り出す	うりだす	20
□ 瓜二つ	うりふたつ	79
□ 潤う	うるおう	233
□ 潤す	うるおす	75
□ 売れ筋	うれすじ	21
□ うろ覚え	うろおぼえ	127
□ うろたえる	-	171
□ 浮気	うわき	39
□ 運営	うんえい	98
□ うんざり	-	174

★ 잘 모르겠는 단어에 체크하여 더 꼼꼼히 학습하세요. 파란색 글자는 N1 문자·어휘 기출 단어입니다.

□ **帯びる**	**おびる**	86
□ オブラート	-	313
□ おぼろげだ	-	175
□ おむつ	-	95
□ 思い描く	おもいえがく	27
□ **思い返す**	**おもいかえす**	152
□ 思いがけない	おもいがけない	154
□ 思い知らす	おもいしらす	167
□ **思い詰める**	**おもいつめる**	152
□ 趣	おもむき	198
□ 赴く	おもむく	56
□ 思惑	おもわく	159
□ 重んじる	おもんじる	71
□ 親孝行	おやこうこう	95
□ 親心	おやごころ	92
□ 親御さん	おやごさん	47
□ **及ぼす**	**およぼす**	238
□ 折り合う	おりあう	151
□ 折り返す	おりかえす	57
□ 織る	おる	223
□ 俺	おれ	47
□ **愚かだ**	**おろかだ**	53
□ 卸売り	おろしうり	279
□ 疎かだ	おろそかだ	66
□ 恩着せがましい	おんきせがましい	71
□ 温厚だ	おんこうだ	55
□ 御社	おんしゃ	143
□ 温床	おんしょう	215
□ 音声	おんせい	134
□ 穏便だ	おんびんだ	71

か

□ 改悪	かいあく	295
□ 買い替える	かいかえる	23
□ **改革**	**かいかく**	291
□ 階級	かいきゅう	223
□ 海峡	かいきょう	119
□ 開業	かいぎょう	143
□ 解決策	かいけつさく	183
□ **回顧**	**かいこ**	153
□ **解雇**	**かいこ**	178
□ 介護	かいご	257
□ 開講日	かいこうび	143
□ 介護施設	かいごしせつ	265
□ 買い占める	かいしめる	278
□ 改修	かいしゅう	267
□ 怪獣	かいじゅう	191
□ **解除**	**かいじょ**	281
□ **会心**	**かいしん**	168
□ 海水	かいすい	227
□ 概説	がいせつ	130
□ 回線	かいせん	255
□ 改善	かいぜん	136
□ **回想**	**かいそう**	153
□ 階層	かいそう	295
□ 解体	かいたい	271
□ **開拓**	**かいたく**	230
□ **快諾**	**かいだく**	156
□ 怪談	かいだん	207
□ 害虫	がいちゅう	226
□ 買い手	かいて	273
□ 改定	かいてい	136

□ 改訂	かいてい	205
□ 回答	かいとう	151
□ 街道	かいどう	116
□ 街頭	がいとう	119
□ **該当**	**がいとう**	138
□ ガイドライン	-	314
□ 介入	かいにゅう	295
□ 概念	がいねん	130
□ 海抜	かいばつ	231
□ 回避	かいひ	71
□ 快復	かいふく	256
□ 開閉	かいへい	271
□ 介抱	かいほう	257
□ 解剖	かいぼう	263
□ 垣間見る	かいまみる	79
□ **解明**	**かいめい**	150
□ 皆目	かいもく	175
□ 概要	がいよう	130
□ 外来語	がいらいご	200
□ 回覧	かいらん	207
□ 乖離	かいり	295
□ **概略**	**がいりゃく**	202
□ 改良	かいりょう	252
□ 概論	がいろん	129
□ カウンセリング	-	313
□ 替え玉	かえだま	15
□ かえって	-	86
□ 顧みる	かえりみる	159
□ 省みる	かえりみる	159
□ 顔立ち	かおだち	75
□ 顔負け	かおまけ	103

★ 잘 모르겠는 단어에 체크하여 더 꼼꼼히 학습하세요. 파란색 글자는 N1 문자·어휘 기출 단어입니다.

□ かねて	-	159
□ **兼ねる**	**かねる**	139
□ 可能性	かのうせい	284
□ **かばう**	-	37
□ 過敏だ	かびんだ	55
□ カフェイン	-	313
□ 株式	かぶしき	277
□ 株主	かぶぬし	47
□ かぶれる	-	260
□ 貨幣	かへい	279
□ 壁紙	かべがみ	271
□ 構える	かまえる	26
□ **加味**	**かみ**	12
□ 噛み合う	かみあう	250
□ 紙くず	かみくず	25
□ **過密だ**	**かみつだ**	266
□ 仮眠	かみん	31
□ がむしゃらだ	-	71
□ カメラワーク	-	310
□ **寡黙だ**	**かもくだ**	51
□ **柄**	**がら**	17
□ がらくた	-	31
□ 絡む	からむ	61
□ 絡める	からめる	63
□ **がらりと**	-	165
□ 狩り	かり	231
□ カリキュラム	-	308
□ 仮に	かりに	159
□ 軽々しい	かるがるしい	71
□ カルテ	-	313
□ ガレージ	-	313
□ かれる	-	260
□ **かろうじて**	-	30
□ 軽やかだ	かろやかだ	55
□ かわいらしい	-	77
□ 乾かす	かわかす	58
□ 代わる代わる	かわるがわる	183
□ 勘	かん	167
□ 簡易	かんい	19
□ かんかん	-	239
□ 缶切り	かんきり	23
□ 感極まる	かんきわまる	175
□ **完結**	**かんけつ**	202
□ **還元**	**かんげん**	291
□ 頑健だ	がんけんだ	79
□ 刊行	かんこう	207
□ 慣行	かんこう	221
□ 頑固だ	がんこだ	54
□ 換算	かんさん/かんざん	279
□ 感受性	かんじゅせい	55
□ **干渉**	**かんしょう**	36
□ 感触	かんしょく	167
□ **肝心だ**	**かんじんだ**	158
□ 歓声	かんせい	187
□ 関税	かんぜい	279
□ **閑静だ**	**かんせいだ**	81
□ **簡素だ**	**かんそだ**	26
□ 寛大だ	かんだいだ	65
□ 元旦	がんたん	191
□ **勘違い**	**かんちがい**	154
□ 館長	かんちょう	193
□ 缶詰	かんづめ	16
□ **鑑定**	**かんてい**	198
□ 観点	かんてん	130
□ カンニング	-	308
□ 観念	かんねん	130
□ 元年	がんねん	186
□ カンパ	-	315
□ 甘美だ	かんびだ	15
□ 幹部	かんぶ	43
□ 鑑別	かんべつ	247
□ 緩慢だ	かんまんだ	87
□ 感銘	かんめい	198
□ 関与	かんよ	303
□ 観葉植物	かんよう しょくぶつ	95
□ 寛容だ	かんようだ	209
□ 肝要だ	かんようだ	215
□ 元来	がんらい	31
□ 管理人	かんりにん	42
□ 官僚	かんりょう	44
□ 慣例	かんれい	223
□ 還暦	かんれき	79
□ 貫禄	かんろく	77
□ **緩和**	**かんわ**	296
□ 利いた風だ	きいたふうだ	71
□ **キープ**	-	305
□ 記憶	きおく	24
□ 器械	きかい	255
□ 危害	きがい	287
□ 機械式	きかいしき	250
□ 気が置けない	きがおけない	37
□ **気掛かりだ**	**きがかりだ**	172
□ 気が利く	きがきく	55

★ 잘 모르겠는 단어에 체크하여 더 꼼꼼히 학습하세요. 파란색 글자는 N1 문자·어휘 기출 단어입니다.

□ 求人情報	きゅうじん じょうほう	183
□ 急速	きゅうそく	167
□ 球団	きゅうだん	98
□ 宮殿	きゅうでん	265
□ 窮乏	きゅうぼう	279
□ 究明	きゅうめい	133
□ 丘陵	きゅうりょう	113
□ 寄与	きよ	292
□ 起用	きよう	177
□ 脅威	きょうい	303
□ 教育格差	きょういくかくさ	135
□ 驚愕	きょうがく	171
□ 恐喝	きょうかつ	287
□ 凶器	きょうき	286
□ 協議	きょうぎ	303
□ 供給	きょうきゅう	244
□ 仰々しい	ぎょうぎょうしい	71
□ 境遇	きょうぐう	28
□ 教訓	きょうくん	120
□ 凝固	ぎょうこ	15
□ 恐慌	きょうこう	279
□ 強行	きょうこう	281
□ 強硬だ	きょうこうだ	298
□ 教材	きょうざい	126
□ 凶作	きょうさく	247
□ 協賛	きょうさん	247
□ 凝視	ぎょうし	59
□ 業者	ぎょうしゃ	47
□ 享受	きょうじゅ	186
□ 教習	きょうしゅう	135
□ 郷愁	きょうしゅう	175
□ 恐縮	きょうしゅく	175
□ 凝縮	ぎょうしゅく	253
□ 行状	ぎょうじょう	215
□ 興じる	きょうじる	110
□ 共生	きょうせい	231
□ 強制	きょうせい	281
□ 行政	ぎょうせい	288
□ 競争	きょうそう	299
□ 兄弟愛	きょうだいあい	95
□ 驚嘆	きょうたん	169
□ 協調性	きょうちょうせい	52
□ 協定	きょうてい	303
□ 仰天	ぎょうてん	171
□ 郷土	きょうど	119
□ 脅迫	きょうはく	287
□ 強風	きょうふう	239
□ 共鳴	きょうめい	255
□ 教諭	きょうゆ	42
□ 共有	きょうゆう	146
□ 供与	きょうよ	295
□ 教養講座	きょうようこうざ	126
□ 郷里	きょうり	119
□ 恐竜	きょうりゅう	253
□ 漁獲量	ぎょかくりょう	247
□ 局限	きょくげん	143
□ 極端だ	きょくたんだ	234
□ 局面	きょくめん	295
□ 極力	きょくりょく	181
□ 巨樹	きょじゅ	225
□ 居住	きょじゅう	265
□ 巨匠	きょしょう	45
□ 漁船	ぎょせん	247
□ 拠点	きょてん	117
□ 許容	きょよう	263
□ 清らかだ	きよらかだ	163
□ きょろきょろ	-	79
□ きらびやかだ	-	77
□ 切り出す	きりだす	145
□ 気力	きりょく	261
□ 綺麗事	きれいごと	151
□ 岐路	きろ	119
□ 極める	きわめる	82
□ 気を抜く	きをぬく	71
□ 気を引く	きをひく	23
□ 近眼	きんがん	263
□ 均衡	きんこう	211
□ 近代化	きんだいか	218
□ 均等	きんとう	292
□ 筋肉	きんにく	96
□ 緊迫	きんぱく	238
□ 勤勉だ	きんべんだ	127
□ 吟味	ぎんみ	9
□ 緊密だ	きんみつだ	245
□ 禁物	きんもつ	237
□ 勤労	きんろう	183
□ 食い違う	くいちがう	156
□ 食いつく	くいつく	63
□ 食い止める	くいとめる	238
□ 悔いる	くいる	212
□ 空間	くうかん	267
□ 空虚だ	くうきょだ	215
□ 空前	くうぜん	199

★ 잘 모르겠는 단어에 체크하여 더 꼼꼼히 학습하세요. 파란색 글자는 N1 문자·어휘 기출 단어입니다.

□ 懸念	けねん	175
□ **気配**	**けはい**	160
□ 煙たい	けむたい	167
□ 獣	けもの	231
□ 家来	けらい	223
□ 下痢	げり	263
□ 権威	けんい	135
□ **嫌悪**	**けんお**	173
□ 原価	げんか	279
□ **言及**	**げんきゅう**	144
□ 謙虚だ	けんきょだ	71
□ 原形	げんけい	271
□ 権限	けんげん	295
□ 健康診断	けんこうしんだん	263
□ 言語圏	げんごけん	207
□ 健在だ	けんざいだ	73
□ 原材料	げんざいりょう	244
□ 検索	けんさく	27
□ **堅実だ**	**けんじつだ**	179
□ 厳粛だ	げんしゅくだ	215
□ 懸賞	けんしょう	287
□ **厳正だ**	**げんせいだ**	66
□ 建設的だ	けんせつてきだ	158
□ 厳選	げんせん	23
□ 健全だ	けんぜんだ	128
□ 元素	げんそ	254
□ 建造物	けんぞうぶつ	264
□ 現存	げんそん/げんぞん	216
□ 建築	けんちく	268
□ 建築士	けんちくし	271
□ **顕著だ**	**けんちょだ**	82

□ 限定	げんてい	11
□ 減点	げんてん	103
□ 健闘	けんとう	103
□ **検討**	**けんとう**	142
□ 原動力	げんどうりょく	247
□ 圏内	けんない	119
□ 現場	げんば	242
□ 厳密だ	げんみつだ	282
□ 懸命に	けんめいに	121
□ 倹約	けんやく	91
□ 兼用	けんよう	23
□ 権利	けんり	290
□ 原論	げんろん	135
□ **故意**	**こい**	284
□ 語彙	ごい	207
□ **合意**	**ごうい**	182
□ **幸運だ**	**こううんだ**	81
□ 公益	こうえき	215
□ 交易	こうえき	247
□ 後援	こうえん	295
□ **豪快だ**	**ごうかいだ**	49
□ 高額	こうがく	272
□ 合格祈願	ごうかくきがん	127
□ 高学歴化	こうがくれきか	135
□ 合議	ごうぎ	287
□ 好奇心	こうきしん	51
□ 高級感	こうきゅうかん	19
□ 好況	こうきょう	279
□ 工具	こうぐ	16
□ 攻撃力	こうげきりょく	101
□ **貢献**	**こうけん**	293

□ 高原	こうげん	119
□ 公言	こうげん	151
□ 神々しい	こうごうしい	167
□ 煌々と	こうこうと	87
□ 考古学	こうこがく	135
□ 交互に	こうごに	31
□ **交錯**	**こうさく**	172
□ 考察	こうさつ	215
□ 降参	こうさん	102
□ 鉱山	こうざん	119
□ 口実	こうじつ	301
□ 豪奢だ	ごうしゃだ	167
□ 口述	こうじゅつ	135
□ **控除**	**こうじょ**	278
□ 強情	ごうじょう	55
□ 高尚だ	こうしょうだ	190
□ 香辛料	こうしんりょう	8
□ 後世	こうせい	220
□ 更正	こうせい	303
□ 合成	ごうせい	252
□ 巧拙	こうせつ	159
□ 公然と	こうぜんと	190
□ 酵素	こうそ	15
□ 控訴	こうそ	287
□ 抗争	こうそう	295
□ 拘束	こうそく	285
□ 後退	こうたい	63
□ **広大だ**	**こうだいだ**	114
□ 高地	こうち	118
□ 高低	こうてい	119
□ 香典	こうでん	191

★ 잘 모르겠는 단어에 체크하여 더 꼼꼼히 학습하세요. 파란색 글자는 N1 문자·어휘 기출 단어입니다.

□ 孤立	こりつ	235
□ **懲りる**	**こりる**	174
□ 凝る	こる	73
□ 衣	ころも	23
□ **壊す**	**こわす**	57
□ **根拠**	**こんきょ**	284
□ 根源	こんげん	135
□ 根性	こんじょう	55
□ 懇親	こんしん	39
□ **コンスタントだ**	-	314
□ 昆虫	こんちゅう	225
□ 根底	こんてい	203
□ コンテスト	-	310
□ コンテンツ	-	310
□ 混同	こんどう	167
□ **コントラスト**	-	311
□ コントロール	-	312
□ **コンパクトだ**	-	304
□ **混乱**	**こんらん**	246

さ

□ ざあざあ	-	233
□ サービスエリア	-	307
□ 最大手	さいおおて	183
□ 最下位	さいかい	103
□ 才覚	さいかく	55
□ 細菌	さいきん	263
□ 細工	さいく	192
□ 採掘	さいくつ	255
□ **サイクル**	-	312
□ 採血	さいけつ	263
□ 採決	さいけつ	299
□ 歳月	さいげつ	223
□ 再建	さいけん	269
□ 再現	さいげん	223
□ 財源	ざいげん	279
□ 最古	さいこ	271
□ **在庫**	**ざいこ**	21
□ 再考	さいこう	244
□ 在校生	ざいこうせい	41
□ 採算	さいさん	279
□ 採取	さいしゅ	231
□ **細心**	**さいしん**	52
□ 際する	さいする	143
□ 財政	ざいせい	300
□ 最善	さいぜん	215
□ 催促	さいそく	30
□ 最大	さいだい	118
□ 採択	さいたく	303
□ 財団	ざいだん	295
□ 最低限	さいていげん	151
□ 再発	さいはつ	263
□ 細分化	さいぶんか	255
□ 再放送	さいほうそう	191
□ **債務**	**さいむ**	277
□ 最優秀賞	さいゆうしゅうしょう	127
□ 最良	さいりょう	213
□ **遮る**	**さえぎる**	269
□ さえずる	-	231
□ 冴える	さえる	167
□ 差額	さがく	272
□ 探し出す	さがしだす	284
□ 詐欺	さぎ	287
□ 先駆ける	さきがける	255
□ 先立つ	さきだつ	215
□ 咲き乱れる	さきみだれる	231
□ 割く	さく	105
□ 削減	さくげん	275
□ 錯誤	さくご	246
□ 搾取	さくしゅ	287
□ 蔑む	さげすむ	71
□ 裂ける	さける	87
□ **些細だ**	**ささいだ**	161
□ 支え	ささえ	39
□ 捧げる	ささげる	221
□ 差し当たり	さしあたり	31
□ 差入れ	さしいれ	15
□ 挿絵	さしえ	199
□ さしかかる	-	56
□ **指図**	**さしず**	288
□ 差し出がましい	さしでがましい	215
□ 差し控える	さしひかえる	143
□ **差し引く**	**さしひく**	278
□ さじを投げる	さじをなげる	263
□ 挫折	ざせつ	212
□ 座禅	ざぜん	191
□ さぞ	-	159
□ 座談会	ざだんかい	295
□ **錯覚**	**さっかく**	155
□ 早急だ	さっきゅうだ/そうきゅうだ	68
□ 作曲家	さっきょくか	199
□ **殺菌**	**さっきん**	261

★ 잘 모르겠는 단어에 체크하여 더 꼼꼼히 학습하세요. 파란색 글자는 N1 문자·어휘 기출 단어입니다.

□ **自尊心**	**じそんしん**	51
□ 自他	じた	39
□ 自体	じたい	85
□ 事態	じたい	295
□ **慕う**	**したう**	169
□ 下心	したごころ	159
□ 下地	したじ	55
□ 下準備	したじゅんび	12
□ 下調べ	したしらべ	106
□ したたかだ	-	167
□ 仕立てる	したてる	23
□ 下取り	したどり	23
□ 下火	したび	239
□ シチュエーション	-	305
□ 視聴率	しちょうりつ	188
□ 失格	しっかく	103
□ 質疑	しつぎ	139
□ **失脚**	**しっきゃく**	301
□ 実況	じっきょう	191
□ シックだ	-	306
□ しっくり	-	87
□ **じっくり**	-	69
□ **しつけ**	-	94
□ 執行	しっこう	287
□ 実質	じっしつ	87
□ **実情**	**じつじょう**	300
□ 実食	じっしょく	15
□ 実生活	じっせいかつ	24
□ **質素だ**	**しっそだ**	50
□ 嫉妬	しっと	174
□ **実に**	**じつに**	110

□ 実費	じっぴ	279
□ 疾病	しっぺい	258
□ 実用化	じつようか	250
□ 指摘	してき	284
□ 視点	してん	203
□ 児童館	じどうかん	271
□ しとしと	-	239
□ 淑やかだ	しとやかだ	51
□ しなびる	-	87
□ しなやかだ	-	74
□ シニア	-	305
□ 老舗	しにせ	264
□ **辞任**	**じにん**	177
□ 地主	じぬし	119
□ 凌ぐ	しのぐ	164
□ 自発性	じはつせい	128
□ 自腹	じばら	279
□ **シビアだ**	-	305
□ 持病	じびょう	263
□ **痺れる**	**しびれる**	259
□ 渋々	しぶしぶ	175
□ シフト	-	314
□ **しぶとい**	-	68
□ **渋る**	**しぶる**	246
□ 司法	しほう	287
□ 絞る	しぼる	58
□ 島国	しまぐに	118
□ **染みる**	**しみる**	168
□ 使命	しめい	215
□ **じめじめ**	-	233
□ 自滅	じめつ	103

□ **締める**	**しめる**	57
□ 湿る	しめる	233
□ 霜	しも	239
□ 下半期	しもはんき	143
□ ジャーナリズム	-	310
□ シャープだ	-	306
□ 謝恩会	しゃおんかい	127
□ 社会言語学	しゃかいげんごがく	207
□ 社会進出	しゃかいしんしゅつ	295
□ 社会保障費用	しゃかいほしょうひよう	295
□ しゃきしゃき	-	11
□ 弱者	じゃくしゃ	210
□ 市役所	しやくしょ	290
□ **釈明**	**しゃくめい**	282
□ 謝絶	しゃぜつ	143
□ 車体	しゃたい	251
□ **遮断**	**しゃだん**	252
□ **若干**	**じゃっかん**	154
□ シャッター	-	314
□ 斜面	しゃめん	119
□ しゃれる	-	79
□ シャンデリア	-	314
□ ジャンル	-	310
□ 獣医	じゅうい	46
□ 終焉	しゅうえん	223
□ 縦横	じゅうおう	63
□ 就活生	しゅうかつせい	41
□ 集計	しゅうけい	303
□ 襲撃	しゅうげき	295
□ 終始	しゅうし	159

★ 잘 모르겠는 단어에 체크하여 더 꼼꼼히 학습하세요. 파란색 글자는 N1 문자·어휘 기출 단어입니다.

□ 小児科	しょうにか	113
□ 情熱	じょうねつ	163
□ 正念場	しょうねんば	199
□ 乗馬	じょうば	97
□ 消費税	しょうひぜい	279
□ 譲歩	じょうほ	209
□ 証明書	しょうめいしょ	46
□ 条約	じょうやく	287
□ 奨励	しょうれい	131
□ 常連	じょうれん	45
□ 職種	しょくしゅ	183
□ 食生活	しょくせいかつ	8
□ 職場	しょくば	112
□ **触発**	**しょくはつ**	294
□ 職務	しょくむ	183
□ 食糧	しょくりょう	239
□ 諸君	しょくん	127
□ **助言**	**じょげん**	146
□ 所在	しょざい	119
□ 所持	しょじ	143
□ 助成	じょせい	289
□ **所蔵**	**しょぞう**	216
□ 初対面	しょたいめん	39
□ **処置**	**しょち**	256
□ 初頭	しょとう	223
□ 所得税	しょとくぜい	279
□ 処罰	しょばつ	287
□ 処分	しょぶん	247
□ 処方箋	しょほうせん	258
□ 白ける	しらける	31
□ **退く**	**しりぞく**	177
□ 自立	じりつ	93
□ 自律神経	じりつしんけい	263
□ 記す	しるす	207
□ 辞令	じれい	151
□ ジレンマ	-	308
□ 四六時中	しろくじちゅう	28
□ **仕業**	**しわざ**	30
□ 人員	じんいん	247
□ 侵害	しんがい	287
□ 深海魚	しんかいぎょ	226
□ 人格	じんかく	32
□ 進学塾	しんがくじゅく	112
□ 新型	しんがた	255
□ 審議	しんぎ	280
□ 神経質だ	しんけいしつだ	55
□ 人権	じんけん	211
□ 人件費	じんけんひ	247
□ **振興**	**しんこう**	241
□ 人工的だ	じんこうてきだ	248
□ 新婚	しんこん	39
□ 人材	じんざい	45
□ 新作	しんさく	196
□ 人事	じんじ	176
□ 真摯だ	しんしだ	55
□ 真珠	しんじゅ	231
□ 心中	しんじゅう	191
□ 伸縮	しんしゅく	23
□ 尋常だ	じんじょうだ	79
□ 神聖だ	しんせいだ	189
□ 人選	じんせん	295
□ 深層	しんそう	135
□ 迅速だ	じんそくだ	268
□ 新素材	しんそざい	23
□ 診断書	しんだんしょ	258
□ 慎重だ	しんちょうだ	52
□ 進呈	しんてい	22
□ 進展	しんてん	247
□ 振動	しんどう	255
□ しんなり	-	15
□ 新入生	しんにゅうせい	41
□ 新任	しんにん	127
□ **信憑**	**しんぴょう**	158
□ **シンプルだ**	-	304
□ 辛抱	しんぼう	87
□ シンポジウム	-	308
□ 新米	しんまい	15
□ 親密だ	しんみつだ	33
□ **人脈**	**じんみゃく**	32
□ 信頼度	しんらいど	235
□ 真理	しんり	215
□ 心理学	しんりがく	135
□ 侵略	しんりゃく	223
□ 診療	しんりょう	258
□ 親和	しんわ	39
□ 神話	しんわ	207
□ **推移**	**すいい**	130
□ 水温	すいおん	227
□ 水源	すいげん	231
□ **遂行**	**すいこう**	181
□ **随時**	**ずいじ**	124
□ 水準	すいじゅん	291
□ 随所	ずいしょ	119

★ 잘 모르겠는 단어에 체크하여 더 꼼꼼히 학습하세요. 파란색 글자는 N1 문자·어휘 기출 단어입니다.

□ 征服	せいふく	223
□ 生物学	せいぶつがく	135
□ 製法	せいほう	23
□ 精密だ	せいみつだ	261
□ 声明	せいめい	295
□ 生命維持	せいめいいじ	263
□ 制約	せいやく	247
□ 整理	せいり	89
□ 税率	ぜいりつ	279
□ **精力的だ**	**せいりょくてきだ**	65
□ 世界遺産	せかいいさん	216
□ 世界観	せかいかん	203
□ **せかす**	-	38
□ **せかせか**	-	61
□ せがむ	-	39
□ 責務	せきむ	183
□ 世間知らず	せけんしらず	47
□ 世間体	せけんてい	39
□ 世間話	せけんばなし	151
□ 施錠	せじょう	266
□ 是正	ぜせい	213
□ 世相	せそう	223
□ せっかちだ	-	55
□ 席巻	せっけん	199
□ 絶好	ぜっこう	127
□ **絶賛**	**ぜっさん**	146
□ 切実だ	せつじつだ	110
□ 摂取	せっしゅ	9
□ 雪像	せつぞう	109
□ **絶大だ**	**ぜつだいだ**	213
□ 折衷	せっちゅう	222
□ 設定	せってい	252
□ 説得	せっとく	151
□ 切羽詰まる	せっぱつまる	87
□ 設備投資	せつびとうし	247
□ 切望	せつぼう	159
□ 絶望	ぜつぼう	175
□ **絶滅**	**ぜつめつ**	229
□ 節約術	せつやくじゅつ	31
□ 拙劣だ	せつれつだ	55
□ 瀬戸際	せとぎわ	247
□ 競る	せる	103
□ セレモニー	-	310
□ 善悪	ぜんあく	208
□ 繊維	せんい	17
□ 先駆者	せんくしゃ	47
□ 宣言	せんげん	151
□ 選考	せんこう	125
□ **センサー**	-	312
□ 戦災	せんさい	303
□ 洗剤	せんざい	90
□ **繊細だ**	**せんさいだ**	52
□ 潜在力	せんざいりょく	128
□ 前作	ぜんさく	205
□ センシティブだ	-	305
□ 全集	ぜんしゅう	207
□ 戦術	せんじゅつ	103
□ **センス**	-	305
□ 潜水	せんすい	111
□ 全盛	ぜんせい	195
□ 鮮度	せんど	15
□ 前途	ぜんと	127
□ 戦闘	せんとう	303
□ 前頭葉	ぜんとうよう	262
□ 専念	せんねん	26
□ 船舶	せんぱく	111
□ 選抜	せんばつ	99
□ 選別	せんべつ	229
□ **先方**	**せんぽう**	40
□ 鮮明だ	せんめいだ	198
□ 全滅	ぜんめつ	231
□ 全面的だ	ぜんめんてきだ	143
□ **専門家**	**せんもんか**	42
□ 戦略	せんりゃく	99
□ 占領	せんりょう	223
□ 善良だ	ぜんりょうだ	209
□ **鮮烈だ**	**せんれつだ**	19
□ 創意	そうい	207
□ 憎悪	ぞうお	175
□ 相応	そうおう	71
□ 創刊	そうかん	205
□ 早期教育	そうききょういく	135
□ 増強	ぞうきょう	127
□ 遭遇	そうぐう	239
□ 壮健だ	そうけんだ	263
□ **総合**	**そうごう**	158
□ 捜索	そうさく	285
□ 創作物	そうさくぶつ	204
□ 喪失	そうしつ	173
□ **総じて**	**そうじて**	85
□ 操縦	そうじゅう	251
□ 装飾	そうしょく	266
□ 増進	ぞうしん	135

た

★ 잘 모르겠는 단어에 체크하여 더 꼼꼼히 학습하세요. 파란색 글자는 N1 문자·어휘 기출 단어입니다.

★ 잘 모르겠는 단어에 체크하여 더 꼼꼼히 학습하세요. 파란색 글자는 N1 문자·어휘 기출 단어입니다.

□ **低迷**	**ていめい**	274
□ **手薄だ**	**てうすだ**	293
□ データベース	-	309
□ 手遅れ	ておくれ	237
□ でかい	-	79
□ **手がかり**	**てがかり**	282
□ 手掛ける	てがける	59
□ 手が込む	てがこむ	271
□ 手柄	てがら	183
□ 出来	でき	199
□ 出来上がる	できあがる	12
□ 的確だ	てきかくだ	135
□ 出来心	できごころ	215
□ 適性	てきせい	128
□ **てきぱき**	-	62
□ **手際**	**てぎわ**	194
□ **手こずる**	**てこずる**	14
□ 手ごたえ	てごたえ	111
□ デコレーション	-	304
□ 手頃だ	てごろだ	22
□ デジタル	-	312
□ 手順	てじゅん	140
□ 手錠	てじょう	287
□ **手数**	**てすう**	180
□ 手相	てそう	191
□ **手立て**	**てだて**	180
□ でたらめ	-	183
□ 手違い	てちがい	183
□ 手近だ	てぢかだ	89
□ **撤回**	**てっかい**	302
□ 哲学	てつがく	133

□ **撤去**	**てっきょ**	270
□ てっきり	-	159
□ 鉄鋼	てっこう	271
□ 徹する	てっする	135
□ 撤廃	てっぱい	295
□ てっぺん	-	119
□ 鉄棒	てつぼう	97
□ 出所	でどころ	204
□ 手取り	てどり	183
□ 出直し	でなおし	183
□ 手並み	てなみ	199
□ テナント	-	314
□ 手に負えない	てにおえない	95
□ 手抜き	てぬき	271
□ 手始め	てはじめ	135
□ 出番	でばん	191
□ 手引き	てびき	111
□ デビュー	-	310
□ 手回し	てまわし	23
□ デモンストレーション	-	315
□ デリケートだ	-	306
□ **手分け**	**てわけ**	89
□ 手を貸す	てをかす	39
□ 手を借りる	てをかりる	39
□ 手を焼く	てをやく	95
□ 展開	てんかい	218
□ 転機	てんき	135
□ 転居	てんきょ	95
□ 典型	てんけい	223
□ 転校	てんこう	127
□ 転向	てんこう	199

□ 天災	てんさい	239
□ 電子機器	でんしきき	255
□ 電子書籍	でんししょせき	205
□ 展示物	てんじぶつ	199
□ 伝承	でんしょう	223
□ 転職先	てんしょくさき	183
□ 転じる	てんじる	151
□ 電鉄	でんてつ	104
□ 電動化	でんどうか	255
□ 天然	てんねん	229
□ 転売	てんばい	273
□ **添付**	**てんぷ**	142
□ 転覆	てんぷく	111
□ 展望	てんぼう	247
□ 転落	てんらく	103
□ 度合い	どあい	302
□ **問い合わせる**	**といあわせる**	139
□ 胴	どう	79
□ 当該	とうがい	143
□ 陶器	とうき	223
□ 同居	どうきょ	88
□ 当局	とうきょく	143
□ 陶芸	とうげい	192
□ **統合**	**とうごう**	244
□ 搭載	とうさい	251
□ 当時	とうじ	217
□ 糖質	とうしつ	263
□ **踏襲**	**とうしゅう**	221
□ 当初	とうしょ	223
□ 搭乗	とうじょう	111
□ **どうしようもない**	-	30

★ 잘 모르겠는 단어에 체크하여 더 꼼꼼히 학습하세요. 파란색 글자는 N1 문자·어휘 기출 단어입니다.

□ ないがしろだ	-	71
□ ないし	-	143
□ 内緒	ないしょ	31
□ 内心	ないしん	175
□ 内装	ないそう	271
□ 内臓	ないぞう	79
□ ナイター	-	306
□ 内陸部	ないりくぶ	237
□ なおさら	-	159
□ 流し台	ながしだい	95
□ 長々	ながなが	207
□ 長引く	ながびく	27
□ 中程	なかほど	28
□ 長持ち	ながもち	17
□ 流れ込む	ながれこむ	232
□ 慰める	なぐさめる	35
□ 投げ出す	なげだす	71
□ 仲人	なこうど	47
□ 和やかだ	なごやかだ	80
□ 名残	なごり	219
□ 情け深い	なさけぶかい	49
□ 成し遂げる	なしとげる	255
□ なじむ	-	91
□ なじる	-	148
□ 名高い	なだかい	114
□ なだめる	-	93
□ 雪崩	なだれ	235
□ ナチュラルだ	-	304
□ 懐く	なつく	91
□ 名付ける	なづける	95
□ 斜め	ななめ	119

□ 何気ない	なにげない	71
□ 何卒	なにとぞ	139
□ 何分	なにぶん	143
□ なにより	-	159
□ 名札	なふだ	183
□ 怠け者	なまけもの	71
□ 生々しい	なまなましい	87
□ 生温い	なまぬるい	87
□ 滑らかだ	なめらかだ	80
□ 舐める	なめる	63
□ 納屋	なや	271
□ 悩ましい	なやましい	129
□ なよなよ	-	79
□ 倣う	ならう	222
□ 成り上がり	なりあがり	47
□ なるたけ	-	143
□ 慣れっこ	なれっこ	31
□ 馴れ馴れしい	なれなれしい	51
□ 難	なん	239
□ 難解だ	なんかいだ	132
□ 軟弱だ	なんじゃくだ	54
□ 何だか	なんだか	167
□ なんだかんだ	-	31
□ 難点	なんてん	249
□ 何とか	なんとか	122
□ なんとなく	-	161
□ 難なく	なんなく	127
□ なんら	-	28
□ 荷	に	25
□ 荷が重い	にがおもい	179
□ 苦味	にがみ	15

□ 似通う	にかよう	79
□ 賑わう	にぎわう	116
□ 憎しみ	にくしみ	175
□ 肉親	にくしん	47
□ 濁り	にごり	230
□ 二酸化炭素	にさんかたんそ	231
□ 西日	にしび	224
□ 滲む	にじむ	74
□ 偽物	にせもの	23
□ 煮立つ	にたつ	15
□ 日夜	にちや	28
□ 荷造り	にづくり	25
□ 担う	になう	178
□ 二の次	にのつぎ	127
□ 鈍る	にぶる	73
□ ニュアンス	-	308
□ 入学金	にゅうがくきん	125
□ 入学試験	にゅうがくしけん	127
□ 入館	にゅうかん	143
□ 乳児	にゅうじ	95
□ 入手	にゅうしゅ	20
□ 入退院	にゅうたいいん	263
□ 入念だ	にゅうねんだ	194
□ 女房	にょうぼう	47
□ 睨む	にらむ	63
□ にわかだ	-	62
□ 人間性	にんげんせい	32
□ 人情	にんじょう	39
□ 妊娠	にんしん	263
□ 人相	にんそう	191
□ 忍耐	にんたい	64

は

★잘 모르겠는 단어에 체크하여 더 꼼꼼히 학습하세요. 파란색 글자는 N1 문자·어휘 기출 단어입니다.

★ 잘 모르겠는 단어에 체크하여 더 꼼꼼히 학습하세요. 파란색 글자는 N1 문자·어휘 기출 단어입니다.

★ 잘 모르겠는 단어에 체크하여 더 꼼꼼히 학습하세요. 파란색 글자는 N1 문자·어휘 기출 단어입니다.

★ 잘 모르겠는 단어에 체크하여 더 꼼꼼히 학습하세요. 파란색 글자는 N1 문자·어휘 기출 단어입니다.

□ 無為	むい	31
□ 無意味だ	むいみだ	159
□ 無縁	むえん	294
□ 無効だ	むこうだ	102
□ 無言	むごん	201
□ 貪る	むさぼる	71
□ 無邪気だ	むじゃきだ	49
□ 無償	むしょう	22
□ 無性に	むしょうに	165
□ むしる	-	15
□ むしろ	-	149
□ 無心	むしん	71
□ 結び付く	むすびつく	39
□ 結び付ける	むすびつける	39
□ 無造作だ	むぞうさだ	60
□ 無断	むだん	123
□ 無知	むち	132
□ 無茶	むちゃ	97
□ むちゃくちゃだ	-	87
□ むっと	-	171
□ 無頓着	むとんじゃく	55
□ 空しい	むなしい	172
□ 無念	むねん	175
□ 無能だ	むのうだ	159
□ 無農薬	むのうやく	247
□ 無謀だ	むぼうだ	237
□ 無名	むめい	199
□ 群がる	むらがる	120
□ 紫芋	むらさきいも	15
□ 無理強い	むりじい	295
□ 無論	むろん	142

□ 明暗	めいあん	199
□ 明快だ	めいかいだ	207
□ 名義	めいぎ	47
□ 明細書	めいさいしょ	183
□ 名産	めいさん	111
□ 名手	めいしゅ	103
□ 命中	めいちゅう	103
□ 明白だ	めいはくだ	282
□ 名簿	めいぼ	124
□ めいめい	-	141
□ 名誉	めいよ	211
□ 明瞭	めいりょう	207
□ 明朗だ	めいろうだ	49
□ メーカー	-	312
□ メカニズム	-	313
□ めきめき	-	121
□ 巡り	めぐり	106
□ 目先	めさき	228
□ 目指す	めざす	96
□ 目覚ましい	めざましい	101
□ 滅亡	めつぼう	217
□ メディア	-	311
□ 愛でる	めでる	95
□ めど	-	241
□ 目鼻	めはな	79
□ 目まぐるしい	めまぐるしい	161
□ 目盛り	めもり	255
□ 目安	めやす	131
□ メロディー	-	311
□ 免疫力	めんえきりょく	263
□ 面会	めんかい	287

□ 面食らう	めんくらう	63
□ 面識	めんしき	32
□ 免除	めんじょ	281
□ 面目	めんぼく/めんもく	175
□ 綿密だ	めんみつだ	285
□ 儲け	もうけ	278
□ 申し出る	もうしでる	146
□ 申し分ない	もうしぶんない	199
□ 猛暑	もうしょ	232
□ 盲点	もうてん	207
□ 網羅	もうら	249
□ 猛烈だ	もうれつだ	100
□ 木造建築	もくぞうけんちく	271
□ 目標値	もくひょうち	135
□ 潜る	もぐる	97
□ 目録	もくろく	21
□ 目論む	もくろむ	241
□ 猛者	もさ	45
□ もしかして	-	151
□ もしくは	-	141
□ 持ち切り	もちきり	15
□ 持ち主	もちぬし	47
□ 喪中	もちゅう	191
□ 目下	もっか	142
□ 専ら	もっぱら	190
□ 持て余す	もてあます	23
□ もてなす	-	37
□ もてる	-	39
□ もどかしい	-	172
□ もとより	-	191
□ 物置	ものおき	271

★ 잘 모르겠는 단어에 체크하여 더 꼼꼼히 학습하세요. 파란색 글자는 N1 문자·어휘 기출 단어입니다.

□ 善し悪し	よしあし	215
□ よそ	-	92
□ よそよそしい	-	34
□ 予断	よだん	291
□ 余地	よち	111
□ 四つ角	よつかど	111
□ 余波	よは	184
□ 余白	よはく	199
□ 夜更かし	よふかし	31
□ 予防接種	よぼうせっしゅ	263
□ 読み上げる	よみあげる	201
□ 蘇る	よみがえる	186
□ 余裕	よゆう	105
□ 寄り掛かる	よりかかる	37
□ 余力	よりょく	83
□ 世論	よろん/せろん	300
□ 弱まる	よわまる	239

ら

□ 来場	らいじょう	187
□ 落書き	らくがき	126
□ 落胆	らくたん	173
□ 酪農	らくのう	247
□ 羅針盤	らしんばん	111
□ 楽観	らっかん	159
□ ラフだ	-	305
□ 濫用	らんよう	295
□ リアリティー	-	311
□ リーズナブルだ	-	314
□ リーダーシップ	-	306
□ リード	-	307
□ 利益	りえき	277
□ 陸上	りくじょう	97
□ 利子	りし	276
□ 利潤	りじゅん	277
□ リスク	-	314
□ リストアップ	-	310
□ 利息	りそく	277
□ リタイア/リタイヤ	-	307
□ 離着陸	りちゃくりく	111
□ 立候補	りっこうほ	303
□ 立腹	りっぷく	175
□ 利点	りてん	109
□ 理不尽だ	りふじんだ	215
□ 略奪	りゃくだつ	287
□ 留意	りゅうい	143
□ 流出	りゅうしゅつ	229
□ 粒状	りゅうじょう	23
□ 領域	りょういき	303
□ 良好だ	りょうこうだ	122
□ 良質だ	りょうしつだ	20
□ 了承	りょうしょう	140
□ 両生類	りょうせいるい	255
□ 履歴	りれき	176
□ 理論	りろん	135
□ 臨床	りんしょう	263
□ 隣接	りんせつ	119
□ 倫理	りんり	208
□ 類似	るいじ	20
□ 類推	るいすい	207
□ ルーズだ	-	306
□ 例	れい	132
□ レイアウト	-	311
□ 冷気	れいき	15
□ 冷却	れいきゃく	255
□ 冷遇	れいぐう	39
□ 冷酷だ	れいこくだ	54
□ 冷蔵用	れいぞうよう	15
□ 冷淡だ	れいたんだ	54
□ 例年	れいねん	239
□ レート	-	314
□ 歴然と	れきぜんと	283
□ レジャーシート	-	307
□ 劣勢	れっせい	103
□ レバー	-	305
□ 恋愛小説	れんあいしょうせつ	207
□ 連携	れんけい	99
□ 連載	れんさい	191
□ 連日	れんじつ	239
□ 連想	れんそう	195
□ レンタカー	-	307
□ 連中	れんちゅう/れんじゅう	39
□ レントゲン	-	313
□ 漏えい	ろうえい	191
□ 老化	ろうか	73
□ 老朽化	ろうきゅうか	271
□ 老衰	ろうすい	79
□ 漏水	ろうすい	267
□ 朗読	ろうどく	207
□ 老若男女	ろうにゃくなんにょ	47

해커스 JLPT
| 일본어능력시험 |
기출 단어장 N1

초판 4쇄 발행 2024년 9월 23일
초판 1쇄 발행 2022년 11월 8일

지은이	해커스 JLPT연구소
펴낸곳	㈜해커스 어학연구소
펴낸이	해커스 어학연구소 출판팀
주소	서울특별시 서초구 강남대로61길 23 ㈜해커스 어학연구소
고객센터	02-537-5000
교재 관련 문의	publishing@hackers.com 해커스일본어 사이트(japan.Hackers.com) 교재 Q&A 게시판
동영상강의	japan.Hackers.com
ISBN	978-89-6542-530-4 (13730)
Serial Number	01-04-01